La représentation du Second Temple d'après les correspondances officielles dans le livre d'Esdras

Une analyse rhétorique

Symphorien Bouassi

© Symphorien Bouassi, 2023

Publié en 2023 par Langham Academic
Une marque de Langham Publishing
www.langhampublishing.org

Les éditions Langham Publishing sont un ministère de Langham Partnership.

Langham Partnership
PO Box 296, Carlisle, Cumbria, CA3 9WZ, UK
www.langham.org

ISBN :
978-1-83973-755-8 Format papier
978-1-83973-852-4 Format ePub
978-1-83973-854-8 Format PDF

Ce travail est à l'origine une thèse de doctorat rédigée par Symphorien Bouassi dans le cadre de ses études doctorales à la Faculté de théologie évangélique de Bangui (République centrafricaine) et soutenue en 2019.

Conformément au « Copyright, Designs and Patents Act, 1988 », Symphorien Bouassi déclare qu'il est en droit d'être reconnu comme étant l'auteur de cet ouvrage.

Tous droits réservés. La reproduction, la transmission ou la saisie informatique du présent ouvrage, en totalité ou en partie, sous quelque forme ou par quelque procédé que ce soit, électronique, mécanique, photographique, est interdite sans l'autorisation préalable de l'éditeur ou de la Copyright Licensing Agency. Pour toute demande d'autorisation de réutilisation du contenu publié par Langham Publishing, veuillez écrire à publishing@langham.org.

Sauf mentions contraires, les citations bibliques sont extraites de *La Sainte Bible*, version Louis Segond révisée avec références, Paris, Alliance Biblique Universelle, 2003.

British Library Cataloguing in Publication Data
A catalogue record for this book is available from the British Library

ISBN : 978-1-83973-755-8

Mise en page et couverture : projectluz.com

Langham Partnership soutient activement le dialogue théologique et le droit pour un auteur de publier. Toutefois, elle ne partage pas nécessairement les opinions et avis avancés ni les travaux référencés dans cette publication et ne garantit pas son exactitude grammaticale et technique. Langham Partnership se dégage de toute responsabilité envers les personnes ou biens en ce qui concerne la lecture, l'utilisation ou l'interprétation du contenu publié.

À mes parents Philippe et Cécile Bouassi,
À mon épouse Marie-Josée Bouassi,
À mes enfants Réfléchi, Nephtali, Bérékia, Cécilia et Elie Elvis,
À mon frère Osée Sendangaman Bouassi et mes sœurs
Nathalie Ozoungaï Bouassi et Noëlla Fiokofe Bouassi.

Remerciements

Je veux rendre grâce au Seigneur Jésus-Christ, qui après avoir manifesté en moi la vocation, m'a accordé la grâce de recevoir une formation consistante en vue de consolider mon ministère pastoral.

Je voudrais exprimer particulièrement ma reconnaissance au Pr Nupanga Weanzana wa Weanzana, mon directeur de recherche qui m'a accompagné des années durant, partageant mes difficultés et mes inquiétudes, m'encourageant à persévérer sans relâche. J'ai beaucoup appris de lui. Et je me permets d'exprimer combien j'ai apprécié sa passion pour la recherche et son encadrement efficace, mais aussi sa grande connaissance du Second Temple à l'époque perse, son goût pour les analyses approfondies, son horreur pour l'approximation et la médiocrité. Je peux le souligner : sa rigueur scientifique, la justesse de ses observations, la pertinence de ses remarques et critiques et ses conseils avisés m'ont été d'un grand secours pour l'achèvement de cette thèse.

J'ai été très sensible aux contributions du Pr Göran Janzon, notamment à sa simplicité, sa bonhomie, sa générosité et spécialement à son art ou à son don particulier de remonter le moral, quand on est désemparé ou découragé.

Je voudrais aussi exprimer ma profonde gratitude à tous les professeurs de la Faculté de Théologie Évangélique de Bangui (FATEB), et à ceux de la Faculté Libre de Théologie Évangélique (FLTE) de Vaux-sur-Seine qui m'ont aidé de leurs conseils ou prêté des documents personnels. J'associe également mes camarades étudiants qui ont su m'encourager et m'apporter leur collaboration dans ce travail de recherche.

Je n'oublie pas les étudiants et les professeurs de l'Institut Supérieur de Théologie d'Örebro en Suède et notre partenaire Interact qui m'a permis d'avoir un soutien financier.

Je tiens aussi à remercier l'Église Évangélique Baptiste (EEB), ainsi que son président, le Révérend André Fegouto, pour l'initiative de m'inscrire à la FATEB, sans oublier les pasteurs et membres de cette dénomination pour leur soutien moral et spirituel.

Merci également à Jean-Jacques Streng et à Hannes Wiher d'avoir accepté de lire le manuscrit et d'avoir fait quelques remarques pour améliorer le texte.

Enfin, mes remerciements s'adressent de façon spéciale à Madame Marie-Josée Bouassi, mon épouse. Que de fatigue elle a endurée ! Que de sacrifices elle a dû consentir pour permettre une recherche aussi absorbante qu'épuisante, aussi éprouvante que ruineuse pour une famille !

À tous ceux que je n'ai pas pu citer, j'exprime aussi mes sincères remerciements !

Sigles et abréviations

Abréviations générales

A.T.	Ancien Testament
cf.	confer, fait référence à
chap.	chapitre(s)
col.	colonne
coll.	collection
Dr	docteur
et al.	*et alii* : et les autres
FATEB	Faculté de Théologie Évangélique de Bangui
FLTE	Faculté Libre de Théologie Évangélique de Vaux-sur-Seine
Ibid.	*ibidem*
J.-C.	Jésus-Christ
n°	numéro
N.T.	Nouveau Testament
p.	page
sous dir.	sous la direction de
s. d.	sans date
s	suivant
ss	suivant (plusieurs pages)
trad.	traduit
v.	verset, versets
vol.	volume

Livres, revues et collections

BHS	*Biblia Hebraica Stuttgartensia*
BIFAO	*Bulletin de l'Institut Français d'Archéologie Orientale*
CBC	*Commentaire biblique contemporain*
DBS	*Dictionnaire de la Bible et Suppléments*
GDB	*Grand Dictionnaire Biblique*
JBL	*Journal for Bible and Religion*
JETS	*Journal for the Evangelical Theological Society*
JSOT	*Journal for the Studies of the Old Testament*
JSNT	*Journal for the Studies of the New Testament*
LXX	Septante
StRh	*Studia Rhetorica*
TDNT	*Theological Dictionary of the New Testament*
TLOT	*Theological Lexicon of the Old Testament*
TM	Texte massorétique
VT	*Vetus Testamentum*

Avant-propos

Pour présenter les caractères généraux des épîtres de Paul, Kuen écrit : « Aucun livre de l'A.T. n'a été rédigé sous forme d'une lettre. L'usage de l'épître [...] comme moyen de révélation dans le N.T., souligne toute la différence entre le régime de la loi et celui de la grâce[1]. »

Nous pensons que la différence entre la loi et la grâce n'a rien à voir avec l'utilisation d'un genre littéraire par un auteur de l'A.T. Même si Kuen dit qu'aucun livre de l'A.T. n'est rédigé uniquement en forme d'une lettre, nous constatons qu'il y a des lettres incluses dans certains des livres de l'A.T. L'auteur du livre Esdras-Néhémie est un exemple de ceux qui considéraient que les correspondances sont porteuses d'un message vivant entre le/les émetteur(s) et le/les récepteur(s). Il faut noter que la critique de l'A.T. manque à proposer la structure de composition de ces correspondances et à proposer la structure de composition de ces lettres dans l'A.T.

Nous avons relevé le défi de proposer une structure commune aux correspondances dans le livre d'Esdras. Mais nous sommes conscients qu'un tel engagement nécessite le choix d'une méthode adéquate. L'exégèse d'un texte biblique à la FATEB se fonde beaucoup plus sur la méthode grammatico-historique et théologique[2] que sur la méthode historico-critique, pour laquelle la raison et non la révélation divine est le critère de l'interprétation des textes bibliques. Cette méthode grammatico-historique et théologique s'intéresse à trois aspects du texte : d'abord, l'aspect grammatical, ensuite l'aspect historique et enfin l'aspect théologique. Elle cherche à découvrir le

---

1. A. KUEN, *Introduction au Nouveau Testament. Les lettres de Paul*, Saint-Légier, Emmaüs, 1989, p. 53.
2. Cf. P. MBUNGA MPINDI, *Initiation à l'exégèse de l'Ancien Testament. Méthode grammatico-historique et théologique*, Kinshasa, Mediaspaul, 2018.

sens et à redonner la vie au texte biblique à travers la signification religieuse du contexte premier, ainsi que sa portée dans le contexte du chercheur.

Même si la méthode grammatico-historique et théologique se préoccupe aussi de la structure d'un texte biblique, ce souci est mineur par rapport à la question du sens du texte. La première réaction que nous avons eue pour étudier la structure des correspondances dans le livre d'Esdras est d'avoir recours à la méthode rhétorique gréco-romaine que nous avions apprise dans notre formation au Département de Lettres Modernes à l'Université de Bangui. Toutefois, nous étions conscient que la rhétorique gréco-romaine est beaucoup plus fondée sur l'art oratoire que sur la structure de composition du texte. C'est pourquoi nous étions bien satisfaits de lire pour la première fois l'*Initiation à la rhétorique biblique* de Meynet qui nous ouvre une piste sur une étude de la composition d'un texte. Même si notre première préoccupation était d'arriver à proposer une structure de composition des correspondances dans Esdras, nous savions bien que le texte biblique est aussi porteur d'une signification religieuse.

Le thème central des correspondances dans Esdras est le Temple. Ces correspondances mettent en exergue l'imaginaire de cet édifice à l'époque de sa construction. Pour des préférences personnelles, nous écrivons le temple avec un « T » majuscule pour se référer au Temple de Jérusalem, par différence avec le temple du mont Garizim où l'on pratiquait aussi le sacrifice. De même nous désignons le temple d'Éléphantine et de Léontopolis avec un « t » minuscule, parce que le sacrifice pratiqué dans ces temples ne faisait pas l'unanimité parmi les Juifs de l'époque perse. Nous évitons aussi de les appeler « sanctuaire d'Éléphantine » ou « sanctuaire de Léontopolis », car à cette époque du Second Temple se développaient parmi la diaspora juive des synagogues qui pouvaient se confondre avec ces temples juifs en Afrique.

La question du Second Temple tel que nous l'avons formulée dans notre sujet fait appel à plusieurs domaines, à savoir ceux de l'histoire, de l'archéologie, de la géographie, des sciences des religions et de la théologie. Notre but n'est pas de proposer un travail dans les autres domaines que celui de la théologie. Toutefois, pour approfondir le sujet, nous faisons aussi référence aux ouvrages publiés dans ces autres domaines.

Introduction

I. Arrière-plan du sujet

Le Temple était l'une des plus importantes institutions dans l'A.T. En effet, dans l'histoire biblique, le peuple d'Israël a connu deux constructions de temple en l'honneur de YHWH, à savoir : le Temple de Salomon et le Second Temple, qui a été rénové par le roi Hérode. C'est pourquoi McKelvey affirme que, de ces constructions, seul « le Second Temple demeura en fonction pendant près de 500 ans, soit plus longtemps que le premier ou que celui d'Hérode[1] ». Construit à l'époque postexilique, ce Temple faisait partie d'une période considérée jadis comme « sombre » dans les recherches bibliques. C'est la raison pour laquelle Elayi et Sapin ont souligné que « [les] études sur l'histoire des religions de la Transeuphratène et achéménide sont surtout alimentées par la recherche sur la Bible hébraïque[2] », à l'exemple du 5ᵉ colloque organisé à l'Institut Catholique de Paris en mars-avril 2000.

---

1. R. J. McKelvey, « Temple », dans *Le Grand dictionnaire de la Bible*, Cléon d'Andran, Excelsis, 2010, p. 1631.
2. J. Elayi, J. Sapin, *Quinze ans de recherche (1985-2000) sur la Transeuphratène à l'époque perse*, Paris, Gabalda, 2000, p. 261. « Le terme Transeuphratène a servi à désigner plusieurs entités géographiques selon l'époque, les sources et l'usage de l'auteur qui l'utilisait. De manière générale, il désignait la région située au-delà de l'Euphrate, c'est-à-dire à l'ouest de ce fleuve en Mésopotamie ou sur le plateau iranien. Il est attesté pour la première fois sous la forme « Eber nari » dans des textes épistolaires néo-assyriens du règne de Sargon II, où il désignait les régions syro-phéniciennes à l'ouest de l'Euphrate. Le traité conclu entre Assarhaddon et le roi Ba'al de Tyr évoquait les dieux de la Transeuphratène, une des trois principales régions de l'Empire assyrien. Dans les *Annales* d'Assurbanipal, les rois de Transeuphratène figuraient dans une énumération des vassaux royaux. Le terme existait aussi en hébreu biblique où la forme *Eber han-nâhâr* désignait la région située à l'ouest d'Euphrate. *Abar Nahara* était la forme utilisée, avec le même sens, dans la partie araméenne du livre d'Esdras et sur les monnaies de Mazday/Mazaios. En grec, Πέραν εὐφράτου et πέραν

Outre ces travaux initiés par les deux rencontres précitées, d'autres chercheurs ont écrit sur quelques aspects du Second Temple durant ces trois dernières décennies[3]. Cet intérêt pour la question du Second Temple montre l'importance des recherches à l'époque postexilique.

Une autre préoccupation liée aux études postexiliques est l'intérêt pour les « pièces officielles » dans Esdras-Néhémie, que nous appelons en d'autres termes « les correspondances officielles ». Nous reviendrons sur les raisons du choix de « correspondances officielles » dans la définition des termes. Pour Lods : « …il était généralement admis dans le monde savant que l'authenticité de ces pièces était fort douteuse, sinon absolument à rejeter […] Un travail magistral de M. Édouard Meyer a, au moins pour un temps, modifié du tout

---

τοῦ ποταμοῦ désignaient la même région : sous le règne de Démétrios 1er Sotèr par exemple, Bacchidès contrôlait la Transeuphratène, c'est-à-dire la région située entre l'Euphrate et la frontière de l'Égypte ». Cette définition vient du même livre à la p. 8. On utilise aussi le terme *Transeuphratène* pour la série publiée avec le concours de l'Association pour la recherche sur la Syrie-Palestine à l'époque perse de l'Institut Catholique et de l'Institut Protestant de Théologie de Paris (ASPEP). Cf. ELAYI et SAPIN, p. 8-11.

3. D. GRAHAM, « The Presence of God in the Second Temple and Rabbinic Doctrine », dans Horbury WILLIAM, sous dir., *Templum Amicitiae*, Sheffield, JSOT Press, 1991, p. 32-36. J. BLENKINSOPP, « The Second Temple as House of Prayer », dans *Où demeures-tu ?, Jn 1,38*, Montréal, Éditions Fides, 1994, p. 109-122. M. HADAS-LEBEL « Le second Temple, lieu de conflits », dans *Le Temple, lieu de conflit*, Leuven, Peeters, 1994, p. 115-125. J. PATRICH, « The Structure of the Second Temple: A New Reconstruction », dans Geva HILLEL, sous dir., *Ancient Jerusalem Revealed*, Jerusalem, Israel Exploration Society, 1994, p. 260-271. M-F. DION « Le second temple : un nouveau départ », *Scriptura*, vol. 1, 1998, p. 70-80. P. ABADIE, « Les retours d'Exil et la reconstruction du Temple », dans Michel QUESNEL, sous dir., *La Bible et sa culture*, vol. 1 Ancien Testament, Paris, Desclée de Brouwer, 2000, p. 340-344 ; « Le temple de Jérusalem au retour d'exil : entre histoire et symbolique », dans *Quelle maison pour Dieu ?*, Paris, Éditions du Cerf, 2003, p. 143-175. S. BURKES, *God, Self, and Death. The Shape of Religious Transformation in the Second Temple Period*, Leiden/Boston, Brill, 2003. J. HELLERMAN, « Purity and Nationalism in Second Temple Literature: 1–2 Maccabees and Jubilees », *JETS* 46/3, 2003, p. 401-421. L. R. HELYER, « The Necessity, Problems, and Promise of Second Temple Judaism for Discussions of New Testament Eschatology », *JETS* 47/4, 2004, p. 597-615. D. EDELMAN, *The Origins of the « Second » Temple. Persian Imperial Policy and the Rebuilding of Jerusalem*, Londres, Equinox Publishing, 2005. R. G. KRATZ, « The Second Temple of Jeb and of Jerusalem », dans Oded LIPSCHITS, sous dir., *Judah and Judeans in the Persian Period*, Winona Lake, Eisenbrauns, 2006, p. 247-264. S. E. MARTY, *Temples, Tithes, and Taxes. The Temple and the Economic Life of the Ancient Israel*, Peabody, Massachusetts, Hendrickson Publishers, 2006. F. S. LISBETH, « Did Second Temple High Priests Possess The *Urim* and *Thummin*? », dans *The Journal of Hebrew Scripture*, http://www.jhsonling.org. E. ASSIS, « The Temple in the Book of Haggai », dans *The JHS* vol.8/19, 2008, http://www.jhsonling.org. P. S. EVANS, « The function of the Chronicler's Temple despoliation notices in light of imperial realities in Yehud », *Journal of Biblical Literature*, 2010, vol. 129, n° 1, p. 31-47. J. KESSLER, « Temple building in Haggai », dans Mark J. BODA et J. NOVOTNY, sous dir., *From the Foundations to the Crenellations. Essays on Temple Building in the Ancient Near East and Hebrew Bible*, Münster, Ugarit-Verlag, 2010, p. 357-379.

au tout cette attitude défavorable[4]. » Ces correspondances officielles, loin d'être neutres, véhiculent un message religieux probablement avec des implications politiques. Dans la littérature biblique du Second Temple, Esdras est le livre qui contient plusieurs correspondances relatives à la fois à la construction et à l'arrêt de la construction du Temple et de la muraille. Les correspondances officielles dans le livre d'Esdras peuvent être divisées en trois groupes[5] :

1. *Document initial* : l'édit de Cyrus (1.2-4) est le seul texte écrit en hébreu ;
2. *Opposition à la reconstruction de la muraille* : Lettre de Rehum (un des gouverneurs de l'administration perse) au roi Artaxerxès I (4.9-16). Réponse du roi Artaxerxès (4.17-22) qui autorise l'interruption de cette reconstruction ;
3. *Résolution et accomplissement de la reconstruction du Temple* : Lettre du gouverneur Tattnaï au roi Darius (5.6-17) qui est une information au roi Darius sur la reprise de la reconstruction. Mémorial de Cyrus (6.3-5), qui semble être une reprise de l'édit au chapitre 1. Réponse du roi (6.6-12) permettant la reprise de la reconstruction du Temple.

Bien qu'étant un symbole religieux, le Second Temple revêtait une importance politique certaine. Les correspondances en hébreu et en araméen contenues dans ce livre d'Esdras véhiculent une certaine représentation du Temple dans la vie sociale, religieuse et politique de l'Empire perse. Ces correspondances officielles au sujet de la reconstruction du Second Temple (1.2-4 ; 5.6-17 ; 6.3-5 ; 6.6-12) dans le livre d'Esdras ne font pas l'objet, à notre connaissance, d'une étude approfondie sur le plan morphosyntaxique et théologique. Même si, dans le cadre de l'analyse rhétorique et de la structure du texte, Eskenazi[6], Dorsey[7] et Matzal[8] ont proposé et analysé la structure de quelques textes des correspondances officielles dans Esdras, ces études

---

4. A. Lods, *Histoire de la littérature hébraïque et juive. Depuis les origines jusqu'à la ruine de l'État juif*, Paris, Slatkine, 1982, p. 540.
5. *Ibid.*, p. 543.
6. T. C. Eskenazi, « The structure of Ezra-Nehemiah and the Integrity of the Book », *JBL* 107, 1988, p. 641-656.
7. D. Dorsey, *The Literary Structure of the Old Testament*, Grand Rapids, Baker Academic, 1999, p. 158-161.
8. S. C. Matzal, « The Structure of Ezra 4-6 », *Vetus Testamentum*, 2000, p. 566-568.

n'ont pas encore (à notre avis) élucidé l'art de la composition et les aspects esthétiques des lettres officielles à travers le bilinguisme de l'auteur du livre d'Esdras.

II. Problème d'étude

L'objectif poursuivi dans cette recherche est d'analyser la composition des correspondances officielles dans le livre d'Esdras afin de parvenir à déterminer la fonction du Second Temple dans l'administration perse. En effet, cette fonction ou ce rôle du Second Temple traduit ou trahit les motivations de sa reconstruction. Comment le Temple était-il représenté à l'époque perse ?

L'importance académique de cette étude est de proposer, à travers l'analyse rhétorique des textes bibliques, une structure interne des « correspondances officielles » dans le livre d'Esdras. L'histoire de « l'analyse rhétorique biblique » montre que cette méthode est d'abord l'apanage des textes poétiques et prophétiques de l'A.T., selon Lowth. Elle a ensuite été appliquée aux textes poétiques du N.T. (cf. Jebb), aux épîtres (cf. Boys) puis aux évangiles (cf. Meynet)[9]. Nous pensons qu'elle est aussi applicable aux textes administratifs dans le livre d'Esdras, car « …l'analyse rhétorique n'est pas limitée à quelques textes bien précis, mais elle est *déployée sur l'ensemble* de la littérature biblique[10] ». La rhétorique des « correspondances officielles » (textes administratifs) dans le livre d'Esdras ne sera pas fondée sur la « rhétorique classique », mais plutôt sur « l'analyse rhétorique biblique ». Le chef de file de cette méthode est le jésuite, linguiste et exégète Roland Meynet, professeur de théologie biblique à l'Université grégorienne de Rome. À la fin de l'analyse rhétorique, notre recherche permettra à l'Église de comprendre que les réalités religieuses (telles que la reconstruction du Temple) influencent parfois la vie sociopolitique d'un État et vice-versa. Il n'existe pas une notion « absolue » de la laïcité. Car les valeurs religieuses agissent tantôt d'une manière tantôt d'une autre sur les affaires de l'État.

---

9. R. MEYNET, *L'analyse rhétorique*, Paris, Cerf, 1989, p. 26-173.
10. P. BOVATI, « Roland Meynet : sa contribution à l'analyse rhétorique comme nouvelle méthode », *StRh* 26c, 2007, p. 4.

III. Définition des termes

En vue d'appréhender le sujet dans tous ses méandres, il serait judicieux de donner la signification des différents termes clés, à savoir : la représentation, les correspondances officielles et l'analyse rhétorique.

A. Représentation

La représentation désigne l'expression par laquelle on représente un élément graphique conventionnel favorisant la perception ou la compréhension. Elle est un acte par lequel l'esprit reproduit pour lui-même des images[11]. Dans le cadre de notre sujet, la représentation est l'image par laquelle les Juifs, les Samaritains et les autorités perses perçoivent le Temple dans les correspondances officielles. En d'autres termes, la représentation est une métaphore par laquelle les auteurs des correspondances officielles rendent l'idée du Second Temple plus vivante et plus sensible en utilisant des formes, des apparences et des qualités empruntées à d'autres temples dans l'Empire perse.

B. Correspondances officielles

Les correspondances officielles sont des édits et des lettres que les rois perses et les gouverneurs, éloignés les uns des autres, utilisent pour communiquer entre eux et maintenir leur relation au sujet de la reconstruction du Second Temple. Lods les appelle « les pièces officielles[12] », Michaeli opte pour l'expression « correspondance diplomatique/documents officiels[13] », Sérandour les qualifie de « documents-sources[14] », tandis que Millet et Robert optent pour « les correspondances[15] ». Notre choix s'est porté vers le substantif « correspondance », car généralement, en lisant ces textes, on assiste au phénomène « expéditeur » et « destinataire », qui sont deux éléments clés dans l'envoi d'une correspondance. Très répandu dans l'Antiquité, le genre épistolaire est plus rare dans la Bible, alors même que les papyrus d'Éléphantine révèlent au Ve siècle une correspondance assidue entre les Juifs d'Égypte et

---

11. J. Rey-Debove et A. Rey, sous dir., *Le Nouveau Petit Robert*, Paris, Le Robert, 1993, p. 431.
12. Lods, *Histoire de la littérature hébraïque et juive*, p. 539.
13. F. Michaeli, *Les livres des Chroniques et d'Esdras et de Néhémie*, Paris, Delachaux et Niestlé, 1967, p. 22.
14. A. Sérandour, « Remarque sur le bilinguisme dans le livre d'Esdras », dans *Le Bilinguisme dans le Proche-Orient ancien*, Paris, J. Maisonneuve, 1996, p. 131.
15. O. Millet et P. de Robert, *Culture biblique*, Paris, PUF, 2001, p. 179.

de la Judée[16]. L'auteur du livre d'Esdras place l'intégralité des « correspondances officielles » en araméen dans son écrit à dominance hébraïque. Cette procédure de « bilinguisme » est un phénomène stylistique et littéraire dans ce livre. L'analyse rhétorique et biblique que nous proposons de faire se focalisera sur ces textes dits « correspondances officielles ».

L'adjectif « officielle » qualifie la nature de ces correspondances. Millet et Robert affirment que : « On trouve également dans le livre d'Esdras (chap. 4-7) un échange des correspondances officielles en araméen entre les autorités perses et celle de Jérusalem[17]. » Le genre épistolaire antique regroupe en fait deux types de textes. D'une part, la lettre privée, à caractère personnel et répondant à un besoin précis comme communiquer une nouvelle, s'informer d'une situation ou demander un service. D'autre part, une lettre officielle et souvent factice, relevant d'un véritable art littéraire, adressée à un large cercle de lecteurs et destinée à durer[18]. Les correspondances au sujet de la reconstruction du Second Temple dans Esdras sont des correspondances officielles et c'est à ce titre que nous souhaitons mettre en évidence leur statut de composition, car elles relèvent d'un type d'art littéraire.

Notre sujet, intitulé « La représentation du Second Temple à travers les correspondances officielles dans le livre d'Esdras : une analyse rhétorique », sera centré sur l'analyse des six textes officiels dans la première partie du livre d'Esdras (1-6). D'une manière générale, le livre d'Esdras comporte sept correspondances officielles. La septième en 7.11-26 est un document d'Artaxerxès remis à Esdras dans le cadre de sa mission à Jérusalem. Cette dernière correspondance officielle ne fera pas partie de notre analyse, car elle est écrite peu après la reconstruction du Second Temple et ne traduit pas, à notre avis, les fonctions du Temple à l'époque perse.

C. Analyse rhétorique

Dans notre sujet, l'analyse rhétorique est considérée comme l'un des cadres théoriques à côté du Second Temple. Elle traduit donc l'art de la composition, c'est-à-dire l'ensemble des moyens du discours utilisés par les auteurs des lettres pour organiser leurs textes afin de persuader l'interlocuteur.

---

16. *Ibid.*
17. *Ibid.*
18. *Ibid.*

Pour Meynet, l'analyse rhétorique est une étude littéraire et sémantique qui considère les textes bibliques comme « des textes composés et bien composés » pour lesquels il existe « une rhétorique spécifiquement biblique ». C'est pourquoi il est nécessaire de faire confiance « aux textes tels qu'ils sont[19] ». Ce présupposé va orienter l'exégèse des textes représentant les correspondances officielles dans le livre d'Esdras.

IV. Cadre théorique et revue de littérature

Au sujet intitulé « La représentation du Second Temple à travers les correspondances officielles dans le livre d'Esdras : une analyse rhétorique » s'impose un cadre théorique large qui est l'analyse rhétorique. Cette théorie sera appliquée aux questions concernant le Second Temple. Notre étude se fondera sur l'exégèse des correspondances officielles dans les six premiers chapitres du livre d'Esdras. Cette étude exégétique suit la méthode de l'analyse rhétorique biblique initiée par la Société Internationale pour l'Étude de la Rhétorique Biblique et Sémitique.

La première partie de cette revue littéraire sera consacrée aux publications sur l'évolution de la méthode de l'analyse rhétorique sur les textes bibliques qui est le cadre théorique large de cette étude. La seconde partie portera sur l'objet d'étude qui est la représentation du Second Temple à l'époque perse. Sur la base d'une telle perspective d'orientation du sujet, la revue de la littérature doit avant tout prendre en compte les dernières publications sur le Second Temple à l'époque perse.

A. Publications sur l'analyse rhétorique biblique

L'exégèse biblique a besoin d'une ou plusieurs approches adéquates pour élucider le sens d'un texte biblique. Putter affirme que « … l'exégèse aura donc pour devoir de rendre justice au texte biblique, dont le langage est spirituel et comporte une grande variété de genres littéraires ; tout comme elle devra tenir compte du contexte actuel, dans un langage explicatif, logique et

---

19. R. MEYNET, *Lire la Bible*, Paris, Flammarion, 1996, p. 145-162 ; « Pourquoi un traité de rhétorique biblique », dans *Studia Rhétorica*, 2007, StRh 25f, p. 2.

méthodique[20] ». Plusieurs approches synchroniques et diachroniques ont été élaborées pour faciliter l'analyse des textes de la Bible[21]. De ces approches, la société Rhétorique Biblique et Sémitique (RBS) propose une analyse rhétorique ou structurelle des textes. L'intérêt de cette approche est de prendre en compte l'organisation littéraire des mots.

La rhétorique biblique et sémitique se distingue de la rhétorique classique, gréco-latine, essentiellement démonstrative de type linéaire. Les auteurs de l'article « Propriétés fractales des structures issues de la rhétorique biblique et sémitique : premiers exemples » soulignent que la rhétorique biblique est de nature sémantique, de type « démonstratif » et énigmatique qui obéit à toutes les autres lois de la composition. La connaissance de ces lois est indispensable pour dégager la composition des textes, et, par conséquent, pour mieux les interpréter[22]. L'analyse rhétorique des textes bibliques est pour nous un cadre théorique et méthodologique.

Nous avons déjà souligné qu'Eskenazi, Dorsey et Matzal ont eu recours à la méthode rhétorique et à la méthode narrative pour analyser la structure de quelques textes d'Esdras[23]. Toutefois, leurs travaux restent encore partiels et n'ont pas pour but une étude exégétique des textes d'Esdras fondée sur la méthode prônée par la Rhétorique Biblique et Sémitique. Cependant, afin de comprendre l'analyse rhétorique et de l'appliquer comme méthode exégétique aux textes des « correspondances officielles » ainsi que pour élucider l'utilisation simultanée de deux langues dans un même texte de l'auteur du livre d'Esdras, il serait préférable de comprendre l'analyse rhétorique et sa pratique comme méthode exégétique. La définition de la rhétorique, la manière dont les critiques de la Bible évaluent cette méthode, de même que l'utilisation de

---

20. É. De Putter, *La rencontre innocente. Méthodologie en Ancien Testament*, Yaoundé, Clé, 2012, p. 7.
21. Nous pouvons citer par exemple E. Krentz, *The Historical-Critical Method*, Philadelphie, Fortress Press, 1975, et D. Greenwood, « Rhetorical Criticism and Formgeschichte: some Methodological Considerations », *JBL* vol. 89/1970, p. 418-426, qui utilisent comme présupposé la méthode historico-critique dans la rhétorique critique.
22. S. Régis *et al.*, « Propriétés fractales des structures issues de la rhétorique biblique et sémitique : premiers exemples », dans É. Née, M. Daube, M. Valette et S. Fleury, sous dir., *JADT 2014. 12e Journées internationales d'analyse statistique des données textuelles. Actes*, Paris, Cerf, 2014, p. 568.
23. T. C. Eskenazi, « The Structure of Ezra-Nehemiah and the Integrity of the Book », *Journal of Biblical Literature* 107, 1988, p. 641-646. D. Dorsey, *The Literary Structure of the Old Testament*, Grand Rapids, Baker Academic, 1999. S. C. Matzal, « The Structure of Ezra 4-6 », *Vetus Testamentum*, 2000, p. 566-568.

l'analyse rhétorique comme méthode exégétique nous permettront de comprendre la contribution de Meynet, tout comme celles de ses collaborateurs dans l'étude exégétique des sciences bibliques.

La rhétorique se définit comme toute technique élaborée empiriquement par l'analyse des œuvres oratoires. Elle est inventée par les Siciliens Corax et Tisias au IVe siècle et développée par les sophistes Protagoras et, surtout, Gorgias[24]. Ici, la rhétorique se réfère à tout ce qu'on emploie dans le discours pour persuader quelqu'un. C'est ce que Meyer a recensé dans *Synecdoques*, tels que : l'assonance, la répétition, l'asyndète, l'inversion, le chiasme, la métaphore, l'ironie, la périphrase, l'allusion, le serment, le portrait, le parallèle[25].

En tant que science au sens d'étude structurée, « la rhétorique est la faculté de dire ce que la situation implique et ce qui convient dans le discours[26] ». On distingue cinq parties dans la théorie de l'art oratoire ou de la rhétorique classique, à savoir : l'*invention,* qui traite de la recherche des idées ou des arguments et s'accompagne de la pratique des lieux communs ; la *disposition,* qui enseigne à faire un plan ; l'*élocution,* qui comprend les préceptes sur le style et le rythme ; la *mémoire,* ou *mnémotechnie* ; enfin, l'*action,* intonations, attitudes, gestes[27]. Deux de ces parties, la *mémoire* et l'*action,* ont été abandonnées dans l'histoire de cette approche au profit des trois premières, à savoir « l'*invention* ou la recherche des idées, arguments ou preuves capables d'emporter l'adhésion du destinataire, la *disposition* ou organisation logique des idées fournies par l'*invention,* l'*élocution* ou l'ornementation du discours par les figures de style[28] ». À l'époque hellénistique, la rhétorique classique représentera jusqu'à la fin de l'Antiquité le degré supérieur de l'enseignement. La rhétorique latine apparaît aux côtés de la rhétorique grecque, au Ier siècle av. J.-C. Cicéron (*De oratore*) et Quintilien (*De institutione oratoria*) lui apportent des bases théoriques originales. Au VIIe siècle, cette science a

---

24. K. MÖLLER, « Rhetoric », dans K. J. VANHOOZER, sous dir., *Dictionary for Theological Interpretation of the Bible*, Grand Rapids, Baker Academic, 2005, p. 688.
25. B. MEYER, *Synecdoques. Étude d'une figure de rhétorique*, Tome 1, coll. Poétiques, Paris, Harmattan, 1993, p. 7.
26. Aristote, *Poétique*, coll. Les Belles Lettres, trad. du grec par Barbara Garnez Paris, Les Belles Lettres, 1997, p. 27.
27. P. J. J. BOTHA & Johannes N. VORSTER, « Introduction », dans Stanley E. PORTER et Thomas H. OLBRICHT, sous dir., *Rhetoric Scripture and Theology*, Sheffield, Academic Press, 1996, p. 18-19.
28. R. MEYNET *et al.*, *Rhétorique sémitique*, Paris, Cerf, 1998, p. 17.

touché la France par l'intermédiaire de BourdaLoue, pour survivre jusqu'au XXe siècle avec les travaux de Fontanier[29].

Les auteurs de la *Rhétorique sémitique*[30] ont retracé l'histoire de l'analyse rhétorique depuis le XVIIIe jusqu'au XXe siècle. Cette nouvelle méthode est différente de la rhétorique classique à laquelle la rhétorique biblique américaine est attachée[31]. La rhétorique aux États-Unis s'est développée dans un contexte théologique, sociopolitique et dans un cadre d'enseignement qui diffère de ceux qu'on trouve en France[32]. C'est pourquoi les tenants du « rhetorical criticism » comme Kennedy[33] et Black[34] reconnaissent que les concepts théoriques de base de la rhétorique classique se fondent sur l'œuvre d'Aristote. Cette rhétorique, appelée « classique » selon Joosten[35], « gréco-latine » ou « gréco-romaine » selon Decoppet[36] et « ancienne » selon Klinkenberg[37], désigne cette même réalité. Or, des trois aspects de la rhétorique classique qui orientent la rhétorique aux États-Unis (invention, disposition et élocution), « l'analyse rhétorique s'attache exclusivement à dégager les structures de composition des textes[38] ».

Ces trois types de la rhétorique classique peuvent être décrits de la manière suivante : le genre *épidictique* ou démonstratif servait dans la formulation des discours pour louer ou pour blâmer ; ce genre s'exprime au temps présent. Le genre *délibératif* servait pour conseiller, dissuader ou pour prendre des décisions, il utilise le temps futur. Le genre *judiciaire* était approprié pour

---

29. *Ibid.*
30. *Ibid.*, p. 65-81.
31. R. Meynet, *L'analyse rhétorique*, Paris, Cerf, 1989, p. 15.
32. R. Amossy, « Introduction : pour une analyse rhétorique des textes politiques », dans *Argumentation et analyse du discours*, http://aad.revues.org/1081, consulté le 11 janvier 2014.
33. G. A. Kennedy, *New Testament Interpretation Through Rhetorical Criticism*, coll. Studies in Religion, Chapel Hill, The University of North Carolina Press, 1984, p. 12.
34. C. C. Black, « Rhetorical Criticism », dans Joël B. Green, sous dir., *Hearing the New Testament: Strategies for Interpretation*, Grand Rapids, Eerdmans, 1995, p. 257.
35. J. Joosten, « La non-mention de la fille au Lévitique 18. Exercice sur la rhétorique du code de sainteté », *Études théologiques et religieuses* 3/75, 2000, p. 145-420.
36. A. Decoppet, « Le midrash : une source de la rhétorique biblique », *Ḥokhma* 101, 2012, p. 66.
37. J.-M. Klinkenberg, *Précis de sémiotique générale*, coll. Culture et communication, Bruxelles, Université de Bœck, 1996, p. 251.
38. Meynet, *L'analyse rhétorique*, p. 16.

accuser ou pour défendre ; le temps passé est celui qui lui convient[39]. Et ces figures de la rhétorique marquent le paroxysme de la rhétorique classique[40].

Pour Hinze, l'application de la rhétorique classique à la Bible était l'œuvre de Betz et Wuellener. Ils ont été suivis par Kennedy, Mack et Robbins[41]. Même si Kennedy reconnaît la paternité de Betz, il affirme cependant que ses premiers essais n'étaient que des tentatives restreintes et moins consistantes. Selon lui, il est le promoteur de l'application de la rhétorique classique à la Bible, plus précisément au N.T.[42]. Des auteurs comme Silva[43] et Watson[44] lui ont reconnu ce statut. Selon Kennedy, en élaborant la rhétorique grecque, Aristote avait l'objectif de décrire un système de portée universelle, relatif à la communication. Il admettait que la rhétorique classique pouvait bien servir d'outil pour analyser non seulement la Bible, mais aussi des paroles en Chine, en Inde, en Afrique et partout ailleurs[45]. De ce point de vue, la critique rhétorique soumet les textes oraux et écrits à une analyse que la tradition américaine voulait réserver aux textes littéraires[46].

Meynet et ses collaborateurs pensent que beaucoup de critiques littéraires modernes s'efforcent d'évaluer des textes sur la base des règles de composition dictées par les figures de la rhétorique classique grecque[47]. Pourtant Lund déplorait déjà le fait que jusqu'à son époque la rhétorique classique soit restée la seule référence pour juger les écrivains[48].

En revanche, l'analyse rhétorique en tant que science est en rapport avec les travaux de l'évêque d'Oxford puis de Londres, le Père Robert Lowth, en 1753. Il est reconnu depuis le XVIIIe siècle jusqu'à nos jours comme le

---

39. KENNEDY, *New Testament Interpretation Through Rhetorical Criticism*, p. 19-20.
40. MEYNET, *L'analyse rhétorique*, p. 16.
41. B. E. HINZE, « Reclaiming Rhetoric in the Christian Tradition », *Theological Studies* 57, 1996, p. 486-487.
42. KENNEDY, *New Testament Interpretation Through Rhetorical Criticism*, p. 5.
43. David A. de SILVA, « Out of our Minds? Appeals to Reason (Logos) in the Seven Oracles of Revelation 2-3 », *JSNT*, 31/2, 2008, p. 126.
44. D. F. WATSON, « Vernon Robbins's Socio-Rhetorical Criticism: A Review », *JSNT*, 70, 1998, p. 69.
45. KENNEDY, *New Testament Interpretation Through Rhetorical Criticism*, p. 10.
46. AMOSSY, « Introduction : pour une analyse rhétorique des textes politiques », p. 3.
47. MEYNET et al., *Rhétorique sémitique*, p. 17.
48. N. W. LUND, *Chiasmus in the New Testament. A Study in the Form and Function of Chiastic Structures*, Peabody, Hendrickson, 1992, p. 23.

père de cette discipline qui est l'analyse « poétique » de la Bible[49]. C'est pour cette raison que les auteurs de *Rhétorique sémitique* affirment qu'« …aucun auteur antérieur au dix-huitième siècle n'avait présenté une typologie élaborée comme celle de Lowth[50] ». L'apport déterminant de ce prêtre dans l'analyse rhétorique est le fait d'ordonner le « parallélisme des membres » en trois catégories : le parallélisme synonymique, antithétique et synthétique ou constructif[51]. Il faut reconnaître que d'autres auteurs ont frayé le chemin à Lowth, à l'exemple de Schoettgen et Bengel qui sont considérés comme les auteurs des constructions concentriques[52].

Mais au XIXᵉ siècle, les travaux de Jebb font étendre le parallélisme des passages reconnus comme poétiques au Nouveau Testament, tandis que Lowth le réserve aux textes de l'A.T., plus précisément aux Prophètes. Il met en relief le « parallélisme inversé » dans son œuvre *Sacred Literature* publié à Londres en 1820. Le contemporain de Jebb, Boys, publie aussi *Tactica Sacra* en 1824 dans lequel il démontre que les épîtres du N.T. obéissent, elles aussi, aux règles du parallélisme inversé décrit par Jebb[53]. Il est en même temps l'initiateur d'une analyse rhétorique des textes complets du récit et des épîtres bibliques. Ce sont des livres tels que 1 et 2 Thessaloniciens, 2 Pierre et Philémon[54]. Le XIXᵉ siècle abonde en travaux sur l'élaboration des éléments de l'analyse rhétorique. Mueller met en évidence la « structure des strophes et la *responsio* » comme caractères essentiels de la poésie sémitique. De son côté, Zenner invente la « strophe alternante » et Forbes introduit la question du « centre » d'une unité linguistique[55].

Au XXᵉ siècle, dans son œuvre intitulée *The Forms of Hebrew Poetry* publiée en 1915, Gray va inverser les a priori de la structure des vers hébreux présentés par Lowth depuis le XVIIIᵉ siècle. Son originalité se trouve au niveau des critères formels de chaque vers. Au lieu des éléments distiques dans le vers, Gray démontre qu'un vers peut compter six stiques[56]. Contemporain de Gray,

---

49. MEYNET et al., *Rhétorique sémitique*, p. 65.
50. *Ibid.*, p. 67.
51. MEYNET, *L'analyse rhétorique*, p. 25.
52. MEYNET et al., *Rhétorique sémitique*, p. 68.
53. *Ibid.*, p. 74.
54. MEYNET, *L'analyse rhétorique*, p. 79.
55. *Ibid.*, p. 128-129.
56. *Ibid.*, p. 131-132.

Souvay met en valeur le « vers monostique » et les « artifices stylistiques[57] ». Outre les travaux de Gray et Souvay, Jousse met en exergue le caractère « oral et vivant » des paroles de Jésus de Nazareth. Il est à l'origine des courants dans le monde chrétien qui mémorisent et « rythmo-mélodient » les textes de la Bible. Il faut reconnaître que Jousse n'a pas opté avant tout pour une analyse rhétorique[58]. Néanmoins, il a encouragé son époque « à prendre le texte tel qu'il est, et à se laisser prendre en lui par la Parole de vie[59] ». Contrairement à Jousse, Lund affirme que « l'étude du chiasme donnera sûrement des résultats importants » pour comprendre les sens de certains passages difficiles ou bien pour évaluer les textes du N.T.[60] C'est à Lund que l'on doit les lois d'organisation des structures concentriques.

Au XXIe siècle, Meynet présente l'« analyse rhétorique » comme une méthode jeune de 200 ans, mais avec des précurseurs au XVIIIe siècle[61]. Dans la préface de *L'analyse rhétorique*, Beauchamp atteste que l'apport de Meynet réside dans son élaboration d'un cadre méthodologique à cette analyse[62]. Bergey, en citant Girard, atteste que cette méthode était déjà en application depuis le XVIIIe siècle[63]. De plus, il abonde dans le même sens que Beauchamp : « ce qui est nouveau, c'est la constitution d'une véritable méthode d'analyse littéraire, rigoureusement basée sur un cadre théorique et son utilisation systématique pour l'interprétation de la Bible[64]. » Bovati le remarquait déjà, quand il affirmait :

> Roland Meynet [...] « tire de son trésor du neuf et du vieux ». Il faut certes reconnaître une dette considérable vis-à-vis des anciens des exégètes qui, surtout à partir du XVIIIe siècle, ont

---

57. *Ibid.*, p. 132.
58. *Ibid.*, p. 140.
59. *Ibid.*, p. 144.
60. *Ibid.*, p. 145.
61. R. Meynet, *Initiation à la rhétorique biblique*, coll. Initiations, Paris, Cerf, 1982, p. 10. Plus tard, il précise que c'est plutôt l'appellation « Analyse rhétorique » qui est récente. R. Meynet, *L'analyse rhétorique*, p. 15.
62. P. Beauchamp, « Préface », dans R. Meynet, *L'analyse rhétorique*, p. 12.
63. R. Bergey, « Le credo de Jonas dans le récit de la tempête en mer. Une analyse structurelle de 1.4-16 », dans P. Berthoud et P. Wells, sous dir., *Texte et historicité. Récit biblique et histoire. Actes de colloque universitaire*, Cléon d'Andran, Excelsis, 2006, p. 29.
64. Bergey, « Le credo de Jonas dans le récit de la tempête en mer. Une analyse structurelle de 1.4-16 », p. 29-30.

contribué à tracer l'arête de la méthode rhétorique ; mais il faut tout de même célébrer aussi ce que Roland Meynet a produit de nouveau, dans cette même méthode, surtout sur le versant de la rigueur d'analyse appliquée courageusement à des grands ensembles littéraires de la Bible[65].

Cette méthode peut avoir d'autres appellations telles que « analyse structurelle » et « étude stylistique ». Cependant Meynet porte un choix justifié sur l'expression « analyse rhétorique » ; car les deux premiers termes peuvent faire l'objet de confusion ou de restriction[66]. L'appellation de la méthode devrait surtout faire la différence entre la technique de recherche et son objet. En effet, Bergey précise que l'« analyse rhétorique » étudie les « procédés littéraires qui président à la rédaction d'un texte[67] ». Meynet affirme clairement que l'on pourrait l'appliquer aussi aux textes modernes[68]. D'ailleurs, il a appliqué fructueusement cette analyse, qu'il qualifie de biblique, à des textes arabes et musulmans[69]. Cela signifie que les techniques de ce type d'analyse peuvent s'appliquer à n'importe quel texte, ancien ou moderne, sémitique ou non, chrétien ou non chrétien. C'est pourquoi Decoppet[70], Mounin[71] et Beauchamp[72] affirment que l'appellation d'analyse rhétorique est l'apanage de Meynet. Il a l'avantage d'avoir réuni toute la documentation fondatrice de cette méthode ; il a comblé les pénuries de documentation[73]. C'est la raison pour laquelle il devient pour nous une référence beaucoup plus souvent citée dans nos analyses. Les contributions des contemporains de Meynet sont à prendre en compte. C'est le cas de Galbiati, qui formule les « quinze canons qui règlent la composition des textes narratifs de la Bible[74] ». De même, Lamarche, dans son écrit intitulé *Zacharie IX-XIV, structure littéraire*

---

65. P. Bovati, « Roland Meynet : sa contribution à l'analyse rhétorique comme nouvelle méthode », dans *StRh* 26c, 17 mai 2007, p. 2.
66. Meynet, *L'analyse rhétorique*, p. 16-18.
67. *Ibid.*, p. 32.
68. Meynet et al, *Rhétorique sémitique*, p. 291, 308.
69. *Ibid.*, p. 10.
70. A. Decoppet, « L'analyse rhétorique de Roland Meynet », *Ḥokhma* 91, 2007, p. 2-3.
71. G. Mounin, « Préface », dans R. Meynet, *Quelle est donc cette parole ? Lecture rhétorique de Luc* (1-9, 22-24), coll. Divina 99 A, Paris, Cerf, 1979, p. 5.
72. Beauchamp, « Préface », p. 12.
73. Meynet, *L'analyse rhétorique*, p. 19.
74. *Ibid.*, p. 170.

et messianisme en 1961, hiérarchise les critères pour la délimitation de la structure interne des morceaux[75]. Et enfin Vanhoye démontre « clairement les indices littéraires qui marquent la structure de l'épître[76] ».

L'histoire de l'analyse rhétorique depuis le XVIIIe jusqu'au XXe siècle montre que cette méthode n'est pas seulement l'apanage des textes poétiques de l'A.T. ; elle peut être appliquée aux textes prophétiques (selon Lowth), aux passages reconnus comme poétiques du N.T. (selon Jebb), aux épîtres (selon Boys et Vanhoye) et aux évangiles (selon Meynet). La question est de savoir comment on peut l'appliquer aux « textes administratifs » ou aux « correspondances officielles » dans le livre d'Esdras. En d'autres termes, le style ou la structure administrative répond-il au principe de l'analyse rhétorique ? Nous allons répondre à ces questions dans l'exégèse des correspondances officielles. Cependant il vaudrait mieux comprendre et cerner la nature et les présupposés de l'analyse rhétorique biblique.

Selon Meynet, « l'analyse rhétorique cherche à repérer les lois spécifiques de l'organisation des textes bibliques ; elle se propose d'identifier la rhétorique qui a présidé à la rédaction de ces textes[77] ». Pour Bovati, la contribution de l'analyse rhétorique « se limite aux aspects formels et purement stylistique des textes[78] ». Contrairement à la rhétorique classique, l'analyse rhétorique étudie la manière de composer le discours, qui est la *dispositio*[79]. Beauchamp affirme que l'analyse rhétorique s'efforce de découvrir « des lois communes dans l'agencement des signes verbaux à l'intérieur du corpus biblique[80] ». Decoppet précise, quant à lui, que cette méthode « s'intéresse essentiellement à l'ordre dans lequel sont placés les éléments du discours et à la signification qui en découle[81] ». L'analyse rhétorique « tient à relever le balancement et l'agencement des mots et des idées les uns en rapport aux autres[82] ». C'est un effort pour découvrir les principes selon lesquels un auteur a arrangé les

---

75. *Ibid.*, p. 171.
76. *Ibid.*
77. *Ibid.*, p. 15-16.
78. Bovati, « Roland Meynet : sa contribution à l'analyse rhétorique comme nouvelle méthode », p. 2.
79. *Ibid.*, p. 16.
80. Beauchamp, « Préface », p. 7.
81. Decoppet, « L'analyse rhétorique de Roland Meynet », p. 6.
82. Bergey, « Le credo de Jonas dans le récit de la tempête en mer. Une analyse structurelle de 1.4-16 », p. 31.

mots dans ses écrits. C'est pourquoi l'analyse rhétorique met l'accent sur le texte écrit[83].

La valeur de l'analyse rhétorique est sa particularité parmi les analyses textuelles. En effet, par sa définition, l'analyse rhétorique est une analyse textuelle à caractère littéraire et synchronique. Meynet et ses collègues, lors des Journées internationales d'Analyse statistique des Données Textuelles, vont écrire que « l'intérêt de cette approche est de prendre en compte l'organisation littéraire des mots et pas seulement leurs fréquences ou leurs tailles […] un outil de caractérisation de texte[84] ».

Qu'en est-il de son caractère textuel ? Diverses approches peuvent être qualifiées comme une approche littéraire. Nous pouvons citer entre autres la critique littéraire utilisée par la critique historico-critique. Cette critique cherche à disséquer le texte biblique en apercevant les contradictions, les incohérences, les marques de la logique afin de retrouver le texte original. L'analyse rhétorique ne se situe pas dans cette lignée. La rhétorique biblique et sémitique est essentiellement démonstrative de type littéraire. C'est dans ce contexte que Meynet et les autres déclarent que « la rhétorique biblique est sémitique, de type "monstratif" et énigmatique, elle obéit à de toutes autres lois de composition. La connaissance de ces lois est indispensable pour dégager la composition des textes, et, par conséquent, pour mieux les interpréter[85] ».

Pour Houtart, « toute analyse textuelle vise à repérer les structures idéologiques d'un texte, pris hors de tout contexte, en décomposant les structures patentes au profit de l'articulation latente[86] ». Ici, l'analyse textuelle décompose le texte présent en ses éléments constitutifs afin d'en rechercher le sens caché. Hachez insiste sur le fait que l'analyse textuelle « privilégie les éléments internes du texte aux dépens des éléments qui lui sont extérieurs[87] ».

---

83. DECOPPET, « L'analyse rhétorique de Roland Meynet », p. 6.
84. R. MEYNET, S. RÉGIS et al., « Propriétés fractales des structures issues de la rhétorique biblique et sémitique : premiers exemples », dans É. NÉE, M. DAUBE, M. VALETTE, S. FLEURY, sous dir., *JADT 2014. 12ᵉ Journées internationales d'analyse statistique des données textuelles*, Paris, Cerf, 2014, p. 567.
85. *Ibid.*, p. 568.
86. F. HOUTART, « La méthode de l'analyse textuelle de Jules Gritti », dans Jean REMY et Danielle RUQUOY, sous dir., *Méthode d'analyse de contenu et sociologie*, coll. Publications des Facultés universitaires Saint-Louis à Bruxelles, Bruxelles, Publications des Facultés Universitaires Saint-Louis, 1990, p. 69.
87. T. HACHEZ, « Analyse littéraire et analyse de contenu », dans Jean REMY et Danielle RUQUOY, sous dir., *Méthodes d'analyse de contenu et Sociologie*, coll. Publications des

L'analyse textuelle se présente sous diverses formes. Hachez les regroupe en deux : l'analyse littéraire et l'analyse de contenu[88]. L'analyse rhétorique est une analyse textuelle, de la branche littéraire. Dans sa communication à la table ronde du 23 mars 2007 à Rome, Meynet affirmait que :

> Je m'étais limité aux faits de composition, niveaux et figures, laissant de côté tout ce qui regardait l'intertextualité et l'interprétation [...] J'ai restreint le champ de la rhétorique à la disposition, à la composition des textes [...] cette opération qui s'attache à dégager la composition des textes, mais il ne pouvait pas s'y limiter[89].

Bovati, dans sa qualité de témoin d'un parcours de recherche et de collaborateur des projets et des réalisations accomplies par Meynet, met en relief le caractère textuel de l'analyse rhétorique. Pour lui, « parler des livres de Roland Meynet c'est forcément parler de la méthode rhétorique. Non pas parce que sa contribution se limite aux aspects formels et purement stylistiques *des textes*[90], mais parce que son interprétation est toute fondée sur la forme des textes bibliques, forme qui fait objet d'une analyse méthodologique sans précédent[91] ». L'objet de l'analyse rhétorique, qui est l'étude des dispositions d'un texte, est déjà une orientation claire de cette méthode sur une étude textuelle. C'est une analyse à perception graphique des textes bibliques. Ignorer la composition du texte dans une analyse rhétorique, c'est dépouiller la méthode de son ossature.

Qu'en est-il des caractéristiques littéraires de l'analyse rhétorique ? Une manière aisée de faire comprendre l'analyse littéraire consiste en sa mise en parallèle avec l'analyse de contenu, comme l'a fait Hachez. Selon lui, ces deux analyses ont en commun le fait d'être des analyses textuelles[92]. Ce qui

---

Facultés Universitaires Saint-Louis, Bruxelles, Publications des Facultés Universitaires Saint-Louis, 1999, p. 136-137.
88. *Ibid.*, p. 137.
89. R. MEYNET, « Pourquoi un *Traité de rhétorique biblique* ? », dans *StRh* 25f, 17 mai 2007, p. 1-2.
90. C'est nous qui ajoutons des italiques pour mettre en évidence le caractère textuel de l'analyse rhétorique.
91. BOVATI, « Roland Meynet : sa contribution à l'analyse rhétorique comme nouvelle méthode », p. 2.
92. HACHEZ, « Analyse littéraire et analyse de contenu », p. 137.

les différencie, c'est leur attitude vis-à-vis du texte. Dans un texte, l'analyse de contenu ne s'intéresse qu'à l'objet de ses investigations ; le reste est exclu de l'analyse[93]. Par contre l'analyse littéraire considère que le texte est sacré, c'est-à-dire que « rien [du texte] ne peut être oublié, car chaque élément est en quelque sorte contaminé par l'ensemble et doit pouvoir libérer par analyse toutes ses potentialités signifiantes[94] ». Cette manière d'exposer l'analyse littéraire selon Hachez correspond exactement à la présentation de l'analyse rhétorique chez Meynet. Selon ce dernier, l'analyse rhétorique s'intéresse au texte écrit de sorte qu'aucun détail du texte, si mineur soit-il, n'échappe aux exigences de l'analyse[95]. Aussi l'analyse littéraire se présente-t-elle sous plusieurs formes dont l'une est l'analyse rhétorique[96].

L'analyse rhétorique, à caractère littéraire, se fonde sur l'analyse des structures mises en évidence par la Rhétorique Biblique et Sémitique (RBS), fournit des niveaux de composition depuis le livre jusqu'au membre et rappelle des échelles ou des niveaux d'observation. Les structures qui se répètent à plusieurs échelles sont fournies par les unités symétriques qui se répètent à plusieurs niveaux de composition[97]. De nos jours, dans le monde de la critique textuelle, il existe plusieurs formes d'analyse littéraire, et le besoin se présente à nous de spécifier celle de RBS que nous choisissons pour ce travail, afin de nous permettre de cerner l'essence de l'analyse rhétorique. Toutefois, avant de passer à la spécification, il importe d'examiner comment l'analyse rhétorique s'apparente à une analyse synchronique.

Bergey range l'analyse rhétorique parmi les approches synchroniques. Il se réfère à Girard et affirme que cette analyse « fait abstraction de la préhistoire du texte, de sa genèse et des étapes de son développement[98] ». L'imbrication entre la définition, l'analyse rhétorique et la place que Bergey lui accorde correspond à la définition d'Aletti et ses collaborateurs : « Les approches synchroniques étudient les textes dans leur unité, sans tenir compte, dans un

---

93. *Ibid.*, p. 138.
94. *Ibid.*, p. 140.
95. Meynet, *L'analyse rhétorique*, p. 302.
96. R. Meynet, « Composition et genre littéraire de la première section de l'épître aux Galates », dans J. Schlosser, sous dir., *Paul de Tarse*, coll. Lectio Divina 165, Paris, Cerf, 1996, p. 51.
97. Meynet, S. Regis *et al.*, « Propriétés fractales des structures issues de la rhétorique biblique et sémitique : premiers exemples », p. 572.
98. Bergey, « Le credo de Jonas dans le récit de la tempête en mer. Une analyse structurelle de 1.4-16 », p. 30.

premier temps, de l'histoire ou des étapes de leur rédaction. Elles cherchent à identifier ce qui leur est typique : composition, figures de style, intrigue, théologie[99]. »

Selon Decoppet, la particularité de l'analyse rhétorique est qu'elle révèle les éléments du texte qui doivent aller ensemble dans l'interprétation. Il note que des éléments peuvent aller ensemble sur le plan lexical, syntaxique et même sur le plan des unités plus grandes, telles que des phrases ou des genres littéraires[100]. Du fait que l'analyse rhétorique est synchronique, elle est différente de la critique des sources, de la critique des formes et de la critique de la rédaction, qui sont des approches diachroniques. Elle est aussi différente de la rhétorique classique, gréco-latine, qui est essentiellement démonstrative, de type linéaire[101]. Parmi les approches synchroniques, Bergey sépare l'analyse rhétorique des autres approches synchroniques telles que l'analyse structurale, la sémiotique, la narratologie[102]. Car elle ne cherche pas à repérer les universels du langage, comme le ferait la sémiotique ou l'analyse structurale ; elle n'étudie pas la manière dont une histoire est racontée, cela relève de la narratologie[103]. L'analyse rhétorique fondée sur la structure ou le style du texte s'intéresse particulièrement à la cohérence interne du texte[104]. C'est pourquoi, en faisant allusion à Wenin, Bergey affirme que « l'analyse rhétorique vise à mettre en évidence la structure littéraire de l'ensemble narratif, le cadre où se développe le récit, et les articulations internes propres à guider l'interprétation[105] ».

Simultanément, les pensées de Decoppet et celles de Bergey permettent d'affirmer que l'analyse rhétorique a cette particularité de préparer les matériaux en vue d'une interprétation cohérente et fidèle au texte lui-même. L'analyse rhétorique, comme l'a bien remarqué Beauchamp dans la préface de *L'analyse rhétorique*, est une méthode exégétique moderne selon laquelle

---

99. J.-N. ALETTI et al, *Vocabulaire raisonné de l'exégèse biblique*, Paris, Cerf, 2005, p. 69.
100. DECOPPET, « L'analyse rhétorique de Roland Meynet », p. 6-10.
101. MEYNET, S. REGIS et al., « Propriétés fractales des structures issues de la rhétorique biblique et sémitique : premiers exemples », p. 568.
102. BERGEY, « Le credo de Jonas dans le récit de la tempête en mer. Une analyse structurelle de 1.4-16 », p. 30-31.
103. *Ibid.*, p. 32.
104. *Ibid.*, p. 30.
105. *Ibid.*, p. 31.

« la forme est porteuse du sens[106] ». « Toute méthode conduit au seuil de l'acte d'interprétation[107]. » En se fondant sur son expérience dans le domaine, Bovati déclare que « l'analyse rhétorique ne suffit pas, à elle toute seule, pour atteindre ce but ultime de la recherche qui est l'interprétation[108] ».

Cet auteur propose que « la rhétorique a besoin de dialoguer avec d'autres méthodes ; elle doit s'approcher d'autres techniques, elle doit accueillir d'autres questions et d'autres points de vue pour ne pas réduire la richesse inépuisable du texte biblique à une seule perspective[109]. Pour répondre à cette préoccupation, Meynet propose dans le *Traité de la rhétorique biblique* cinq lois herméneutiques, à savoir : chercher la différence, chercher la ressemblance, partir du centre, suivre le fil rouge et croiser les fils[110]. Ces lois ouvrent sur une relation intertextuelle des textes, car « l'analyse rhétorique au sens strict s'étend aux relations entre les péricopes à l'intérieur d'une séquence, des séquences à l'intérieur de la section, des sections à l'intérieur du livre […] voilà donc *l'intertexte au cœur de l'intratexte*[111] ».

L'analyse rhétorique est mise en œuvre sur la base d'un certain nombre de présupposés. Selon Beauchamp, le présupposé de l'analyse rhétorique est que « nul texte ne pouvait s'interpréter autrement que selon ses lois propres, lois qui s'ajoutent à celles de la grammaire et de la logique[112] ». Dans le même ordre, Bovati déclare que la grande nouveauté du travail que Meynet avait proposé au jury de l'Université d'Aix-en-Provence sur l'évangile de Luc est le fait qu'à travers l'analyse rhétorique il a démontré « comment un livre entier de la Bible est rigoureusement structuré[113] ». Decoppet clarifie cette idée quand il précise que « les textes bibliques sont régis par la rhétorique sémitique et non gréco-romaine[114] ».

---

106. MEYNET, *L'analyse rhétorique*, p. 3.
107. BOVATI, « Roland Meynet : sa contribution à l'analyse rhétorique comme nouvelle méthode », p. 5.
108. *Ibid.*, p. 6.
109. *Ibid.*
110. MEYNET, « Pourquoi un *Traité de rhétorique biblique* ? », p. 4.
111. *Ibid.* Nous mettons cette expression en italiques car, selon nous, elle traduit d'une manière explicite la relation entre texte et intertexte.
112. BEAUCHAMP, « Préface », p. 8.
113. BOVATI, « Roland Meynet : sa contribution à l'analyse rhétorique comme nouvelle méthode », p. 1.
114. DECOPPET, « L'analyse rhétorique de Roland Meynet », p. 6.

Il relève deux présupposés : d'une part « les textes bibliques, malgré les incidents de leur transmission manuscrite [...] ont été composés avec grand soin[115] » ; et d'autre part, pour bien découvrir le sens d'un texte, il faudrait remplir les conditions suivantes : bien définir la forme du texte, le diviser de manière raisonnée et non arbitraire, bien définir son contexte, et enfin mettre en évidence sa structure. Pour cela, poursuit Decoppet, l'analyse rhétorique est la technique qui remplit mieux les conditions, pour que de la forme du texte l'on accède valablement à son sens[116].

Même si ses racines remontent au moins au dix-huitième siècle, « l'analyse rhétorique » représente une nouvelle approche des textes bibliques. Elle met toujours en doute l'histoire de la formation du texte et le problème de ses sources qui sont toujours hypothétiques. L'analyse rhétorique se propose de dégager la composition du texte dans son état final, tel qu'il a été transmis par la tradition d'interprétation de la Bible. Trois présupposés sont importants à souligner. Le premier présupposé de l'analyse rhétorique est que les textes bibliques, malgré les incidents de leur transmission manuscrite, ne sont pas simplement une collection de traditions orales, encore moins une compilation de petites unités isolées, mais ont été composés avec grand soin. Les auteurs bibliques ne sont pas seulement des rédacteurs, ils sont des auteurs, au plein sens du mot. Le deuxième présupposé de cette méthodologie est que l'ensemble des textes bibliques sont régis par une rhétorique spécifique. Les livres écrits en hébreu ont été composés non pas selon les règles de la rhétorique gréco-latine, mais selon les lois, toujours mieux connues, de la rhétorique hébraïque (ou plus largement sémitique) ; les livres grecs de l'A.T. (LXX), ainsi que ceux du N.T., bien qu'influencés par l'hellénisme, relèvent davantage de la rhétorique hébraïque que de la rhétorique classique gréco-latine. C'est pourquoi l'on est en droit de parler non seulement de rhétorique hébraïque, mais aussi de rhétorique biblique. Le troisième présupposé méthodologique de l'analyse rhétorique est que la forme du texte, sa *dispositio*, est la porte principale qui ouvre l'accès au sens. Non pas que la composition fournisse, directement et automatiquement, la signification. Cependant quand l'analyse formelle permet d'opérer une division raisonnée du texte, de définir de manière plus objective son contexte, de mettre en évidence l'organisation de

---

115. *Ibid.*
116. *Ibid.*, p. 6-7.

l'œuvre aux divers niveaux de son architecture, se trouvent ainsi réunies les conditions qui permettent d'entreprendre, sur des bases moins subjectives et fragmentaires, le travail d'interprétation. Tel est, en effet, le but de toute recherche de type scientifique qui entend respecter, à travers son objet, le Sujet qui parle.

Meynet a établi clairement les présupposés de l'analyse rhétorique dans *Lire la Bible*, et son exposé lors de la table ronde de mars 2017. Dans ses exposés, il affirme que lorsque le texte est bien analysé à tous les niveaux de son organisation, « il sera toujours possible de dégager une structure du texte[117] ». L'analyse rhétorique considère les textes bibliques comme des textes composés, et bien composés, pour lesquels il existe une rhétorique spécifiquement biblique, et il est nécessaire de faire confiance aux textes tels qu'ils sont[118]. Ce présupposé exégétique va orienter l'analyse rhétorique des textes représentant les correspondances officielles dans le livre d'Esdras.

Pour présenter à grands traits les lois de structuration de cette rhétorique, l'article de Meynet et de ses collaborateurs aux Journées internationales d'Analyse statistique des Données Textuelles (JADT), intitulé « Propriétés fractales des structures issues de la rhétorique biblique et sémitique : premiers exemples » (*JADT* 2014), est révélateur. Nous le reprenons ici sous forme d'un plan d'analyse rhétorique d'un texte :

I. Composition du texte
    A. Composition parallèle
    B. Composition spéculaire
    C. Composition concentrique

II. Différents niveaux d'organisation du texte
    A. Niveaux « inférieurs » (ou non autonomes)
        1. Le terme/lexème
        2. Le membre
        3. Le segment
        4. Le morceau
        5. La partie
    B. Niveaux « supérieurs » (ou autonomes)

---

117. MEYNET *et al.*, *Rhétorique sémitique*, p. 278.
118. Rhétorique, cf. R. MEYNET, *Lire la Bible*, Paris, Flammarion, 1996, p. 145-162 ; « Pourquoi un *Traité de rhétorique biblique* ? », p. 2.

1. Le passage
2. La séquence
3. La section
4. Le livre[119]

Les efforts de l'analyse rhétorique consistent à fractionner le texte afin d'arranger les syntagmes dans un « membre », les « membres » dans un « segment », les « segments » dans le « morceau », et ainsi de suite jusqu'au corps du texte ou du discours[120]. Cette structure d'analyse nous permet d'analyser les « correspondances officielles » dans Esdras. Seul le « niveau supérieur » sera commun aux textes officiels que nous nous proposons d'analyser. Cependant chaque « partie » d'analyse rhétorique dans la thèse comprendra d'une part la composition du texte et d'autre part le « niveau supérieur » d'organisation du livre d'Esdras. Nous procédons maintenant à une description de chacun de ces différents niveaux d'organisation et de composition : terme, membre, segment, morceau, partie, passage jusqu'au texte ou discours.

1. Terme

Le « terme » correspond en général à un « lexème », ou un mot qui appartient au lexique : substantif, adjectif, verbe et adverbe. Dans le cadre de l'analyse des textes de correspondances officielles, chaque substantif sera présenté dans sa graphie/transcription hébraïque ou araméenne non translitérée et la forme et le sens seront donnés en français.

2. Membre

Bien que Meynet ait identifié le « membre » comme « l'unité minimale de l'organisation rhétorique », il atteste aussi qu'il est difficile de le définir[121]. Mais il précise que le « membre » est au moins un « syntagme » ou groupe de « termes » liés entre eux par des rapports syntaxiques étroits formant une unité rhétorique minimale[122]. Un membre est un syntagme constitué de deux à cinq termes ; il peut arriver que le membre comporte un seul terme. Aletti

---

119. Cf. MEYNET, S. REGIS et al., « Propriétés fractales des structures issues de la rhétorique biblique et sémitique : premiers exemples », p. 568-569.
120. MEYNET, L'analyse rhétorique, p. 197-270ss.
121. *Ibid.*, p. 199.
122. *Ibid.*

et ses collaborateurs affirment qu'« un syntagme est un arrangement de mots formant une unité dans une organisation hiérarchisée (syntaxique)[123] ». La synthèse de ces deux descriptions démontre qu'un syntagme est un ensemble de mots solidement liés et constituant une unité dans une organisation syntaxique. En d'autres termes, un syntagme est un groupe de mots qui forme une unité au sein de la phrase. Après avoir donné le sens de chaque « terme » dans les textes de correspondances officielles, nous chercherons à les mettre dans une unité de compréhension qui est le « membre ». Ici les textes seront sectionnés par unité de sens.

3. Segment

Le segment est un ensemble au maximum de deux ou trois membres. Le nombre des membres détermine la nomenclature des segments. Les segments sont nommés unimembres, bimembres ou trimembres selon qu'ils sont constitués d'un seul, de deux ou de trois membres. Lorsque le nombre des membres dépasse trois, on accède à un niveau supérieur au segment, c'est le « morceau[124] ». Dans une analyse rhétorique, chaque type de segment présente certaines caractéristiques spécifiques.

Dans une analyse rhétorique, un segment « uni-membre » ou « monostique » ne donne pas lieu à lui seul à une composition rhétorique. Une composition rhétorique exige un arrangement symétrique. Or, une symétrie implique une dualité, une pluralité. Ainsi, il faut au moins un segment « bimembre » ou « distique » pour donner lieu à une composition rhétorique. Un segment bimembre compte au moins quatre termes. Un tel segment permet de présenter les deux figures de base de toute la rhétorique biblique, à savoir la composition parallèle et le concentrique. Lorsque l'ordre des termes dans le premier syntagme est identique à celui du deuxième syntagme, on est en présence d'une symétrie parallèle, ou à parallélisme. Cependant, si l'ordre des termes est inversé dans le deuxième syntagme par rapport à l'ordre du premier, on a une symétrie croisée, que l'on nomme chiasme ou bien

---

123. ALETTI et *al.*, *Vocabulaire raisonné de l'exégèse biblique*, p. 124.
124. *Ibid.*, p. 199.

concentrique. Chacune de ces figures de rhétorique comporte des caractéristiques propres[125]. Selon Meynet et ses collègues, Jebb a défini le chiasme en ces termes :

> Il existe des strophes construites de telle manière que, quel que soit le nombre des lignes, la première est parallèle à la dernière, la seconde à l'avant-dernière et ainsi de suite, dans un ordre qui converge vers l'intérieur ou, pour emprunter une expression militaire, des flancs vers le centre. On peut appeler ce phénomène *parallélisme inversé*[126].

Aletti et les autres auteurs attirent l'attention sur le fait que « toutes les inversions ne sont pas des chiasmes, car les inversions peuvent chevaucher deux unités littéraires, alors que le chiasme forme une unité syntaxique ou littéraire[127] ». En vue de présenter la structure de composition des textes de correspondances officielles, il est important pour nous, à ce stade, de diviser les textes par « segments ». Cela nous permettra ici de faire une comparaison avec un texte de l'administration perse, qui est extrabiblique, pour voir si la structure de composition est similaire, ou s'il existe des différences entre les textes bibliques et les mêmes textes relevant de l'administration perse. Faute d'avoir à notre disposition l'édit de Cyrus dans un document extrabiblique, nous proposons de faire cette comparaison avec une lettre adressée au satrape d'Égypte dans *Documents araméens d'Égypte*, publié par Grelot aux éditions du Cerf.

4. Morceau

Un morceau compte au moins un segment et au plus trois segments. Les morceaux comptant deux ou trois segments sont dits morceaux complexes. Ils sont classés en fonction du nombre de leurs membres constitutifs. Le morceau le plus court comprend au moins trois membres et le plus long peut en compter neuf au maximum[128]. Un peu d'arithmétique amène à comprendre que le nombre de membres dans un morceau varie de trois à neuf. Jusqu'à ce niveau, on peut bien constater qu'à chaque fois qu'un niveau de composition

---

125. *Ibid.*, p. 200.
126. Meynet et al., *Rhétorique sémitique*, p. 71.
127. Aletti et al., *Vocabulaire raisonné de l'exégèse biblique*, p. 98.
128. Meynet et al., *Rhétorique sémitique*, p. 231.

acquiert une caractéristique, cette caractéristique est attribuable au niveau supérieur. Aussi, au fur et à mesure que le niveau de composition croît, l'ampleur du texte s'élargit, et les possibilités des rapports et des analyses augmentent également. Dans le cadre de cette analyse, chaque texte des correspondances officielles n'est pas isolé dans Esdras 1-6. Il est intégré dans une structure de composition. À ce niveau nous chercherons à démontrer comment l'auteur du livre d'Esdras insère ses textes dans la progression de sa pensée. Quels sont les connecteurs d'introduction qu'il utilise pour insérer les correspondances et soutenir sa pensée ?

4. Passage et autres niveaux supérieurs

Meynet écrit que, dans sa forme, un passage est constitué d'un ou plusieurs morceaux formant un tout cohérent du point de vue du sens[129]. Il précise que le passage équivaut à ce que l'on appelle « péricope[130] ». Différentes unités dans un passage peuvent être symétriques entre elles. Plusieurs « passages » constituent une « séquence ». Plusieurs « séquences » forment une « section » et des « sections » forment un « livre ». « Il est quelquefois nécessaire d'avoir recours aux niveaux intermédiaires de la "sous-partie", de la "sous-séquence" et de la "sous-section"[131] » qui ont la même définition que la partie, la séquence et la section. Ainsi, la principale contribution de la Rhétorique Biblique et Sémitique (RBS) est de montrer que les différents types de composition se retrouvent aux différents niveaux de composition[132]. Comme indiqué plus haut, le niveau supérieur des correspondances officielles sera commun. Car ces correspondances font partie de la première section du livre d'Esdras. Même si le livre Esdras-Néhémie était au départ un seul livre, la division actuelle en deux livres ne modifie en rien la compréhension des chapitres un à six qui regroupent les correspondances officielles. Analyser la partie supérieure de chaque correspondance, c'est courir le risque de tomber dans des répétitions inutiles.

---

129. *Ibid.*, p. 271.
130. *Ibid.*
131. Roland MEYNET, « Une nouvelle présentation de la rhétorique biblique et sémitique », *Exercices de rhétorique* 8, mis en ligne le 25 janvier 2017, consulté le 22 mai 2023.
132. MEYNET, S. REGIS *et al.*, « Propriétés fractales des structures issues de la rhétorique biblique et sémitique : premiers exemples », p. 569.

Après la présentation de différents niveaux de composition rhétorique, il est souhaitable de présenter de manière pratique les procédés de l'analyse rhétorique de textes bibliques. En effet, Beauchamp avait reproché à l'analyse rhétorique le fait qu'elle n'avait pas encore pris une forme qui assure sa transmission didactique[133]. Mais nous constatons que cette inquiétude a déjà trouvé une solution, car non seulement Meynet[134], mais aussi Bergey[135] ont exposé la méthodologie de cette analyse ; leurs exposés peuvent servir à une fin didactique. De plus, la publication des *Exercices d'analyse rhétorique biblique* par Meynet et Oniszczuk en 2013 vient couronner la praticabilité de cette méthode. Quatre opérations sont établies pour l'analyse rhétorique. D'abord, écrire ou réécrire le texte, puis le décrire, ensuite le replacer dans sa série et enfin l'interpréter[136]. Bergey les appelle « repères méthodologiques[137] ». Certains analystes, dont Decoppet[138], ont appliqué le schéma de Meynet, sans se soucier d'une formulation didactique. Cette présentation demeure encore la meilleure référence. Nous la présentons comme suit :

a. Première opération : écrire ou réécrire le texte

Écrire ou réécrire le texte en vue d'une analyse rhétorique consiste à réécrire le texte biblique selon une mise en place qui permet de visualiser les figures de rhétorique avec plus d'évidence. La réécriture se fait dans la langue originale, l'hébreu ou l'araméen pour les textes officiels dans Esdras[139]. La traduction est à éviter. S'il faut recourir à une traduction, celle-ci devra suivre, autant que possible, la structure de la langue originale jusqu'à la limite de la grammaticalité, pourvu que la compréhension demeure possible[140]. Meynet recommande de réécrire tout le texte, rien que le texte, sans rien omettre, même pas une seule petite lettre[141]. Il faut réécrire le texte autant de fois que

---

133. BEAUCHAMP, « Préface », p. 13.
134. MEYNET, *L'analyse rhétorique*, p. 301-307.
135. BERGEY, « Le credo de Jonas dans le récit de la tempête en mer. Une analyse structurelle de 1.4-16 », p. 32-33.
136. MEYNET, *L'analyse rhétorique*, p. 301-307.
137. BERGEY, « Le credo de Jonas dans le récit de la tempête en mer. Une analyse structurelle de 1.4-16 », p. 32.
138. DECOPPET, « L'analyse rhétorique de Roland Meynet », p. 14-17.
139. MEYNET, *L'analyse rhétorique*, p. 301.
140. *Ibid.*
141. *Ibid.*, p. 303.

le texte comporte de niveaux. Car, poursuit-il, on ne peut pas visualiser tous les niveaux dans une seule et unique réécriture[142]. Pour faire ressortir les jeux d'identité ou d'opposition, la réécriture fera usage des jeux de caractère de lettres, de couleurs et autres. Les éléments symétriques seront écrits avec les mêmes caractères et seront alignés verticalement[143].

b. Deuxième opération : décrire le texte

La description du texte consiste à présenter un guide ou un justificatif qui explique les caractéristiques formelles du texte. En dehors de ce descriptif, il faut procéder de sorte que le texte soit non seulement lisible, mais aussi intelligible, afin que la réécriture n'exige pas de commentaire supplémentaire[144].

c. Troisième opération : replacer le texte dans sa série

Si le texte d'étude se réfère à d'autres textes de la Bible, il faut les noter. Ils constituent ce que l'on appelle les références interscripturaires. Ils forment, tous ensemble, une série. « Le texte de référence fait partie en effet du contexte du texte analysé[145]. »

d. Quatrième opération : interpréter le texte

L'interprétation est la fin de l'analyse rhétorique. En effet, l'analyse rhétorique n'a pas la prétention primaire de révéler les sens du texte qu'elle analyse. Elle recherche plutôt à dégager comment les signes verbaux sont agencés dans le texte[146]. Cette démarche débouche à la porte du sens, celle de l'interprétation[147]. Meynet précise que pour interpréter un texte, il faut connaître sa grammaire, sa logique et les lois de son agencement verbal propre[148].

Telles sont les quatre opérations qui permettent de visualiser clairement les éléments linguistiques qui doivent aller ensemble dans le processus de l'interprétation du texte. Ensuite, nous passons en revue les principaux avantages de l'analyse rhétorique.

---

142. *Ibid.*
143. *Ibid.*, p. 303-304.
144. *Ibid.*, p. 305.
145. *Ibid.*
146. *Ibid.*, p. 7.
147. *Ibid.*, p. 8.
148. *Ibid.*

Après l'analyse des différents niveaux de la composition des textes de correspondances officielles, il serait important pour nous d'envisager les quatre étapes de l'analyse rhétorique de chaque texte. Ces quatre étapes, à savoir réécrire, décrire, remplacer et interpréter le texte, nous permettront de comprendre les motivations de chaque auteur des correspondances officielles en rapport avec la question du Second Temple.

B. Publications sur le Second Temple

Les travaux d'Elayi et de Sapin, sur *Quinze ans de recherche (1985-2000) sur la Transeuphratène à l'époque perse*, ont mis en évidence plusieurs publications sur le Second Temple. La qualité et l'intérêt de ces publications sont très variables à travers le chapitre de mise à jour bibliographique sur la Transeuphratène. Mais la partie de cette revue littéraire met en évidence les publications sur le Second Temple de Jérusalem des années 1991 à 2010. L'année 1991 représente l'année de la Conférence de Rome organisée par la Society of Biblical Literature, tandis que l'année 2010 est celle du 5ᵉ colloque international sur *La Transeuphratène à l'époque perse : Religions, croyances, rites et images*, dont les actes ont été publiés dans une série de *Transeuphratène* sous forme de trois volumes (21, 22 et 23).

Les récentes études sur le Second Temple par des chercheurs tels que Blenkinsopp, Burkes, Hellerma, Helyer, Edelman, Lisbeth, Assis, Eskenazi et Kent font ressortir les aspects morphosémantiques, cultuels et économiques du temple. Déjà en 1991, dans la première conférence sur le Second Temple en période perse, Blenkinsopp a fait remarquer que les temples sont un « stimulant » économique régional et des lieux de stockage et de redistribution des avantages de l'Empire perse. C'est pour cette raison que les dirigeants achéménides successifs prennent en charge les travaux des temples[149]. À cette période, sur le plan politique, la conception des temples selon les autorités perses n'implique pas nécessairement la divinité ; même si cette notion de « dieu » ou des « dieux » ne peut être exclue des temples.

Dans le *Dictionnaire critique de la théologie*, publié en 2003, J. Auneau affirme que le « temple » d'origine hébraïque, « *hékâl* », dont les termes

---

149. Joseph BLENKINSOPP, « Temple and Society in Achaemenid Judah », dans Philip R. DAVIES, sous dir., *Second Temple Studies*, Sheffield, Sheffield Academic Press, 1991, p. 23.

correspondent à l'akkadien « *ekallu* » et au sumérien « *E-GAL*[150] », peut se traduire par « la Maison de Dieu [...] la Demeure, remplie de la gloire du Seigneur[151] ». Dans le même ordre d'idée, G. K. Beale, dans son article publié en 2005 dans la revue *JETS* 48/1, affirme que le Temple est dans l'A.T. le lieu de « la présence de Dieu où Israël doit aller expérimenter la présence de Dieu[152] ». Ces deux auteurs s'accordent sur une signification littérale du mot « temple » comme un lieu où Dieu peut habiter ou se manifester.

Mais en 2004, Knauf, en se penchant sur « ...les milieux producteurs de la Bible hébraïque », atteste que le Temple est l'un des centres producteurs de la littérature juive. À côté de l'école et du palais, le Temple constitue le lieu par excellence qui entretient « le savoir nécessaire à l'exercice de la fonction de prêtre [...] le Temple contribua aussi à la transmission des textes prophétiques[153] ». Mettant ces textes en vente, le Temple est un lieu générateur d'une ressource économique.

Toutefois, en 2005, Edelman, dans son livre intitulé *The Origins of the « Second » Temple : Persian Imperial Policy and the Rebuilding of Jerusalem*, réfute le fait que c'est sous le roi Darius que le Second Temple de Jérusalem fut reconstruit. Pour elle cette reconstruction était une partie du plus grand projet du roi Artaxerxès I. Ce roi fournit aux soldats placés dans la forteresse de Jérusalem, ainsi qu'aux civils qui vivent dans ce nouveau siège provincial de Perse, un lieu adéquat pour adorer leur Dieu. Ce cadre sert également de dépôt des impôts rassemblés pour l'administration perse.

En 2007, Lisbeth, dans le volume 7 de *The Journal of Hebrew Scriptures*, pose la question de l'utilisation d'*Urim* et de *Thummim* par les sacrificateurs à l'époque du Second Temple, dans son article intitulé : « Did Second Temple High Priests Possess The *Urim* and *Thummim* ? » Ce chercheur de l'université du Michigan reconnaît l'absence d'utilisation d'*Urim* et de *Thummim* à l'époque du Second Temple. Mais en se fondant sur 1 Chroniques 24.10, Lisbeth formule une autre question qui est celle de savoir si un prêtre est

---

150. Joseph AUNEAU, « Temple », dans Jean-Yves LACOSTE, *Dictionnaire critique de théologie*, Paris, PUF, 2003, p. 1133.
151. AUNEAU, « Temple », p. 1133.
152. Gregory K. BEALE, « Eden, the Temple, and the Church's Mission in the New Creation », *JETS* 48/1, mars 2005, p. 7.
153. Ernest Axel KNAUF, « Les milieux producteurs de la Bible hébraïque », dans Thomas RÖMER, Jean-Daniel MACCHI et Christophe NIHAN, sous dir., *Introduction à l'Ancien Testament*, Genève, Labor et Fides, 2004, p. 55-57.

intervenu dans l'intérim avec *urim* et *thummim*, et qui était capable de restaurer la famille nommée Hakkots à la prêtrise.

Contrairement à Lisbeth, qui se préoccupe de la pratique de la fonction du prêtre dans le Second Temple, en 2010, Millard affirme quant à lui que « les temples anciens faisaient généralement office de réserve du trésor de l'État. On les vidait pour payer les tributs imposés, on les remplissait et on les décorait avec le butin obtenu[154] ». Ici, c'est l'aspect économique et culturel du temple qui est mis en évidence par Millard.

Nous pouvons regrouper ces publications sur le temple en trois groupes d'auteurs. D'abord, le groupe des auteurs qui s'intéressent aux aspects morphologiques et sémantiques du temple. C'est le cas d'Auneau et de Beale, qui considèrent le temple comme lieu de prière, le siège de la présence divine. L'assurance que Dieu résidait dans le Temple, la dévotion envers la « maison de YHWH » est la raison d'un culte qu'on y célèbre. Ensuite, le groupe des auteurs tels que Knauf et Millard, qui mettent l'accent sur le rôle culturel et économique du Temple. Pour eux, le Temple est considéré comme le lieu producteur de la littérature juive et l'endroit où l'on dépose les réserves d'or et les impôts. Enfin, il y a aussi le groupe composé d'Edelman et de Lisbeth, qui consacrent leurs recherches à la datation du Second Temple ainsi qu'à l'utilisation de certains instruments dans le Temple, comme l'*Urim* et le *Thummim*.

Dans ces publications, il manque une analyse des raisons de la reconstruction du Second Temple. Or le premier intérêt des Juifs rapatriés de l'exil est de rebâtir ce Temple. Certes Edelman et Millard ont discuté de manière distincte d'une motivation économique due à l'une des fonctions du Temple à cette époque ; mais cette raison ne justifie que partiellement la grande mobilisation pour cette reconstruction. Nous proposons, dans cette thèse, de mettre en évidence les différentes représentations du Second Temple à travers une forme de la communication que sont les correspondances officielles. Analyser la composition des correspondances officielles dans le livre d'Esdras au sujet de la reconstruction du Second Temple est pour nous un moyen de comprendre le rôle du Temple pour les communautés juives et samaritaines ainsi que pour l'administration perse.

---

154. A. R. Millard, « Temple », dans *Le Grand dictionnaire de la Bible*, Charols, Excelsis, 2010, p. 1631.

V. Question de recherche

La question principale de la recherche se formule de la manière suivante : En quoi la rhétorique [en tant qu'art de composition] des correspondances officielles permet-elle d'envisager la représentation du Second Temple à la fois pour les autorités perses, pour les Samaritains et pour les Juifs ? En d'autres termes : quels sont les procédés stylistiques ou structurels dans les correspondances officielles chez Esdras qui traduisent ou trahissent la fonction du Temple à l'époque perse ?

À cette question centrale, d'autres, annexes, nous aident à orienter cette recherche. Selon la Bible, qu'est-ce que le Temple représente pour le roi Cyrus et pour le roi Darius ? Pourquoi les Samaritains veulent-ils eux aussi soutenir cette reconstruction ? Quel intérêt les autorités perses ont-elles à soutenir la reconstruction du temple et pour quelle raison les Juifs refusent-ils le soutien des Samaritains et non celui des rois perses ?

Ces questions conduisent à vérifier l'hypothèse selon laquelle l'auteur du livre d'Esdras fait inclure des correspondances officielles dans la première partie de son œuvre, dont le thème caractéristique de ces textes officiels est « le Temple ». La composition rhétorique de ces correspondances traduit l'imaginaire ou la représentation du Temple parmi le peuple juif, les Samaritains et les gouvernants perses de l'époque. L'imaginaire ou la représentation du Second Temple influence la vie sociopolitique et religieuse des acteurs de sa reconstruction.

VI. Hypothèse de travail

L'hypothèse centrale de recherche, qui donne une assise à notre travail et qui est le point de départ de notre argumentation, se présente comme suit : La composition rhétorique des correspondances dans le livre d'Esdras traduit la fonction du Second Temple à l'époque perse. Cette fonction diffère selon l'émetteur et les destinataires de ces correspondances, qui sont : l'administration perse, les Samaritains et les Juifs.

Cette hypothèse va aider à approfondir la thèse qui cherche à comprendre la composition rhétorique des correspondances officielles et à mettre en évidence la fonction du Second Temple à l'époque perse. Cette fonction aura une implication chrétienne à travers l'imaginaire du Second Temple. Les évidences de la composition rhétorique dans les correspondances nous permettront de dégager les raisons et les arguments qui supportent cette hypothèse.

VII. Méthodologie

À dessein de vérifier l'hypothèse selon laquelle la fonction du Temple est prépondérante dans les correspondances officielles du livre d'Esdras, et selon laquelle l'imaginaire du Second Temple influence la vie sociopolitique et religieuse des autorités perses, des Samaritains et des Juifs, nous nous proposons de suivre une méthode à deux volets : d'une part l'analyse rhétorique biblique et d'autre part l'intertextualité.

L'analyse rhétorique biblique permettra de faire l'exégèse du texte des correspondances officielles adressées au sujet de la reconstruction du Second Temple. L'objectif n'est pas ici de proposer un commentaire exégétique de tous les six premiers chapitres du livre d'Esdras. Nous utiliserons la méthode exégétique qui s'attache à « …mettre au jour la *composition* du texte[155] » et relèverons les figures de composition proprement sémitique mises en œuvre dans le livre. L'analyse rhétorique biblique est pour nous un moyen d'identifier la structure du texte des correspondances officielles dans Esdras. Cependant, nous remarquons avec Meynet que l'analyse rhétorique entendue comme l'étude de la composition des textes n'est pas une méthode d'exégèse. Elle représente seulement une des nombreuses opérations du travail exégétique[156].

Pour comprendre le rôle du Second Temple ainsi que les motivations de sa reconstruction, l'utilisation de la méthode de l'intertextualité semble être nécessaire. « L'*intertextualité* proprement dite est "une relation de co-présence entre deux ou plusieurs textes", que concrétise la présence effective d'un texte dans un autre par voie de citation ou d'allusion[157]. » L'écho de la reconstruction de ce Second Temple se fait non seulement dans les correspondances officielles, mais aussi dans d'autres écrits postexiliques. Dans le souci de mieux comprendre les motivations de cette reconstruction, nous faisons

---

155. R. Meynet, « L'analyse rhétorique, une nouvelle méthode pour comprendre la Bible », *Nouvelle Revue Théologique* 116, 1994, p. 642.
156. R. Meynet, J. Oniszczuk, *Exercices d'analyse rhétorique biblique*, Péndé, Gabalda, 2013, p. 28.
157. Daniel Marguerat et Adrian Curtis, sous dir., *Intertextualité. La Bible en échos*, Genève, Labor et Fides, 2000, p. 7.

appel aux autres textes bibliques de l'époque postexilique pour soutenir ou infirmer certaines affirmations. L'intertextualité sera pour nous une seconde approche de cette étude. Elle nous aidera à faire les rapprochements non seulement entre les différentes correspondances dans le livre d'Esdras, mais aussi et surtout entre les écrits bibliques et extrabibliques postexiliques pour élucider le rôle du Second Temple à l'époque perse.

VIII. Plan du travail

Il est important à ce niveau de présenter les grandes lignes de la thèse. Elle comporte quatre chapitres. Le premier chapitre rafraîchit, après avoir présenté les grandes lignes du travail, la pensée sur les temples juifs dans le contexte du Proche-Orient et de l'Afrique à l'époque perse. Le deuxième chapitre fait le point à l'aide du travail de Serandour sur le « bilinguisme dans le livre d'Esdras » et introduit une considération « hybride » de l'écriture dans Esdras. Le troisième chapitre est réservé à l'exégèse des six correspondances officielles. La figure de composition de l'analyse rhétorique fait l'objet de ce chapitre. Le quatrième chapitre expose les fonctions du Second Temple dans le contexte du Proche-Orient. L'imaginaire du Second Temple pour l'administration perse, les Juifs et les Samaritains aura des implications pour la vie chrétienne.

Conclusion

Dans cette introduction, nous avons présenté les articulations du sujet ainsi que les différents chapitres que comporte la thèse. L'arrière-plan de ce sujet s'inscrit dans le cadre d'une étude sur le Second Temple. Cette étude se fondera surtout sur les correspondances dans le livre d'Esdras. Le statut de ces lettres faisait l'objet de plusieurs prises de positions parmi les critiques de l'A.T. Beaucoup les ont rejetées en les qualifiant de documents falsifiés, d'autres optent pour une acceptation partielle, surtout des correspondances en araméen. Cependant, avec la question de la pratique du bilinguisme de l'écriture à cette époque, le statut de ces documents utilisés par l'auteur du livre d'Esdras ne suscite pas assez de questions parmi les critiques.

Nous nous sommes aussi interrogés sur le fait que l'art de la composition des correspondances officielles dans le livre d'Esdras trahit les fonctions du Second Temple à l'époque perse. Certains chercheurs du N.T. pensent que l'absence de l'utilisation du genre épistolaire dans l'A.T. est l'un des critères de différence entre la loi et la grâce, entre l'Ancien et le Nouveau Testament. Or, l'hypothèse de cette étude est fondée sur le fait que ces correspondances mettent en évidence les fonctions du Second Temple dans l'administration perse, chez les Samaritains et chez les Juifs. Ces fonctions du Second Temple peuvent aussi influencer la vie chrétienne.

Nous avons vu dans la revue de la littérature que la question des fonctions du Second Temple n'a pas été prise en compte par les publications des années 1991 à 2010. Ces années ont été déterminantes dans les publications sur le Second Temple, à travers les deux conférences internationales organisées à Rome en 1991 et à Paris en 2010. Or, dans ces conférences, dont les actes ont été publiés, seul l'aspect économique comme fonction du Temple a été pris en compte. Nous nous sommes dit que si c'était seulement pour une question économique, il ne devrait pas y avoir une grande diversité d'intérêts parmi les différentes entités pour cette reconstruction. Notre objectif serait de déceler les autres fonctions du Second Temple qui motivent l'administration perse, les Samaritains et les Juifs à vouloir s'investir dans cette construction.

Pour élucider ces fonctions du Second Temple, nous avons choisi comme cadre théorique l'analyse rhétorique. À la différence de la rhétorique gréco-romaine, l'analyse rhétorique s'intéresse uniquement à la composition d'un texte. La théorie de la composition d'un texte a été vérifiée dans l'histoire, d'abord sur les textes poétiques de l'A.T., ensuite sur les textes prophétiques et les textes poétiques du N.T. et enfin sur les évangiles. Certains textes extra-bibliques comme le Coran font aussi l'objet d'études de l'analyse rhétorique.

L'utilisation de l'analyse rhétorique biblique comme méthode partielle d'exégèse pour les textes des correspondances officielles dans le livre d'Esdras permet de vérifier l'hypothèse selon laquelle l'analyse rhétorique n'est pas seulement l'apanage des textes poétiques de l'A.T. ; elle peut être appliquée aux textes prophétiques, aux passages reconnus comme poétiques du N.T., aux épîtres, aux évangiles et aux textes administratifs dans le livre d'Esdras.

Dans le deuxième chapitre qui suit, nous allons présenter les différents temples juifs dans les contextes du Proche-Orient et de l'Afrique à l'époque perse. Ce sont les temples de Jérusalem, d'Éléphantine, de Léontopolis et du mont Garizim, sans oublier l'idée de vivre sans le temple, incarnée à Qumran.

CHAPITRE 1

Temples juifs dans les contextes du Proche-Orient et de l'Afrique

Introduction

Ce chapitre aborde brièvement la question de la « ville sainte », qui est Jérusalem. Une brève précision géographique sur cette ville permet de situer l'origine et la construction du Temple de Salomon et du Second Temple de Zorobabel. Après avoir présenté le Temple de Jérusalem, il serait important de se faire une idée des efforts de reconstruction d'un troisième temple dans cette ville.

La Bible ne se fait pas l'écho d'autres temples juifs en dehors de Jérusalem, de ceux d'Éléphantine et de Léontopolis qui sont tous les deux en Égypte. La deuxième partie de ce chapitre retracera leur histoire tout en montrant leur relation avec le Second Temple de Jérusalem à l'époque perse. Ensuite il serait important de présenter aussi le temple du mont Garizim qui entretient une relation difficile avec celui de Jérusalem, en dépit de l'influence des autorités perses.

À ce niveau, nous n'allons pas nous attarder à faire ressortir les fonctions du Second Temple à cette époque et évoquer les débats qui les entourent. Cela fera l'objet du quatrième chapitre, car c'est l'objectif principal de notre recherche. Il consiste à déterminer la représentation du Second Temple dans l'imaginaire de l'administration perse, des Juifs et des Samaritains qui sont les émetteurs et récepteurs des correspondances officielles dans le livre d'Esdras.

I. Temples de Jérusalem

Nous ne pouvons pas parler du Temple de Jérusalem sans rappeler d'abord quelques faits sur cette « ville sainte ». Join-Lambert affirme qu'elle est « vénérée par les juifs, les chrétiens et les musulmans pour des motifs qui se rejoignent en partie. Mais aux yeux des chrétiens, son rôle dans le plan divin appartient au passé. Seule subsiste maintenant la signification profonde qui est à découvrir dans le N.T.[1] ».

Fondée il y a plus de 4 000 ans[2], Jérusalem est une des vieilles villes du monde[3]. Son histoire troublée, faite de nombreux rebondissements, suscite l'intérêt à l'échelle mondiale. Située à 760 mètres d'altitude, dans les collines de Judée, la ville de Jérusalem se trouve à l'intersection de trois continents : l'Asie, l'Afrique et l'Europe[4]. Par cette position centrale, elle était déjà dans les temps anciens au carrefour des trois civilisations dominantes de l'Antiquité : la Mésopotamie, l'Égypte et la Grèce. Selon le prophète Ézéchiel, Jérusalem est aussi le cœur géographique du plan de salut de Dieu (5.5).

Jérusalem en hébreu (יְרוּשָׁלַ͏ם) signifie probablement une ville de « paix » (Ps 76.3 ; Esd 5.14 ; Hé 7.2). Cependant, étant un lieu de tensions continuelles, son nom ne reflète pas cette réalité. Au cours de son histoire, cette ville a plus été marquée par les larmes, la souffrance et le sang que par la paix. L'esplanade du Temple est actuellement la partie la plus controversée de Jérusalem, car aujourd'hui c'est là qu'est dressée la coupole dorée de la mosquée d'Omar. On peut s'interroger : pourquoi cet espace suscite-t-il un intérêt si vif ? Les revendications juives ont leur fondement dans l'histoire de la construction du Temple par Salomon, détruit par Neboukadnetsar et reconstruit par Zorobabel. Cette revendication juive permet de chercher à comprendre dans notre travail l'imaginaire du Temple au temps de Zorobabel, qui suscite l'intérêt pour sa reconstruction à cette époque. L'A.T. n'évoque

---

1. M. Join-Lambert, « Jérusalem », dans *Vocabulaire de théologie biblique*, Paris, Cerf, 1970, p. 585.
2. R. Liebi, *Jérusalem : le drame du Temple*, Paris, La Maison de la Bible, 1996, p. 7.
3. M. Richelle, « Si l'on croit à la Bible, c'était au 10ᵉ s. av. J.-C, la capitale d'un royaume étendu. Mais du point de vue archéologique, d'aucuns affirment que cette ville […] n'aurait pas révélé de vestiges à la hauteur de ce que l'on pourrait attendre au regard de la grandeur dont la revêtent les récits bibliques », dans *La Bible et l'archéologie*, Vaux-sur-Seine, Édifac, 2011, p. 127.
4. J. A. Soggin, *Israel in the biblical period*, trad. de l'italien par J. Bowden, New York, T. & T Clark, 2011, p. 36.

pas d'autres temples hors de Jérusalem qui seraient dirigés et fréquentés par des Juifs. Dans ce chapitre, nous allons voir leur relation avec les autorités du Temple de Jérusalem. Les correspondances au sujet de la reconstruction du Second Temple ne peuvent être comprises si l'on ne comprend pas la place du Temple dans le vécu du peuple israélite. Toutefois, avant d'aller plus loin, nous devons définir ce qu'est un temple.

Le temple se définit comme une « habitation divine, lieu saint ou sanctuaire ; qu'il soit matériel ou spirituel, lieu utilisé pour le culte[5] ». Le mot hébreu *hékâl*, traduit par « temple », signifie aussi « palais ». Cependant, dans les correspondances officielles du livre d'Esdras, le terme utilisé pour le « temple » est בַּיִת. Nous constatons que c'est le même mot בַּיִת dans la version hébraïque de l'édit de Cyrus et dans la version araméenne de l'édit. Ce vocable revient plus d'une vingtaine de fois dans les chapitres un à six du livre d'Esdras, qui fait l'objet de notre analyse[6].

Jenni souligne que le terme בַּיִת est commun dans les langues sémitiques, et il est le concurrent de *hékâl*[7]. L'auteur du livre d'Esdras utilise trente fois ce mot, mais au lieu de parler d'une maison d'habitation, il se réfère beaucoup plus au temple. Cette référence au temple s'explique par l'emploi d'un complément du nom. Dans le cas des six premiers chapitres d'Esdras, nous pouvons souligner deux manières d'utiliser le terme בַּיִת. Dans les textes hébraïques, l'auteur opte pour l'expression בֵּית־אֱלָהָא (maison de YHWH) ; en revanche, dans les textes en araméen, il utilise בֵּית־אֱלָהָא (maison de Élohim). Nous nous poserons la question de savoir s'il y a une différence entre les noms « YHWH » et « Élohim ». Cette différence peut-elle influencer l'imaginaire du « temple » chez les Juifs et l'administration perse ? Nous reviendrons sur cette supposée différence au dernier chapitre de cette étude. Le temple dans le contexte de l'A.T. permet de poursuivre notre analyse.

---

5. W. F. Stinespring, « Temple, Jerusalem », dans George Arthur Buttick, sous dir., *The Interpreter's Dictionary of the Bible. An Illustrated Encyclopedia*, Nashville, Abingdon Press, 1969, p. 534.
6. Esdras 1.1, 3, 5, 7 ; 2.21, 28, 59 ; 3.8, 11 ; 4.3, 24 ; 5.2, 13, 14, 16, 17 ; 6.3, 4, 5, 7, 8, 12, 17, 22.
7. E. Jenni, « בַּיִת/bayit/house », dans *TLOT*, Massachusetts, Hendrickson Publishers, 1997, p. 232.

A. Le Temple de Salomon selon les livres des Rois et des Chroniques

Le roi David nourrissait le vif désir de construire une maison pour YHWH, afin d'y abriter l'arche de l'alliance, qui était au milieu du tabernacle. Par une révélation divine, le roi sut clairement qu'il fallait construire le Temple sur le mont Morija. Le feu du ciel, qui embrasa son premier sacrifice présenté, fut pour lui un signe d'approbation sans ambiguïté (1 Ch 21.26-22.1). C'est pourquoi il fit ensuite de grands préparatifs en vue d'une construction monumentale (1 Ch 22.2-25.14). Il en établit des plans très précis (1 Ch 28.11ss).

Son fils Salomon fit exécuter l'ouvrage (2 Ch 3.1ss). 150 000 ouvriers s'y employèrent pendant sept années pour réaliser ce projet (2 Ch 2.18 ; 1 R 6.37-38). Il s'agit d'un véritable chef-d'œuvre pour l'époque (1 R 10.1-5). André Parrot affirme : « Selon la conception propre aux religions païennes, les temples devraient abriter les dieux[8]. » Salomon n'avait cependant aucun doute sur le fait que c'était par principe impossible pour le Dieu de la Bible de s'abriter dans le בֵּית־יְהוָה. Lors du discours d'inauguration, la sagesse de ce roi lui fit dire que ni le ciel ni les cieux des cieux ne pouvaient contenir YHWH, combien moins alors le Temple de Jérusalem (1 R 8.27). Dans cette déclaration de Salomon, nous voyons qu'il exprime la notion de transcendance et d'immanence de YHWH. Effectivement, les murs du Temple n'ont pas été érigés pour contenir le Dieu d'Israël, cette בֵּית־יְהוָה était plutôt l'endroit choisi par Dieu sur la terre pour manifester à l'homme son existence et sa présence d'une manière particulière[9].

L'auteur du livre des Rois écrit que c'est 480 ans après que les enfants d'Israël furent sortis du pays d'Égypte, dans la quarantième année du règne de Salomon, qu'il commença la construction du Temple (1 R 6.1). Si l'on connaissait la date exacte de l'Exode, il n'y aurait aucune difficulté à préciser la période de la construction du premier Temple. Malheureusement la chronologie de l'Exode est toujours discutée et sa datation doit être obtenue par d'autres voies, comme le précise Parrot[10].

---

8. A. Parrot, *Le Temple de Jérusalem*, Neuchatel, Delachaux & Niestlé, 1964, p. 12.
9. Liebi, *Jérusalem : le drame du Temple*, p. 28.
10. Parrot, *Le Temple de Jérusalem*, p. 12.

Richelle met en évidence les débats actuels sur l'époque de David et de Salomon :

> Jusqu'au début des années 1990, la plupart des archéologues s'accordent pour dire que toute une série des vestiges archéologiques assez impressionnants – des palais et des fortifications, en particulier sur les sites de Méguiddo, Guézer et Hatsor – dataient du règne de Salomon (au 10ᵉ s.). Il était par conséquent largement admis que ce dernier avait dirigé un royaume prospère et puissant, forgé par les succès militaires de son père. Aujourd'hui, un débat fait rage parmi les spécialistes. Certains estiment que les édifices précédents ne datent en réalité que du 9ᵉ s. Selon eux, du temps de David et de son fils, les villes en question étaient bien moins développées ; ces rois n'étaient que des chefs locaux régnant sur le seul territoire de Juda [...] Les récits bibliques concernant l'époque de David et Salomon relèveraient d'une écriture idéologique qui aurait considérablement gonflé [sic] l'importance de ces dirigeants[11].

Même s'il est difficile d'identifier la période de la sortie du peuple d'Israël de l'Égypte, le texte de 1 Rois 6.1, qui fait référence à cette époque, ne soulève pas de problème de critique textuelle majeur. Thomas L. Constable écrit : « Ce verset [1 R 6.1] est l'un des plus importants pour la chronologie de l'Ancien Testament, car il permet de fixer certaines dates de l'histoire d'Israël[12]. » Nous partageons la position suivante de Nupanga :

> La construction proprement dite du Temple commença environ quatre cent quatre-vingt ans [sic] après la sortie des Israélites de la terre d'Égypte, la quatrième année du règne de Salomon (**6.1**). S'il monta sur le trône en 960 av. J.-C., alors on peut fixer la date de l'Exode aux environs de 1440 av. J.-C. À ce moment-là, le Seigneur avait annoncé qu'il choisirait un lieu bien précis où son Nom habiterait (Ex 20.24 ; Dt 12.5), mais il fallut quatre cent quatre-vingt ans [sic] pour que cet endroit soit clairement

---

11. Richelle, *La Bible et l'archéologie*, p. 109-110.
12. T. L. Constable, « 1 ROIS », dans J. F. Walvoord et R. B. Zuck, sous dir., *Commentaire biblique du chercheur*, Québec, Impact, 2015, p. 666.

identifié. Les promesses du Seigneur s'accomplissent toujours, mais il se passe parfois un long moment avant qu'elles se réalisent. Pendant ces quatre cent quatre-vingts ans [sic], Israël était devenu une grande puissance avec sa capitale à Jérusalem. Là, David s'était fait construire une maison pour lui-même, mais il avait été malheureux de ce que l'arche de l'Éternel logeait encore sous une tente. Ainsi, quand Salomon monta sur le trône, une des premières choses qu'il fît [sic] fut de commencer la construction du temple. Ensuite seulement il bâtit son propre palais[13].

À la fin de sa vie, Salomon s'adonna à l'idolâtrie (1 R 11ss). Il se détourna de YHWH et commença à vénérer des dieux faits de pierre, d'or ou d'argent. Le peuple l'imita, et la suite des événements montre comment il s'éloigna peu à peu de YHWH. Le vrai culte fut remplacé par une vénération de la nature et des forces faussement intitulées cosmiques. Il en résulta des conséquences tragiques. Après la mort de Salomon, le royaume d'Israël se scinda en deux : un royaume du nord, Israël, et un royaume du sud, Juda. André et Renée Neher soulignent que cet empire, déjà « ébranlé par des lézardes politiques, économiques et sociales[14] », tomba dans une crise morale et religieuse. Ces auteurs ont exprimé cette décadence spirituelle à la fin de l'époque de Salomon en ces termes :

> Cette crise a son origine dans le cœur de Salomon. Par une évolution psychologique [...] Salomon fut transformé de fond en comble [...] Salomon, le roi de la sagesse, devint vraiment le roi de la folie et de la flétrissure [...] La sexualité pousse Salomon vers un état permanent de péché. Il s'y enfonce, s'y englue, et, bientôt oublie qu'il y a d'autres devoirs royaux que ceux du harem. Transgressant délibérément la loi de la Thora (Dt 17.17), Salomon augmente sans cesse le nombre de ses épouses [...] certains de ces mariages sont des affaires d'État, d'où un nombre énorme de femmes étrangères [...] Il faut imaginer derrière chacune de ces femmes leurs mœurs, leurs esclaves, leurs clans et, lorsqu'il s'agit d'étrangères, leurs mœurs, leurs atavismes,

---

13. Nupanga Weanzana wa Weanzana, « 1 Rois », dans *Commentaire biblique contemporain*, Marne-la-Vallée, Farel, 2008, p. 433.
14. A. et R. Neher, *Histoire biblique du peuple d'Israël*, Paris, Jean Maisonneuve, 1988, p. 342.

leurs religions [...] Le Temple, construit pour la gloire du Dieu Unique, est flanqué de sanctuaires idolâtres qui invitent leurs fidèles à communier sur les collines de Jérusalem dans la ferveur érotique des cultes d'Astarté[15].

Dans les années 605 à 586 av. J.-C, les Chaldéens menèrent plusieurs guerres contre Juda, et ses habitants furent déportés en quatre vagues successives vers Babylone, dans le territoire de l'Irak actuel. La capitale, Jérusalem, fut complètement détruite, ainsi que son Temple, et toute sa gloire s'évanouit. De nombreux objets du Temple furent volés et emportés (Jr 52.17-23 ; Dn 1.2 ; 5.1-2). Il ne restait que des ruines. Ayant tourné le dos à YHWH, le peuple était dépossédé de son Temple.

B. Temple de Zorobabel

Sous la conduite du roi Cyrus, les Médo-Perses avaient conquis l'immense Empire babylonien. Cet événement marque une étape décisive dans l'histoire du peuple juif de l'époque, puisque Cyrus autorisa les Juifs à retourner dans leur terre et à reconstruire le Temple. L'édit de Cyrus en question fait l'objet de notre analyse et son authenticité dans sa version araméenne ne fait pas de doute (Esd 6.3-5). Le roi encourage même activement ce retour en rendant à ceux qui rentraient au pays les objets sacrés emportés par les Babyloniens (Esd 1.1ss ; Dn 1.5).

Très peu de Juifs saisirent cette occasion pour retourner dans la terre de leurs ancêtres, où ils furent astreints à de pénibles travaux de reconstruction et soumis à de nombreuses vicissitudes. La lecture du livre d'Esdras-Néhémie rapporte ce retour et les travaux entrepris, y compris le Temple. De retour au pays, le peuple se mit au travail en commençant par ériger l'autel sur l'ancien site du Temple. Ainsi, après plusieurs décennies d'interruption, on put à nouveau offrir des sacrifices à l'Éternel (Esd 3.1-7).

L'étape suivante était la construction de בֵּית־יְהוָה (maison de l'Éternel) avec des moyens rudimentaires. C'était donc un bâtiment modeste qui s'éleva. Des Juifs plus âgés, qui se souvenaient de la splendeur du Temple précédent, ont pleuré amèrement en voyant les fondations du nouveau lieu saint (Esd 3.7-18 ;

---

15. *Ibid.*, p. 342-343.

Ag 2.3). Après de nombreuses tribulations, le Second Temple fut finalement achevé en 515 av. J.-C. et inauguré dans les réjouissances (Esd 6.14-18).

On possède peu de détails concernant le plan architectural de ce Second Temple. Selon le décret de Cyrus, le roi autorisait la construction d'un bâtiment dont la hauteur serait de soixante coudées, la largeur de soixante coudées[16], avec trois assises de pierres roulées jusqu'à leur emplacement et une assise de bois. La longueur n'est pas précisée (Esd 6.3-4). Il comportait des salles à manger et des magasins (Né 13. 4-5), et sans aucun doute des chambres hautes, et peut-être d'autres dépendances, sur le même modèle que le Temple de Salomon (1 Ch 28.11 ; 1 R 6.4-6, 10).

Ce Second Temple ne contenait pas l'arche de l'alliance, qui apparemment avait disparue pendant que Neboukadnetsar prenait le Temple de Salomon et le pillait. D'après le livre apocryphe de 1 Maccabées (1.21-24, 57 ; 4.38, 44-51), il y avait un porte-lampe au lieu des dix qui se trouvaient dans le Temple de Salomon ; l'autel d'or, la table des pains de proposition et les récipients sont mentionnés, ainsi que l'autel de l'holocauste qui, d'après la description de l'auteur du livre de Maccabées, n'était plus en cuivre comme celui du Temple de Salomon, mais en pierre. C'est pour cette raison que Parrot affirme : « Le mobilier aussi était moins riche, moins précieux. Le "Saint des Saints" était vide, puisque l'arche disparue n'avait pas été remplacée. Seule une salle de pierre en gardait le souvenir[17]. » Nous remarquons dans la citation de Parrot que l'arche de l'Éternel disparue n'avait pas été emportée par les Babyloniens. Elle avait sans doute été détruite (2 R 25.9), car elle ne figure pas sur la liste des ustensiles transportés á Babylone.

Ce Second Temple a été restauré par le roi Hérode. Certains auteurs, comme ceux du *Nouveau dictionnaire biblique*, attribuent à Hérode le Temple de Jérusalem, faisant croire à une troisième construction de temple à Jérusalem[18]. Hérode n'a entrepris ni une construction ni une reconstruction. Il n'a fait que le travail de rénovation du temple de Zorobabel. Pour nous, le

---

16. Cette dimension pose plusieurs problèmes. Elle est nettement supérieure à celle du Temple de Salomon dans 1 Rois 6.2-3 et la longueur n'est pas indiquée. Certains critiques supposent que l'on a là une indication des limites maximales de l'édifice que les rois perses étaient prêts à subventionner. Il est aussi possible que le texte ait été mal préservé, que la répétition du nombre trente soit une erreur de copiste. La dimension de 30 m correspond en fait à la longueur du premier Temple.
17. Parrot, *Le Temple de Jérusalem*, p. 56.
18. A. Kuen, sous dir., *Nouveau dictionnaire biblique*, Saint-Légier, Emmaüs, 1992, p. 1262.

terme « temple d'Hérode » est une expression inappropriée, même si cette rénovation n'est pas négligeable[19]. D'ailleurs, selon Millard, cette rénovation « avait davantage pour objectif de réconcilier les Juifs avec leur roi Iduméen que de rendre gloire à Dieu[20] ». Liebi fait cependant remarquer qu'au « Ier s. av. J.-C., le roi Hérode le Grand, connu pour avoir perpétré le massacre des enfants à Bethléhem (Mt 2.13-18), entreprit une restauration totale du Temple. Il espérait s'attirer ainsi la faveur de la population de Judée et de ses chefs. Il mit en œuvre des moyens considérables pour ces travaux gigantesques[21] ». Toutefois, bien que le bâtiment reconstruit au retour de l'exil babylonien ait été complètement rénové, il reste toujours le « Second » Temple ou, dans la perspective d'une nouvelle construction, le « deuxième » Temple, du fait que la numérotation officielle selon Schimidt se réfère au nombre de destructions subies[22].

Les Écritures ne fournissent aucun détail sur l'apparence de cette rénovation. La principale source d'information est l'historien Josèphe, qui vit personnellement ce bâtiment et qui parle de sa rénovation dans *Guerre Juive* et *Antiquités juives*. Pour lui : « L'apparence du Temple est saisissante et frappe autant le regard que le cœur. Le bâtiment est tout paré d'or, et lorsque le soleil se lève, il reflète une lumière éclatante comme le feu, de sorte que le spectateur doit en détourner ses regards, tellement il est aveuglé. Les étrangers qui s'approchaient de la ville avaient l'impression de se trouver face à un sommet enneigé, car ce qui n'était pas en or était éclatant de blancheur[23]. »

Selon Parrot, il fallut encore plusieurs décennies pour terminer le parvis et ses nombreuses annexes ; c'est seulement en « l'an 64 sous Agrippa II et le procureur Albinus, que fut parachevé l'ouvrage définitif[24] ». Il semble que c'est un véritable chef-d'œuvre, que l'on peut ranger parmi les merveilles de l'Antiquité. Car le Talmud relate à ce propos : « Celui qui n'a pas vu le Temple à l'époque d'Hérode n'a jamais contemplé un beau monument[25]. »

---

19. M. A. GUTSTEIN, « Temple » dans L. S. BAHR, sous dir., *Collier's Encyclopedia*, New York, Newfield Publications, 1997, p. 146.
20. MILLARD, « Temple », p. 1631.
21. LIEBI, *Jérusalem : le drame du Temple*, p. 33.
22. F. SCHIMIDT, *La pensée du Temple de Jérusalem à Qoumrâm*, Paris, Seul, 1994, p. 38.
23. F. JOSÈPHE, *La Guerre des Juifs*, V, 5.6.
24. PARROT, *Le Temple de Jérusalem*, p. 57.
25. *Talmud de Babylone*, Sukkah 51b.

Mais le texte de Daniel 9.23-27 montre ce qui devait encore arriver après la mort de l'homme ayant reçu l'onction. Les conséquences immédiates du rejet de cet homme annoncé furent la destruction de Jérusalem et de son Temple. Daniel ne mentionne ni la date ni l'année où cette destruction devait arriver, mais l'histoire a confirmé la destruction de ce Temple, lors de la guerre de Jérusalem en l'an 70 ap. J.-C. À peine environ 40 ans après la crucifixion de Jésus, l'armée romaine entra dans Jérusalem et détruisit complètement la ville. Liebi affirme : « Au terme d'une guerre acharnée qui dura 5 mois, plus d'un million de Juifs perdirent la vie. Environ 600 000 personnes souffrirent de la faim dans les maisons et les rues de Jérusalem : les cadavres furent jetés par-dessus les murailles (en moyenne 4 000 par jour !)[26]. »

Selon l'écrivain Josèphe, contemporain de ces événements, le général Titus, qui commandait les troupes romaines lors de la guerre de Jérusalem, voulait épargner le sanctuaire pour en faire un joyau de l'Empire romain[27], mais la prophétie de Daniel fut réalisée contre la volonté de cet homme de guerre. Selon les témoignages de Josèphe toujours, les militaires romains mirent le feu au Temple au moyen d'un chandelier. Titus essaya par tous les moyens de sauver l'édifice, mais ses ordres ne purent empêcher les soldats de détruire le Temple. C'est pourquoi « les victimes au pied de l'autel se comptaient par douzaines, des cadavres de ceux qui avaient trouvé la mort en haut s'amoncelaient plus bas, au milieu des ruisseaux de sang[28] ».

Daniel ne fut pas le seul à annoncer ce désastre. Lors de son entrée à Jérusalem, Jésus, qui savait qu'il serait rejeté comme Messie par le peuple juif, annonça la future destruction de Jérusalem (Lc 19.41-44). L'évangile de Luc, qui relate les propos de Jésus, fut rédigé au plus tard en 62 ap. J.-C., soit au moins huit ans avant la destruction de Jérusalem[29]. En Matthieu 24.1-2, Jésus avait prophétisé la destruction du Temple. Le texte de l'évangile selon Mathieu a du reste été rédigé entre 62 et 63 après J.-C., soit plusieurs années avant la destruction du Temple en l'an 70[30].

---

26. Liebi, *Jérusalem : le drame du Temple*, p. 51.
27. Josèphe, *La Guerre des Juifs*, VI, 3.4.
28. *Ibid.*, VI, 4.6.
29. P. J. Isaak, « Luc », dans *Commentaire biblique contemporain*, p. 1340.
30. J. Kapolyo, « Matthieu », dans *Commentaire biblique contemporain*, p. 1189.

La prise de Jérusalem et la destruction du Second Temple n'étaient pas un fait inattendu. Les tensions existaient depuis longtemps déjà, mais ce fut la profanation du Temple de Jérusalem par Gessius Flotus, le dernier procureur de Judée, qui mit le feu aux poudres[31]. Liebi affirme pour sa part que :

> Au début, les résistants enregistrèrent plusieurs succès, ce qui obligea l'empereur Néron à envoyer Vespasien, l'un de ses meilleurs généraux, en Palestine avec plusieurs de ses armées [...] Au courant de l'année 68, Vespasien prit progressivement la Judée et son centre, la ville de Jérusalem, en tenaille [...] En été 68, l'empereur Néron se suicida [...] En juillet 69, Vespasien fut proclamé empereur par l'armée : il quitta donc son champ de bataille pour se rendre à Rome et y consolider sa domination sur tout l'Empire [...] En l'an 70, Vespasien reçut tous les pouvoirs à Rome ; il donna rapidement à son fils Titus la mission d'achever la guerre contre les Juifs [...] [L]'été 70 fut fatidique au superbe édifice d'Hérode[32].

Nous avons souligné au début de ce chapitre qu'aujourd'hui l'esplanade du Temple est l'endroit le plus convoité de la planète. On peut s'interroger sur la raison pour laquelle cet espace suscite un intérêt si vif. Les revendications juives sont-elles justifiées et peuvent-elles faciliter la reconstruction d'un autre bâtiment sur le lieu acheté par le roi David ? Ces questions nous amènent à prévoir un possible « troisième » Temple, car cela devient de plus en plus d'actualité et les matériaux sont en train d'être rassemblés, selon le site « L'institut du Temple[33] ».

---

31. Parrot, *Le Temple de Jérusalem*, p. 78.
32. Liebi, *Jérusalem : le drame du Temple*, p. 55-58.
33. L'institut du Temple, en hébreu « Mekhon Hamiqdash », a été créé en 1988. Son fondateur, Rabbi I. Ariel, faisait partie du groupe de parachutistes qui avait conquis le mont Morija lors de la reprise par les Israéliens de Jérusalem-Est (guerre des six jours). Cet institut s'efforce, grâce à d'importants moyens financiers, de reconstituer les instruments du culte pour le service dans un troisième Temple. Selon les informations fournies par le site, plus de la moitié des 104 objets nécessaires sont déjà prêts à être employés dans le nouveau Temple. L'Institut reconnaît que la décision de la reconstruction dépend de la politique, mais sa mission est de préparer les instruments et le reste appartient à Dieu, qui a le cours de l'histoire dans ses mains. Cf. www.templeinstitue.org.

C. Vers une possible reconstruction d'un troisième Temple

Au cours des deux millénaires écoulés, les Juifs ont constamment essayé de reconstruire le Temple. Liebi a pris soin de montrer sept tentatives de reconstruction. La première a eu lieu sous l'empereur Hadrien, peu après la destruction du Second Temple. En se fondant sur le livre rabbinique *Bereshith Rabbah*, Liebi affirme : « L'empereur Hadrien donna aux Juifs l'autorisation de reconstruire le Temple. Tandis que les préparatifs étaient déjà en cours, les Samaritains avertirent l'empereur que cette reconstruction conduirait à la rébellion des Juifs […] Hadrien l'exécuta [leur vœu d'arrêter la construction], et les effets de ce nouveau décret ne se firent pas attendre[34]. » Ce fut la première tentative. Nous soulignons encore ici l'opposition des Samaritains à la reconstruction du Temple comme dans les six premiers chapitres du livre d'Esdras. Le Temple faisait-il peur aux Samaritains ? Ou bien cette opposition et cette conspiration samaritaines sont-elles l'expression d'une haine envers le peuple Juif ? Nous reviendrons sur ces questions au dernier chapitre de ce travail.

Pour Ariel et Richman, la révolte de « Bar Kokhba », en 132 ap. J.-C., a pour objectif la reconstruction du Temple[35]. Toutefois, pour Liebi, les documents juifs ou romains à notre disposition ne permettent pas de dire jusqu'où ce projet s'est réalisé. En tout cas, trois ans plus tard les Romains conduits par Hadrien matèrent la révolte de façon extrêmement brutale[36]. Ce fut la deuxième tentative.

Pendant le règne de l'empereur Julien en 363, les Juifs ont eu l'autorisation de reconstruire le Temple. Des travaux de reconstruction furent entrepris et de nombreux Juifs se rendirent alors à Jérusalem. Cependant, le 20 mai 363, lors de la mise en place des fondations, se produisit, selon Ariel et Richman, un grand tremblement de terre. Une gigantesque explosion de gaz l'accompagna, beaucoup d'ouvriers périrent et les travaux durent être interrompus[37]. Thomas Ice et J. Randall Pince ajoutent : « Peu après cet événement, l'empereur Julien, au pouvoir depuis 18 mois seulement, mourut lors d'une campagne contre les Perses. Son successeur n'eut pas les mêmes vues que

---

34. Liebi, *Jérusalem : le drame du Temple*, p. 73.
35. Y. Ariel, C. Richman, *The Odyssey of the Third Temple*, Jérusalem, Alibris, 1993, p. 69.
36. Liebi, *Jérusalem : le drame du Temple*, p. 74.
37. Ariel et Richman, *The Odyssey of the Third Temple*, p. 70.

lui et les Juifs durent à nouveau renoncer à leurs projets cultuels[38]. » Ce fut la troisième tentative.

Sous l'Empire perse au VIIe siècle, en récompense du soutien juif au roi perse Chosroes II, l'administration de Jérusalem fut confiée à un Juif du nom de Néhémie. Cet événement déclencha l'euphorie parmi les Juifs. Les Perses n'avaient-ils pas jadis accordé l'autorisation de construire le Second Temple ? N'y était-il pas déjà question d'un certain Néhémie ? Mais après trois mois il fallut déchanter, car les Perses mirent fin à l'administration juive et chassèrent même les Juifs de la ville. En 629, la période perse prit fin, et l'empereur byzantin put reconquérir Jérusalem[39]. Ce fut la quatrième possibilité pour une tentative. En 638, Jérusalem est conquise par des armées venues d'Arabie. Il ne reste sur place que le « Mur occidental », appelé plus tard « Mur des Lamentations », qui est respecté lors de la construction du Dôme du Rocher, puis de la Mosquée Al-Aqsa, érigés vers la fin des années 680 sur les ruines du Second Temple.

Les Juifs de France du XIIe au XIVe siècle ont montré un grand nouvel élan pour la reconstruction du Temple. De grands rabbins comme Shlomo Ben Jitskhaq, Jekhiel de Paris et Ashtori Haparkhin examinèrent les questions doctrinales et pratiques liées à un tel projet. À cette époque-là, de nombreux érudits se rendirent sur les lieux saints pour y faire des préparatifs. Mais du fait de nouvelles persécutions, le mouvement fut, là aussi, étouffé[40]. Ce fut la sixième tentative.

L'émancipation des Juifs de la diaspora, surtout dans les pays de l'Europe, raviva l'espoir d'une reconstruction du Temple et de nombreux rabbins firent paraître des ouvrages sur la question. L'un des leaders de ce nouvel élan fut Rabbi Tsvi Hirsh Kalisher (XVIIIe-XIXe s.), qui adressa une lettre circonstanciée au plus grand philanthrope juif de l'époque, le baron Asher Anshil de Rothschild, lui demandant de racheter la terre sainte des mains d'Ibrahim Pasha, roi d'Égypte. Le montant avancé paraissait démesuré en regard du caractère alors désertique de la Palestine. Si le roi d'Égypte refusait de vendre la totalité du territoire, le rabbin suggérait le rachat de Jérusalem

---

38. T. Ice, J. R. Pince, *Prêts à rebâtir : Les plans pour la reconstruction imminente du Temple des derniers jours*, Lausanne, CBE, 1994, p. 32.
39. *Ibid.*, p. 46.
40. *Ibid.*, p. 69-70.

et des environs uniquement, ou au moins l'acquisition de l'esplanade du Temple et de ses alentours. La reconstruction du Temple et le rétablissement du culte entraîneraient une immigration importante de Juifs du monde entier. Mais tous ces efforts furent vains, l'heure du troisième Temple n'ayant manifestement pas encore sonné[41]. Ce fut la septième tentative.

L'année 1948 marque la naissance de l'État moderne d'Israël. Toutefois, le mont du Temple, situé dans Jérusalem-Est, ne faisait pas encore partie de la zone juive. Cette situation se modifia avec la guerre de six jours en 1967. Lors d'une opération mémorable, l'armée israélienne reconquit la vieille ville de Jérusalem et le mont du Temple. « Afin de ménager les relations diplomatiques avec les pays arabes, le ministre de la défense Moshe Dayan confia l'administration des lieux saints musulmans de Jérusalem au Wakf. Ainsi, depuis 1967, le mont Morija est à nouveau aux mains des Juifs [mais la mosquée y reste] et l'élan d'une construction du troisième Temple s'en est trouvé stimulé. Plusieurs organisations examinent sérieusement cette question[42] ». Néanmoins à ce jour Israël est toujours sans Temple et sans sacrifices. La question est de savoir si le troisième Temple sera construit.

Le Temple de Zorobabel, depuis sa reconstruction, suscitait l'intérêt tant du côté des administrations qui dominaient Jérusalem que des peuples voisins de Jérusalem. Moins connus, il existait certains temples dirigés par des Israélites-Samaritains dont la Bible ne fait pas écho. Quels sont ces temples et quelles relations entretiennent-ils avec le Second Temple ? Les temples d'Éléphantine, de Léontopolis et du mont Garizim feront l'objet de cette section.

II. Temples d'Éléphantine, de Léontopolis, du mont Garizim et la vie sans temple à Qumran

Le Second Temple n'était pas l'unique Temple du judaïsme au Proche-Orient. Même si Moïse avait bien écrit que :

> Au contraire, c'est à l'endroit que l'Éternel, votre Dieu, choisira parmi toutes vos tribus pour y placer son nom, pour y habiter, que vous le chercherez et que vous vous rendrez. […] Veille bien à ne pas offrir tes holocaustes dans tous les endroits que tu

---

41. *Ibid.*, p. 70-71.
42. LIEBI, *Jérusalem : le drame du Temple*, p. 76.

verras. Au contraire, c'est à l'endroit que l'Éternel choisira dans le territoire de l'une de tes tribus que tu offriras tes holocaustes et c'est là que tu feras tout ce que je t'ordonne (Dt 12.5, 13, 14).

De même, Josèphe, pendant cette période du Second Temple, fait encore parler Moïse : « Qu'il y ait une ville sur la terre des Cananéens dans l'endroit le plus beau et le plus remarquable pour ses qualités, une ville que Dieu se choisira pour lui-même par une prophétie. Qu'il s'y trouve un temple unique [...] Dans aucune autre ville vous n'aurez autel ni temple ; car Dieu est un et la race des Hébreux est une[43]. » Cette déclaration de Josèphe ne laisse pas de possibilité aux Juifs d'offrir le sacrifice dans un sanctuaire hors de Jérusalem. Et pourtant, pendant la période du Second Temple, on aperçoit des divergences à l'encontre de ce symbole du judaïsme qui est le fait d'appartenir à Un Dieu pour un peuple avec un unique sanctuaire.

Nous pouvons déjà signaler, en rapport avec cette période, l'aventure des Esséniens, qui choisissent de quitter la capitale pour s'installer sur les bords de la mer Morte et y fonder la communauté de Qumran. De même, après les réactions de certains juifs, les premiers chrétiens se distançaient progressivement du Temple au profit des communautés de maison (cf. livre des Actes des Apôtres). Nous pouvons aussi nous interroger sur les trois communautés à majorité juive qui ont construit chacune un temple juif durant la période du Second Temple. Ces temples, dont les deux principaux se situent en Égypte et le troisième en Samarie, étaient comme celui de Jérusalem, dédiés au Dieu Unique, YHWH, par des fidèles qui se déclaraient appartenir au même peuple, c'est-à-dire au peuple juif.

Ces temples sont traités dans les travaux de Encel et de Schmidt. Leurs œuvres respectives s'intitulent *Temple et temples dans le judaïsme antique*, publié par les éditions Champion en 2012, et *La pensée du Temple de Jérusalem à Qoumrâm*, publié par les Éditions du Seuil en 1994. L'objectif de cette section en rapport avec notre sujet est de chercher à comprendre si l'administration perse avait une influence sur ces temples et quelles relations ils avaient éventuellement avec le Second Temple.

---

43. JOSÈPHE, *Antiquités juives*, IV, 201.

A. Temple d'Éléphantine

Le premier temple fut construit à Éléphantine, une petite île égyptienne située sur le Nil, en face du centre-ville d'Assouan dont elle fait partie. Aujourd'hui c'est un quartier d'Assouan occupé en son centre par deux villages nubiens et leurs cultures, à son extrémité nord par un hôtel et à son extrémité sud par des ruines antiques[44]. Entre les VIIe et Ve siècles av. J.-C., des immigrés judéens y fondèrent une colonie militaire au service des rois égyptiens. Encel précise : « Jusqu'à la fin du 19e siècle, on ne possédait qu'un nombre restreint d'inscriptions et de papyri araméens de provenance égyptienne, pour la plupart mutilés et inintelligibles[45]. » Cependant, depuis le début du XXe siècle, plusieurs travaux archéologiques se sont orientés vers ce site et nous disposons maintenant des informations nécessaires sur cette communauté[46]. Le plus ancien est un écrit de Cowley, intitulé *Aramaic Papyri of the Fith Century B.C.*, publié à Oxford en 1932. Les travaux de Cowley ont été repris par Grelot dans *Documents araméens d'Égypte, introduction, traduction et présentation*, publié à Paris en 1972. Et le plus récent est celui de Brunier, *La Stèle. Histoire de la colonie juive d'Égypte*, publié à Toulouse en 2011. Afin d'analyser la relation du temple d'Éléphantine avec celui de Jérusalem à l'époque perse, nous aborderons d'une part l'histoire de ce temple construit en Égypte et d'autre part sa relation avec les autorités perses et les prêtres du Second Temple de Jérusalem.

1. Histoire du peuple juif d'Égypte et du temple d'Éléphantine

La communauté juive d'Éléphantine est une communauté de l'époque perse achéménide (IVe s. av. J.-C.) vivant sur l'île d'Éléphantine, alors appelée Yeb[47]. Son histoire est connue grâce aux fouilles archéologiques du secteur d'habitation juif. Elles ont livré une riche documentation couvrant une période de 495 à 399 av. J.-C. et constituée de manuscrits en araméen. Ceux-ci nous renseignent de façon détaillée sur la vie d'une communauté juive installée à Éléphantine et Syène (l'Assouan d'aujourd'hui). Il s'agit de militaires qui vivaient, avec leurs familles, dans la garnison chargée de

---

44. F. Schmidt, *La pensée du Temple de Jérusalem à Qoumrân*, Paris, Seuil, 1994, p. 114.
45. S. Encel, *Temple et temples dans le judaïsme antique*, Paris, Champion, 2012, p. 25.
46. *Ibid.*
47. J.-M. Brunier, *La Stèle. Histoire de la colonie juive d'Égypte*, Toulouse, Athor, 2011, p. 17.

surveiller la frontière sud de l'Égypte. Encel les qualifie de « mercenaires à la solde du roi égyptien[48] ». La question de la provenance de ces Juifs devient de plus en plus importante, étant donné le nombre des hypothèses envisagées en rapport avec la date d'arrivée de ces « mercenaires » dans l'île égyptienne. La première hypothèse se situe pendant la centralisation du culte de 622 accompagnant la réforme de Josias. Encel soutient cette proposition[49]. La deuxième hypothèse vient des réponses à la question suivante : qui, pendant le temps de Psammétique Ier et de Psammétique II (des pharaons en Égypte), a fondé la communauté militaire d'Éléphantine ? Certains chercheurs reconnaissent la présence de judéo-araméens dans cette région il y a bien longtemps ; pour d'autres, d'anciens prêtres des hauts lieux, qui auraient fui les réformes d'Ézéchias ou de Josias seraient venus s'installer dans cette ville. Encel affirme que « l'importance de cette question vient de la motivation de ces prêtres, dissidents, expulsés ou en fuite, en raison d'une réforme fondée sur la loi de centralisation, dont ils auraient été les victimes[50] ». Ces hypothèses ne constituent cependant pas une réponse assez convaincante à la question de la date d'arrivée des Juifs dans cette île.

Des textes bibliques éclairent la présence juive en Égypte, mais sans donner de précision sur la date. Ainsi Jérémie, qui s'y réfugie après le meurtre de Godolias par une faction proégyptienne. En s'adressant aux Juifs d'Égypte, lors de son dernier ministère, il cite quatre lieux de résidence. Selon Encel, il s'agit « peut-être de quatre garnisons militaires[51] ». Le texte biblique dit : « Parole qui fut adressée à Jérémie pour les Judéens installés au pays d'Égypte, en résidence à Migdol, Tahpanhès, Noph, et au pays de Patros » (Jr 44.1). Il n'est pas question des « quatre garnisons militaires » auxquelles pensait Encel, mais, comme écrit Dyer : « Jérémie emploie ici une figure de style appelée un mérisme, qui cite deux extrêmes pour englober tout ce qui se trouve entre eux ; ainsi ce message était-il destiné à tous les Juifs dans le pays d'Égypte[52]. » Toutefois, la question de la date d'arrivée de « mercenaires juifs » en Égypte reste encore sans réponse.

---

48. ENCEL, *Temple et temples dans le judaïsme antique*, p. 41.
49. *Ibid.*
50. *Ibid.*, p. 43.
51. *Ibid.*
52. C. H. DYER, « Jérémie », dans J. F. WALVOORD et R. B. ZUCK, sous dir., *Commentaire biblique du chercheur*, Québec, Impact, 2015, p. 1598.

Nous avons déjà souligné que ces papyri ont pour la première fois été édités par Cowley en 1923[53], puis revus et traduits en français par Grelot en 1972. Ces manuscrits ont fait l'objet de diverses études, dont récemment un livre détaillé de Meleze-Modrzejewski[54]. Une traduction en araméen de l'inscription de Behistun relatant le règne de l'empereur perse Darius Ier fait partie des documents. La grande inscription trilingue de Behistun (vieux perse, élamite, akkadien) est gravée sur une falaise près de Babylone[55]. Le papyrus d'Éléphantine est une copie plus tardive, peut-être sous Darius II, de cette version en araméen.

Si ces papyri ne permettent pas de savoir précisément à quelle date ces soldats judéens vinrent en Égypte, il semble établi que c'était le pharaon Apriès, petit-fils de Nékao II, qui organisa leur venue en 587 av. J.-C., au moment du siège de Jérusalem (prise le 29 juillet 586)[56]. Cependant, pour rester sobre sur cette question de date, nous pensons, avec Encel, que : « La fondation de la colonie militaire d'Éléphantine semble donc remonter à une époque pré-deutéronomique, même si elle fut rejointe plus tard par d'autre effectifs[57]. »

2. Le temple et ses dieux à Éléphantine

La communauté a construit autrefois, avant le temps du roi Cambyse, selon les papyri, un temple véritable avec holocauste, encensement et oblation. Le fonctionnement du temple d'Éléphantine pose un double problème religieux. Vis-à-vis du culte juif d'une part : le principe deutéronomique de la centralisation du culte à Jérusalem se trouve violé ; d'autre part l'utilisation du trigramme YHW au lieu du tétragramme YHWH a pour but, avec le retrait d'une lettre, de contourner l'interdiction deutéronomique. À cela s'ajoute le fait qu'ils adoraient deux autres dieux, un masculin et une féminine[58]. Le culte de Khnoum (dieu-bélier d'Éléphantine) et du dieu-potier (des enfants à naître) s'accommode mal du sacrifice des béliers lors de la pratique régulière

---

53. A. Cowley, *Aramaic Papyri of the Fifth Century B.C.*, Oxford, Clarendon Press, 1923.
54. J. Meleze-Modrzejewski, *Les Juifs d'Égypte, de Ramsès II à Hadrien*, Paris, Éditions Errance, 1991. Ce même livre a été publié par l'éditeur Armand Colin en 1992. Mais, en 1994, l'auteur a publié la 2e édition, revue et complétée, à Paris aux éditions PUF.
55. C. Herrenschmidt, *Les trois écritures. Langue, nombre, code*, Paris, Gallimard, 2007, p. 156-158.
56. *Histoire de l'humanité*, t. 3, Éditions Unesco, 2005, p. 700.
57. Encel, *Temple et temples dans le judaïsme antique*, p. 43.
58. R. Friedman, *Qui a écrit la Bible*, Paris, Éditions Exergue, 2012, p. 170.

de l'holocauste. Nous aborderons plus en détail cette question de l'utilisation du trigramme au lieu du tétragramme après avoir mis au clair l'existence de ce temple, sa destruction et sa reconstruction.

En 410 av. J.-C., une révolte éclata, fomentée par les prêtres égyptiens de Khnoum, contre le temple juif. Ce sont des officiers perses qui dirigent cette action et détruisent le temple entièrement. Ils s'en prennent au bâtiment et aux biens, mais pas physiquement aux personnes. Les exécutants seront ensuite éliminés, les prêtres juifs se trouvant ainsi, dans ce qui semble être un règlement de compte, partiellement vengés : « Quant aux hommes qui avaient désiré du mal à ce sanctuaire, ils ont été tués, et nous les avons eus en spectacle. » Les prêtres égyptiens de Khnoum, fomenteurs mais non acteurs de la révolte, n'ont pas été inquiétés. Les faits se trouvent très clairement relatés dans un papyrus araméen écrit par ceux qui les ont subis[59].

La destruction du temple d'Éléphantine est un conflit local dont les acteurs principaux étaient des prêtres de Khnoum et les acteurs secondaires des officiers perses. La lecture des papyri montre que le peuple égyptien n'est pas impliqué, d'une part, et d'autre part qu'aucun Juif n'a été tué ni même blessé. Le premier pogrom[60] en Égypte aura lieu beaucoup plus tard dans l'Égypte romaine en 38 à Alexandrie. Mais les Égyptiens n'auront aucune part dans ce pogrom, qui sera le fait des Grecs. Enfin, c'est dans l'Égypte romaine de 115 à 117 que la quasi-totalité de la population juive d'Égypte sera exterminée par l'armée romaine avec la participation très active, à Alexandrie notamment, des Grecs d'Égypte.

Une démarche des prêtres juifs pour la reconstruction du temple d'Éléphantine auprès des prêtres de Jérusalem reste sans réponse. Un an plus tard, c'est une démarche des gouverneurs perses de Samarie et de Judée qui débloque la situation. Ils demandent au gouverneur perse d'Égypte d'autoriser la reconstruction du temple à l'identique, d'y autoriser l'oblation et l'encensement, mais aucun holocauste n'y sera autorisé à l'avenir. La demande tenait compte à la fois des réticences des prêtres de Jérusalem et de la volonté des prêtres égyptiens de Khnoum (cf. Grelot n°103).

---

59. P. Grelot, *Documents araméens d'Égypte*, Paris, Cerf, 1972, p. 101.
60. Le mot pogrom en russe signifie destruction, pillage. Il est utilisé spécifiquement dans plusieurs langues pour décrire les attaques accompagnées de pillage et d'effusion de sang contre les Juifs, sans réaction des autorités ou avec leur assentiment. Cf. Y. Slutsky, « Pogroms », dans *Encyclopaedia Judaïca*, vol. 16, MacMillan, 2007, p. 279.

Le feu vert fut donné par le satrape d'Égypte en 406 av. J.-C. Les prêtres de Khnoum obtenaient satisfaction sur le fond, avec une promesse des prêtres juifs d'accepter aussi le sacrifice à Khnoum. Un troisième papyrus (cf. Grelot n°103) contient les remerciements des intéressés à Arshama. Il semble que le temple ait été reconstruit, mais nous perdons la trace de la communauté juive d'Éléphantine quand une rébellion égyptienne, en 399 av. J.-C., boute les Perses hors de l'Égypte.

Nous avons déjà souligné que, pour Friedman, l'utilisation du trigramme YHW au lieu du tétragramme YHWH avait pour but, avec le retrait d'une lettre, de contourner l'interdiction deutéronomique[61]. Cette déclaration nous amène à poser la question de savoir quel dieu on adorait dans le temple d'Éléphantine. Pour cerner la personnalité du dieu d'Éléphantine, deux sources sont fournies par les documents araméens concernant la colonie juive. Ces sources sont présentées dans l'œuvre de Vincent intitulée *Religion des Judéo-Araméens d'Éléphantine* (pp. 25-60). L'appellation de ce dieu et le nom des Juifs qui s'attachent à cette divinité sont fournies par des documents araméens traduits par Vincent.

Les Juifs d'Éléphantine adoraient YHWH, qu'ils appelaient Yahô[62]. Guillet soutient que « deux phonétiques ont coexisté dans l'histoire d'Israël : YHWH, désignation officielle lors de la révélation faite à Moïse (Ex 3.13-17), mais, le plus souvent dans les documents bibliques ou extra-bibliques Yah'[63] ». Nous disons avec Gertsoux que si YHWH est une forme évoluée de YH, plusieurs phonétiques du nom divin étaient en circulation avant la destruction du temple d'Éléphantine[64]. À côté du tétragramme, on pouvait trouver YHW, YHH ou YH. En araméen « Yaw/YW », prononcé « Yaou » à l'époque perse, est un équivalent phonétique du nom hébreu « Yahou/YHW »[65]. Gertoux souligne toujours qu'on retrouve ces mêmes approximations dans les papyri d'Égypte[66]. Le diminutif de YHWH, « YHW », se trouve ainsi utilisé 25 fois

---

61. Friedman, *Qui a écrit la Bible*, p. 170.
62. Encel, *Temple et temples dans le judaïsme antique*, p. 45.
63. J. Guillet, « Dieu », dans *Vocabulaire de la théologie biblique*, Paris, Cerf, 1970, p. 280.
64. G. Gertoux, *Un historique du nom divin*, Paris, L'Harmattan, 1999, p. 83. Même si nous ne partageons pas la conclusion de cet auteur sur la prononciation du tétragramme divin. Pour lui, seul « Jehovah » est une prononciation adéquate.
65. *Ibid.*
66. *Ibid.*, p. 82.

dans l'A.T. (Ex 15.2 ; Ps 68.5 et Es 12.2), sans compter ses emplois en composition dans l'acclamation הַלְלוּ יָהּ « louez Yah » (Ps 147.1) et dans les noms tels que Néhémie, en hébreu נְחֶמְיָה « Yah console ». Aussi, la forme « Yaoû » se trouve à la fin de plusieurs noms tels qu'Ésaïe en hébreu יְשַׁעְיָה (Yah sauve ou le salut de Yah) et Ézéchias יְחֶזְקֵאל qui signifie « Yah donne sa force » ou bien « Que Yah donne sa force ».

L'origine et le sens du nom YHWH fait l'objet des discussions. En Exode 3.14 Dieu demande à Moïse de dire au peuple que : « Je suis 'HYH/ אֶהְיֶה m'a envoyé vers vous. » L'orthographe de אֶהְיֶה est proche de YHWH et l'expression utilisée ici est le nom propre de Dieu. Cela suggère le lien étymologique entre les deux mots YWH et YHWH. Mais même si un lien existe effectivement, comment déterminer avec précision le sens du nom de YHWH ? Peut-on traduire YHWH par les expressions « celui qui est », « celui qui sera toujours » ou bien « celui qui fait être » ? Face à cette incertitude de sens, il vaut mieux pour nous que dans ce travail nous translittérions le nom de Dieu d'Israël en la forme « YHWH », même si nous savons bien que YHWH n'est pas vide de sens, mais doté d'une signification théologique[67].

En effet, au Proche-Orient plus qu'ailleurs, le nom représente la personne qui le porte[68]. Selon l'historien des religions Besnard : « Connaître le nom véritable d'un dieu permet, non seulement de prier avec toutes les chances d'être exaucé, mais d'exercer sur le dieu une contrainte réelle. » Encel affirme qu'« [à] Éléphantine, l'attachement au yahvisme est flagrant, car une grande majorité de ces Juifs portaient des noms théophores avec le nom de YHW. Dans d'autre cas, les noms étaient apocopés, c'est-à-dire que le nom de Dieu était sous-entendu[69] ». Même s'ils sont « yahvistes » à Éléphantine, nous nous posons toujours la question de savoir si les Juifs d'Éléphantine prient le Dieu d'Israël ou bien pratiquent un syncrétisme religieux.

Selon le commandement divin de Genèse 17.7-8, l'alliance abrahamique se fonde sur une triple promesse d'une nombreuse descendance, d'une nation et d'une terre à habiter, le pays de Canaan. Et le signe pour maintenir cette alliance était la circoncision (17.9-11). Nous voyons naître une relation

---

67. B. Walke a discuté « le don du nom de Dieu, Je suis » dans sa *Théologie de l'Ancien Testament* publié par Excelsis en 2012.
68. A. M. Besnard, *Le mystère du nom. Quiconque invoquera le nom du Seigneur sera sauvé*, Paris, Cerf, 1962, p. 17.
69. Encel, *Temple et temples dans le judaïsme antique*, p. 47.

triangulaire entre YHWH, le peuple descendant d'Abraham et la terre de Canaan. Ces trois éléments dans l'alliance abrahamique sont fondamentaux et ne vont pas l'un sans les autres. C'est la raison pour laquelle Encel pense qu'après la conquête de Canaan, le Dieu d'Israël devient tout naturellement un Dieu national[70]. À la fin du XIXe siècle, Vernes, dans son *Précis d'histoire juive*, avait remarqué que :

> Yahvé est le dieu national des Israélites, nous irons jusqu'à dire qu'il est le dieu territorial de la région occupée par ceux-ci. Il est la divinité patronne de la terre juive, selon une conception commune aux peuples de l'Antiquité. Sa protection comme ses droits s'exercent sur toute son étendue, mais ils semblent cesser à ses limites. Ce point de vue, qu'on pourrait appeler territorial, est exprimé avec tant de netteté dans des passages d'une rédaction peu ancienne, qu'on ne doit pas le considérer comme appartenant exclusivement aux temps antérieurs à la captivité. Une sorte de contrat synallagmatique lie le dieu au territoire comme au peuple qu'il porte ; il lie d'autre part le peuple au dieu[71].

Il est parfois difficile d'accepter certains points de vue de Vernes dans son précis d'histoire. Nous ne pouvons pas enfermer YHWH dans une tour d'ivoire territoriale. Dieu est omniprésent (12.1-3 ; 2 Ch 6.18). Or, selon Naamân, la seule façon d'adorer YHWH à l'étranger, c'est d'emporter la terre d'Israël et de construire à Damas un autel pour offrir des sacrifices à YHWH, le Dieu d'Israël (2 R 5.17). Ainsi Naamân reflète la conception du Proche-Orient à l'époque. La révélation de YHWH pour son peuple est certes progressive. Les Israélites avaient certes une telle conception d'un dieu national et territorial lors de leur exil et ne voulaient pas adorer YHWH à l'étranger. Mais la prophétie de Jérémie approuve le fait que YHWH prenne soin de son peuple, même lorsqu'il est dans la désolation à l'étranger. Le prophète déclare :

> Ainsi parle le Seigneur : Quand soixante-dix ans seront écoulés pour Babylone, je m'occuperai de vous et j'accomplirai pour vous mes promesses concernant votre retour en ce lieu. Moi, je sais

---

70. *Ibid.*, p. 48.
71. M. Vernes, *Précis d'histoire juive*, Paris, Hachette, 1889, p 528.

les projets que j'ai formés à votre sujet – oracle du Seigneur –, projets de prospérité et non de malheur : je vais vous donner un avenir et une espérance. Vous m'invoquerez, vous ferez des pèlerinages, vous m'adresserez vos prières, et moi, je vous exaucerai. Vous me rechercherez et vous me trouverez : vous me chercherez du fond de vous-mêmes, et je me laisserai trouver par vous – oracle du Seigneur –, je vous restaurerai, je vous rassemblerai de toutes les nations et de tous les lieux où je vous ai dispersés – oracle du Seigneur –, et je vous ramènerai à l'endroit d'où je vous ai déportés. (Jr 29.10-14, traduction TOB)

Les soixante-dix ans d'exil faisaient partie des projets de YHWH de donner à Juda un avenir et de l'espérance selon la prophétie de Jérémie. Car le jugement poussa les exilés à chercher Dieu de tout leur cœur (voir Dn 9.3, 15-19). Une fois qu'ils seraient revenus à leur Dieu, il les rassemblerait de toutes les nations où il les avait chassés et les ramènerait dans leur pays. Dans l'A.T., il y a des exemples d'individus non juifs qui sont intégrés à Israël. Wright soutient le fait que YHWH intègre toutes les nations dans sa vision du monde et de la rédemption en ces termes : « Plus remarquablement encore, Israël en vint à élaborer une vision eschatologique dans laquelle non seulement des membres des nations se joindraient à Israël, mais où ils s'identifieraient aussi à Israël, recevant les mêmes noms, privilèges et responsabilités devant Dieu (Es 19.19-25 ; 56.1-8 ; 66.19-21 ; Am 9.11-12 ; Za 2.14-15)[72]. » Ces textes sont de la dimension de l'héritage prophétique d'Israël qui influença le plus le N.T., et en particulier les évangiles, qui finissent souvent leur texte par l'ordonnance de la « Missio Dei ».

Le vrai problème des Juifs d'Éléphantine est l'idolâtrie. Ce n'est pas qu'ils n'adorent pas YHWH, mais c'est qu'ils l'adorent dans un mélange. J. A. Motyer l'a bien remarqué :

L'histoire de la religion vétérotestamentaire s'articule pour l'essentiel autour de la tension qui existe entre une conception spirituelle de Dieu et du culte, signe de la vraie foi, et différentes pressions, comme l'idolâtrie, visant à altérer et à matérialiser la

---

72. C. J. H. WRIGHT, *L'éthique de l'Ancien Testament*, trad. de l'anglais par J. BUCHHOLD, R. DOULIERE et C. PAYA, Charols, Excelsis, 2007, p. 294.

conscience et la pratique religieuse du pays. L'A.T. ne présente pas une évolution conduisant de l'idolâtrie à la pureté cultuelle, mais plutôt la situation d'un peuple doté d'un culte pur et d'une théologie spirituelle, combattant constamment, par l'intermédiaire de chefs spirituels suscités par Dieu, contre toutes sortes de séductions religieuses qui, malgré tout, exercent une forte influence sur l'ensemble du peuple. L'idolâtrie était donc considérée comme un déclin et non comme une étape antérieure, qui aurait été progressivement et difficilement franchie[73].

Le culte que les Juifs d'Égypte dédiaient à une « déesse » suffisait à les rendre abominables aux yeux de Yahvé. Car il y a des forces spirituelles démoniaques dont il faut tenir compte. Les idoles représentent donc une menace spirituelle potentielle pour la colonie juive d'Éléphantine (Es 44.6-20 ; 1 Co 8.4 ; 10.19-20). L'enseignement biblique concernant l'idolâtrie est un élément fondamental de la doctrine monothéiste de Dieu. L'A.T. reconnaît l'attrait qu'exerce la religion idolâtre sur Israël et prend en compte les « autres dieux » (Ps 95.3). Mais il ne s'agit pas tant d'affirmer l'existence de ces dieux que la réalité de la menace que leur adoration représente pour Israël. L'A.T. s'en tient donc de façon cohérente à son monothéisme, dans le contexte de la religion et de l'environnement religieux du peuple de Dieu.

Jérémie 44 est un chapitre entièrement consacré à la question de l'idolâtrie des Judéo-Égyptiens du temple d'Éléphantine. Pendant son séjour en Égypte le prophète lance un avertissement du jugement divin. Cependant, il faut reconnaître que le message concerne tous les Juifs d'Égypte et non en exclusivité ceux d'Éléphantine (v. 1). YHWH rappela à ces Juifs les malheurs qu'il avait fait venir contre Jérusalem et contre toutes les villes de Juda. Les ruines demeuraient des témoignages muets du jugement de Dieu à l'égard de la méchanceté avec laquelle ils avaient agi. Jérémie appliqua cette leçon d'histoire aux Juifs réfugiés en Égypte. Au lieu de se rendre compte de la folie de l'idolâtrie, ils offraient encore de l'encens aux autres dieux du pays d'Égypte. Ils couraient ainsi le danger de devenir un objet de malédiction et de déshonneur (v. 2-10).

---

73. J. A. Motyer, « Idolâtrie », dans *GDB*, p. 737.

À cause de leur péché d'idolâtrie, YHWH ferait du mal aux restes de Juda réfugiés en Égypte, tout comme il avait agi avec la nation de Juda. Ils seraient consumés à la fois par l'épée et par la famine. Ces fugitifs espéraient retourner chez eux un jour, mais Dieu avait promis que nul ne retournerait dans le pays de Juda (v. 11-14). Ceux qui ont entendu le message de Jérémie refusèrent de se repentir. Les hommes qui savaient que leurs femmes se livraient à l'idolâtrie déclarèrent qu'ils continueraient à agir comme ils l'avaient fait dans le passé. Ces pratiques idolâtres comprenaient l'offrande d'encens à la reine du ciel. Encel écrit :

> Lorsque les Juifs s'installent à Éléphantine, la terre n'est pas sans divinité. Les autres garnisons militaires ont également reçu l'autorisation de construire des temples à leurs dieux, et c'est ce que fait notamment la garnison araméenne de Syène. Mais le dieu puissant, le dieu possesseur de la terre […] était Khnoum, le dieu bélier […] Khnoum était le vrai possesseur de l'île d'Éléphantine. C'est pourquoi il n'est pas étonnant que les Juifs, dans leurs formules de souhaits, bénissent par Yahô et par Khnoum, ou qu'une Juive soit astreinte par son mari à prêter serment par la déesse Sati, parèdre de Khnoum[74].

Ce comportement des Juifs d'Éléphantine qui exigent de leurs épouses qu'elles prêtent serment à cette déesse de l'amour et de la fertilité a facilité le contexte de la prophétie de Jérémie contre les Juifs d'Égypte. C'est à travers cette prophétie de Jérémie que l'expression « pogrom d'Égypte » peut trouver son sens dans le massacre des Juifs d'Alexandrie de l'an 38. Les données dans Jérémie indiquent que c'est l'idolâtrie qui est l'obstacle majeur pour YHWH, l'empêchant d'agréer le culte des Juifs dans ce temple d'Éléphantine. Comme le souligne bien Wright, « YHWH était le Dieu de l'histoire, par opposition aux dieux environnants de la nature[75] ».

Maintenant nous nous posons la question de savoir quelle relation le temple d'Éléphantine a eue avec les prêtres du Second Temple de Jérusalem et l'administration perse.

---

74. ENCEL, *Temple et temples dans le judaïsme antique*, p. 53.
75. WRIGHT, *L'éthique de l'Ancien Testament*, p. 127.

3. Relation du temple d'Éléphantine avec les prêtres du Second Temple de Jérusalem

Rien dans la Bible ne nous aide à retracer une relation entre les prêtres de Jérusalem et ceux du temple d'Éléphantine. Dans l'A.T., le pays d'Égypte était pour les patriarches un pays de refuge. Même Jérémie, qui prophétisait sur les Juifs d'Égypte, avait connu cette triste expérience de réfugié. Le chapitre 44 fait écho de sa proclamation prophétique, et dit que Jérémie s'est réfugié sur l'île d'Éléphantine pour y établir une relation avec le temple juif dans cette île. D'ailleurs Jérémie 44.1 souligne l'importance de cette prophétie pour tous les Juifs dans ce pays d'Égypte. Nous avons souligné que pendant la reconstruction du temple d'Éléphantine après sa destruction, la lettre des prêtres de ce temple aux prêtres de Jérusalem est restée sans réponse.

Pour Encel, « la seule façon d'adorer YHWH à l'étranger, c'est d'emporter, comme Naamân, de la terre d'Israël (2 R 5.17). Cette conception est essentielle. Elle nous aidera à comprendre le silence de Jérusalem face à ce temple si loin des frontières nationales[76]... ». Cependant, Fee et Stuart ont proposé des principes aidant à interpréter les récits de l'A.T. L'un de ces principes souligne que les récits de l'A.T. n'enseignent pas une doctrine d'une manière générale. Ils sont des exemples des doctrines et non le contraire[77]. La position d'Encel sur la condition de l'adoration de YHWH à l'étranger est donc discutable, car ces versets (2 R 5.17) ne contiennent pas de loi mosaïque et encore moins une doctrine de l'A.T. De surcroît, le verset exprime un vœu d'un non-Israélite face à son besoin de participer à l'adoration de YHWH. D'ailleurs, le texte est silencieux quant à cette demande de l'officier syrien.

Ce n'est pas parce que YHWH « a perdu son caractère national [...] [qu'] il n'est plus le Dieu d'Israël », mais plutôt parce que le peuple d'Éléphantine est dans l'idolâtrie que Jérusalem ne peut collaborer avec lui. En parlant de la fonction du temple dans le chapitre qui suit, nous allons mieux comprendre pourquoi Jérusalem était restée silencieuse quant à ce temple. Il faut aussi signaler que pendant l'exil, le peuple n'a pas sacrifié, jusqu'à l'avènement d'Esdras (Esd 3.1-3).

---

76. Encel, *Temple et temples dans le judaïsme antique*, p. 49.
77. G. Fee, D. Stuart, *Un Nouveau regard sur la Bible : un guide pour comprendre la Bible*, trad. de l'anglais par S. Flammanc, Deerfield, Vida, 1990, p. 149.

La loi mosaïque dans Deutéronome 12.2-6 a conduit à plusieurs hypothèses à propos des sources de la rédaction. Pour beaucoup de commentateurs, les Juifs d'Éléphantine ne connaissaient pas cette loi sur la centralisation du culte juif. La rédaction de cette loi serait tardive, sinon le fait que les Juifs d'Éléphantine ne consentaient pas à son application dans leur contexte exprime déjà une rupture de l'île avec Jérusalem[78]. Kuen, en citant Craigie, a su répondre à la préoccupation du rejet des autres temples par les Juifs. Il écrit :

> Ce n'était pas la situation des sanctuaires païens qui était en abomination à l'Éternel, mais la nature des cultes qui y étaient célébrés ; ces cultes étaient caractérisés par des *autels*, des *stèles* (pierres dressées symbolisant d'une manière ou d'une autre la déesse), des *asherim* (arbres ou pieux en bois symbolisant la déesse de la fertilité) et des *images de leurs dieux*. Ces objets devaient être systématiquement détruits, de sorte que les lieux qui leur étaient associés soient privés de tout aspect sacré. Donc l'acte de destruction physique était symbolique du rejet de leurs divinités et du refus de l'efficacité du système religieux de ceux qui avaient précédé les Israélites dans ce pays. L'acte de destruction non seulement rendait impossible toute tentation ultérieure des Israélites de retomber dans des cultes étrangers, mais ôterait le nom de ces divinités de leurs places. Il n'y avait qu'un seul Nom que les Israélites pouvaient invoquer[79].

La rupture entre Jérusalem et l'île d'Éléphantine au sujet du temple s'explique par l'introduction des symboles et des images d'autres dieux dans le culte juif. Les prêtres du temple d'Éléphantine n'ignoraient pas Deutéronome 12.2-6, ce n'est pas l'hypothèse selon laquelle ce texte serait venu d'une source rédactionnelle tardive qui explique l'ignorance d'une loi de centralisation qui était en vigueur depuis des temps bien antérieurs. Comme nous l'avons déjà dit, c'est surtout et toujours la question de l'idolâtrie qui explique ce silence, cette rupture entre les autorités religieuses de Jérusalem et celles de l'île égyptienne. Deere précise que quand Israël entrerait en Terre promise, Dieu choisirait un lieu pour y placer son nom, c'est-à-dire qu'il

---

78. ENCEL, *Temple et temples dans le judaïsme antique*, p. 75.
79. P. C. CRAIGIE, *The Book of Deuteronomy*, p. 216, cité par A. KUEN, *Encyclopédie des difficultés bibliques, vol. 2 : les livres historiques*, Saint-Légier, Emmaüs, 2009, p. 129.

choisirait « un site pour le tabernacle [...] ce fait ne signifie pas que le tabernacle resterait toujours au même endroit, car il a été déplacé sur l'ordre de Dieu[80] ». Cela vaut aussi pour le Temple, car le tabernacle était de caractère provisoire en attendant la construction d'un temple.

Or, pour les prêtres du temple d'Éléphantine, il fallait une politique d'attachement à Jérusalem. C'est dans ce contexte qu'Encel écrit : « ...les Juifs d'Éléphantine vont adopter une ligne de conduite qui exclut toute rupture avec la cité-mère. Quand ils demandent un appui pour la reconstruction de leur temple, ils se tournent naturellement vers Jérusalem, puisqu'ils ont suivi ses instructions concernant la Pâque, à partir de 418[81]. » L'écho de cette demande se trouve dans le « Papyrus de Pascal », qu'on appelle aussi lettre de Pascal à Darius II. Ce papyrus fait partie des textes administratifs de l'administration perse en Égypte. Ils ont été traduits et commentés par André Lemaire, dans *Inscriptions hébraïques*, à Paris aux éditions Cerf en 1977. Dans sa supplique au gouverneur de Judée, le représentant du temple d'Éléphantine fait allusion à un écrit adressé au grand prêtre de Jérusalem et resté sans suite. Dans ce papyrus (n° 102) traduit par Lemaire, il est dit : « En outre, *avant cela, au temps où ce mal nous fut fait,* nous avions envoyé une lettre à ce sujet à notre Seigneur, et aussi à Yahôhanan *le grand-prêtre et ses collègues, les prêtres de Jérusalem,* et à Ostāna frère d'Ananî et les notables de Judée : on ne nous a pas envoyé une seule lettre[82]. » Pour Lemaire, ce texte constitue la meilleure évocation que la reconstruction du temple d'Éléphantine posait un problème. Les chefs du judaïsme de Jérusalem sont totalement opposés à l'existence d'un temple en dehors de la ville sainte[83].

Une autre politique d'attachement du temple d'Éléphantine envers la sainte cité est le respect des rites de deuil dans le judaïsme. Dans sa thèse de doctorat intitulé *La religion des Judéo-Araméens d'Éléphantine*, publiée en 1937, Vincent a recensé en annexe plusieurs textes araméens d'Éléphantine. Dans le document n° 102, qui est la supplique à Bagohi, les Juifs décrivent le sac de leur temple et les règles de deuil qu'ils ont respectées dans leur colonie. Dans cette lettre, on peut lire : « Nous-mêmes avec nos femmes et nos

---

80. Jack S. Deere, « Deutéronome », dans *CBC*, p. 383.
81. Encel, *Temple et temples dans le judaïsme antique*, p. 77.
82. A. Lemaire, *Inscriptions hébraïques*, Paris, Cerf, 1977, p. 410. Italiques dans l'original.
83. *Ibid.*, p. 413.

enfants, nous nous sommes revêtus de sacs et nous avons jeûné et prié Yahô, le Seigneur du Ciel [...] nos femmes ont une tenue de veuve ; nous ne faisons pas d'onction d'huile et nous ne buvons pas du vin[84]. » Encel, en s'appuyant sur le texte de 2 Rois 6.30 et Lévitique 21.10-22, affirme : « Ces pratiques sont caractéristiques, dans la Bible, d'un état de deuil [...] Le deuil était normalement accompagné d'un jeûne, le plus souvent d'une semaine. Même dans le cas où les Juifs d'Éléphantine auraient voulu faire bonne figure devant le gouverneur de la Judée, pour montrer leur lien au yahvisme, la colonie juive connaissait ces règles de deuil, et le faisait savoir à Jérusalem[85]. »

En conclusion, remarquons que, comme l'a évoqué Encel, l'attitude de Jérusalem apparaît problématique. Le silence des responsables du Temple de Jérusalem fait place quelques années plus tard à de vraies relations avec la colonie. Après trois ans de silence qui ont suivi l'envoi de la supplique pour la reconstruction, les autorités de Jérusalem offrent leur appui. Est-ce pour Jérusalem un appui involontaire ou contraint pour la reconstruction de ce temple d'Éléphantine ? Pour bien comprendre cette tension dans le comportement ou les réactions des Juifs de Jérusalem, il est logique d'admettre comme réelle l'étendue du pouvoir d'action des Achéménides dans les affaires juives, à Jérusalem comme en diaspora. Nous insistons ici beaucoup plus sur la relation des Juifs d'Éléphantine avec les autorités perses. L'attitude des autorités perses et des Juifs de Jérusalem fera l'objet du chapitre suivant.

4. *Relation du temple d'Éléphantine avec les autorités perses*

Avant de mettre en évidence l'existence de cette relation entre les autorités perses et les responsables du temple d'Éléphantine, il est nécessaire de rappeler le contexte de la domination perse. André et Renée Neher situent cette période entre 539 et 516 av. J.-C.[86]. L'entrée de Cyrus à Babylone a marqué l'apogée de sa gloire. Le roi perse a été accueilli avec sympathie et enthousiasme par les Babyloniens. C'est pourquoi il renforça leur amitié en se montrant serviteur dévoué de leur dieu principal, Mardouk. Pour commémorer sa victoire, Cyrus fit graver un cylindre, en langue babylonienne, sur lequel

---

84. A. de VINCENT, *La religion des judéo-araméens d'Éléphantine*, Paris, Librairie Orientaliste Paul Geuthner, 1937, p. 171.
85. ENCEL, *Temple et temples dans le judaïsme antique*, p. 82.
86. NEHER, *Histoire biblique du peuple d'Israël*, p. 585.

il justifie sa prise de possession du royaume de Babylone. Le roi menait une politique religieuse respectueuse du culte de tous ses sujets. C'est ainsi qu'il fit rapatrier dans leurs villes d'origine les dieux d'Akkad, de Sumer et d'ailleurs, que Nabonide avait transportés à Babylone[87]. Le successeur de Cyrus, Cambyse, a été reconnu maître de l'Égypte en 525, après avoir mis à mort le dernier pharaon. Pour plus d'un siècle, l'Égypte fut étroitement soumise à la Perse[88]. Nous revenons sur la structure administrative perse au chapitre suivant, pour voir comment cet Empire collabore avec les autres villes conquises.

Le pouvoir perse n'a pas cherché à imposer dans l'Empire des préceptes juridiques communs, à unifier le droit. C'est dans ce contexte que Briant écrit : « le roi devient le protecteur et le garant des coutumes locales, dès lors qu'elles n'entrent pas en contradiction avec les intérêts perses[89]. » C'est pourquoi les autorités de Jérusalem possèdent un pouvoir d'intervention dans les affaires purement religieuses de la diaspora judéenne de l'Empire, et c'est ce qui explique que les Juifs d'Éléphantine leur écrivent. Selon le Papyrus de pascal, dans le sac du temple d'Éléphantine, le prêtre Yédonyah tenta une nouvelle offensive contre le silence des prêtres de Jérusalem. Mais au lieu d'adresser une lettre pour la seconde fois au grand prêtre, Yédonyah écrivit plutôt au gouverneur de la Judée, Bagohi, et aux Samaritains[90]. Josèphe déclare que cette correspondance a occasionné une oppression des Juifs par les Perses[91].

En dépit de cette situation regrettable, les Juifs, de Judée comme d'Éléphantine, sont toujours restés fidèles au pouvoir, même lors des soulèvements locaux. Ainsi, le pouvoir perse avait intérêt à faciliter le rapprochement de la petite colonie avec la cité-mère, et à faire entrer ses pratiques déviantes dans la charte officiellement reconnue aux Juifs, et qui était devenue « loi royale »[92]. Face à cette situation du soutien tacite des autorités perses à la colonie d'Éléphantine, peut-on dire que le soutien de Jérusalem après trois ans de silence est un appui forcé ?

Encel affirme que dans de tels cas, on a vu dans la province de Judée le grand prêtre et le gouverneur se partager les pouvoirs religieux, sans que l'on

---

87. *Ibid.*, p. 586.
88. *Ibid.*, p. 587.
89. P. Briant, *Histoire de l'empire perse. De Cyrus à Alexandre,* Paris, Fayard, 1996, p. 601.
90. Lemaire, *Inscriptions hébraïques*, p. 406-407.
91. Josèphe, *Antiquités juives* XI, 7, 1.
92. Encel, *Temple et temples dans le judaïsme antique*, p. 88.

en sache beaucoup plus. Il est possible que ce soit Bagohi qui ait décidé de soutenir les Juifs d'Éléphantine, en faisant pression sur le satrape d'Égypte, et en passant outre l'opposition des autorités religieuses de Jérusalem[93].

Somme toute, même si la Bible ne s'en fait pas l'écho, il existait en Égypte un temple issu d'une colonie juive installé sur l'île d'Éléphantine. La Bible et les livres apocryphes des Maccabées donnent des informations sur le fait que cette colonie continuait dans la ligne de l'idolâtrie qui occasionna la destruction du Temple de Salomon. Cependant ce temple ne faisait pas l'objet d'une révélation biblique, surtout des écrits postexiliques. Est-ce le souci de la centralisation du culte juif voulue par Dieu qui fait tout simplement ignorer un temple qui ne l'honorait pas ? Toutefois par l'étude du temple d'Éléphantine, nous pouvons déjà avoir une lumière sur la relation qui existait à l'époque du Second Temple entre les autorités religieuses et les autorités perses. Cette relation parfois conflictuelle permet de remarquer que les Perses, même s'ils donnent la possibilité à leurs vassaux d'avoir un libre accès à leur culte et à leur culture, amènent toutefois ces derniers à respecter leur volonté. Les Perses avaient des limites dans leur tolérance religieuse.

B. Temple de Léontopolis

Un autre temple issu de la colonie juive en Égypte est celui de Léontopolis. Encel affirme qu'« à Léontopolis, nous sommes en présence d'une édification politico-militaire, doublée d'une visée mystico-religieuse[94] ». Depuis la fin du XIXe siècle et le début du XXe siècle, des travaux archéologiques ont été effectués sur le site de ce temple à Léontopolis, l'actuel Tell el-Yahoudieh, ville du 13e nome de la région de Basse-Égypte. Nous pouvons citer les publications de Griffith, intitulées *The Antiquities at el-Yahûdîyeh*, publiées par Egyptian Exploration Fund en 1889. Peu avant Griffith, Petrie consacre le chapitre IV de son livre *The Pyramids and Temples of Gizeh* (p. 19-27), publié à Londres en 1883, au « temple d'Onias ». Petrie a aussi publié *Hyksos and Israelite Cities* à Londres en 1906. De même, le *Bulletin de l'Institut Français d'Archéologie Orientale* (BIFAO)[95] a publié, en 1935, les travaux de Buisson, intitulés « Le

---

93. *Ibid.*, p. 90.
94. *Ibid.*, p. 110.
95. Les articles du BIFAO sont disponibles en ligne sur le site https://www.ifao.egnet.net/bifao/lisez-moi.

temple d'Onias et le camp Hyksôs à Tell el-Yahoudiyu (avec 1 planche) ». Outre les recherches archéologiques, quelques données historiques fournissent des informations de base pour l'analyse du temple de Léontopolis. Le plus ancien est celui de Josèphe (*La Guerre des Juifs*, I, 31-33 ; VII, 421-436 ; *Antiquités juives*, XII-XIII) et le plus récent est celui de Meleze-Modrzejewski en 1991, déjà cité au sujet du peuple juif en Égypte. De même, pour certains critiques bibliques, les données prophétiques d'Ésaïe (18-19) semblent évoquer le temple égyptien de Léontopolis. L'origine de ce temple et sa possible collaboration avec le Second Temple et les autorités perses feront l'objet de la section suivante.

1. Origine du temple d'Onias de Léontopolis

Encel écrit : « Plus de deux cents ans après la dissolution de la garnison d'Éléphantine, au I^e siècle, un autre temple est construit au cœur de l'Égypte religieuse, à Léontopolis, dans le nome d'Héliopolis, par un grand prêtre judéen en exil, Onias IV[96]. » Léontopolis signifie en grec « la cité des lions », c'est la capitale du 11e nome de Basse-Égypte, aujourd'hui Tell el-Yehoudieh, ville du 13e nome de Basse-Égypte. Le site est aussi connu pour être le temple construit par le grand prêtre Onias IV, fils du grand prêtre Onias III qui trouva asile et protection auprès de Ptolémée VI et Philométor, au IIe siècle avant notre ère[97]. Les Oniades sont une famille dont les membres ont occupé la fonction de grand prêtre du Temple de Jérusalem pendant l'époque hellénistique, du IVe au IIe siècle av. J.-C. Cette famille se rattache au grand prêtre Yaddua ben Yohanam, qui officia au temps d'Alexandre le Grand[98]. Les Oniades sont les derniers grands prêtres sadocides, c'est-à-dire descendants de Sadoq (1 R 2.27-35).

La situation politique et les luttes de pouvoir aux alentours de 160 av. J.-C. permettent de comprendre les événements qui conduisirent à la fuite d'Onias IV en Égypte. Pour Schäfer, il faut rappeler et mettre en parallèle les circonstances du conflit judéen entre la maison des Tobiades et des Oniades pour la grande prêtrise, et la prise de pouvoir séleucide sur la région, coupant

---

96. ENCEL, *Temple et temples dans le judaïsme antique*, p. 113.
97. C. R. du M. du BUISSON, « Le temple d'Onias et le camp Hyksôs à Tell el-Yahoudiyu (avec 1 planche) », *BIFAO*, Le Caire, n°35, 1935, p. 79.
98. JOSÈPHE, *Antiquités juives*, XII, 6.

la Judée de l'Égypte[99]. Ce n'est qu'avec Onias I, fils de Jaddous, que la famille détint le pontificat suprême. Cette famille le gardera sans ennuis jusqu'à Jason, le frère d'Onias III[100]. Une lutte interne éclata parmi les Judéens. Joseph, fils de Tobie et neveu d'Onias II, se fit le porte-parole de l'opposition au grand prêtre qui n'appréciait pas sa politique anti-ptoléméenne. Simon II, fils d'Onias II, s'était rangé tôt du côté des Séleucides, entérinant le conflit avec la puissante famille des Tobiades, originaire de Transjordanie[101].

La lutte ouverte pour le pouvoir du grand prêtre ne se déclara qu'à la mort de Simon II, sous la gouvernance de son successeur, Onias III. Celui-ci, soutenu par son frère Jason, opte pour une politique plus hellénisée. Dès lors, la faction des Juifs favorables aux Séleucides fut conduite par une partie de la famille des Tobiades et par Simon, le Benjaminite, administrateur du Temple. L'épisode d'Héliodore (2 M 3.4ss) marque une aggravation du climat politique à Jérusalem. Les Oniades furent alors de plus en plus en danger. Sous la pression des Tobiades et de leurs propositions alléchantes, le nouveau souverain nomma Jason, frère d'Onias, grand prêtre (2 M 4.7ss). Ainsi, le parti hellénisté s'engagea dans une réforme de Jérusalem sur le modèle de la politique grecque. Trois ans plus tard, lors d'une mission commandée par Jason, Ménélas, frère de l'officiant Simon, obtint la charge de grand prêtre, moyennant une augmentation considérable du tribut (2 M 4.23-25). La charge de grand prêtre, qui était toujours héréditaire, fut ainsi corrompue. Ménélas était un hellénisté radical, encore plus proche des Séleucides, et il assassina Onias III, grand prêtre destitué et vivant en exil (2 M 4.32-34). C'est probablement à cette date qu'il faut placer la fuite d'Onias IV en Égypte, tout comme la fuite de Jason[102].

Dans les récits de la *Guerre*, Josèphe identifie Onias III comme fondateur du temple de Léontopolis (*La Guerre des Juifs*, VII, 423). Selon une autre version, c'est le fils d'Onias III, assassiné, qui se serait réfugié en Égypte (*Antiquités juives*, XII, 387). La critique moderne est partagée, à l'instar de l'historien antique, sur le nom du fondateur du temple de Léontopolis. Parente

---

99. P. Schäfer, *Histoire des juifs dans l'Antiquité*, Paris, Cerf, 1989, p. 44.
100. *Ibid.*
101. Encel, *Temple et temples dans le judaïsme antique*, p. 116.
102. *Ibid.*

a même mis en doute l'historicité de la mort d'Onias III à Daphné[103]. Mais Gruen désavoue cette position en attribuant la fondation du sanctuaire à Onias IV[104]. Le livre des Maccabées, relatant l'assassinat d'Onias III vers 170-169 av. J.-C., semble être authentique, puisque la construction du temple n'aurait eu lieu qu'en 167 av. J.-C.[105]. Même si nous partageons l'avis des critiques qui optent pour cette date de 167 av. J.-C., il faut admettre que la datation du temple de Léontopolis reste quelque peu incertaine. C'est pourquoi Gédéon Bohak s'abstient également de définir une date. Car, dit-il, « Nous ne partons d'aucune base solide pour dater l'érection du temple d'Onias[106] ».

Josèphe a cité une copie de la lettre qu'Onias aurait adressée à Ptolémée VI Philométor et à Cléopâtre, par laquelle il demande l'autorisation de construire un temple à l'image de celui de Jérusalem. Ici, la demande de construire un temple n'est pas faite à l'administration perse, mais égyptienne, contrairement au cas du temple d'Éléphantine. Ptolémée VI est un pharaon de la dynastie des Lagides. Il régna de 180/176 à 170 av. J.-C., puis il devient co-roi avec son frère Ptolémée VIII Évergète II[107].

Onias IV obtint effectivement le droit d'édifier un temple, bâti sur le modèle de celui de Jérusalem, après la conquête et le pillage de cette dernière cité et de son célèbre Temple par les rois Séleucides : Séleucos IV puis Antiochos IV. Léontopolis devint alors le siège d'une des plus importantes communautés juives d'Égypte. Elle devient importante grâce à l'arrivée des réfugiés qui fuyaient l'oppression des rois séleucides en Palestine. Cette colonie y prospère pendant plus de trois siècles[108]. Le temple d'Onias fonctionnera jusqu'en l'an 73 ap. J.-C. ; date à laquelle, à la suite de la grande révolte des Juifs, de 66 à 70, il est fermé sur les ordres de l'empereur romain Vespasien, en réaction contre le judaïsme. Craignant que ce dernier lieu du culte de YHWH ne devienne le nouveau centre d'une rébellion juive à la suite de

---

103. F. PARENTE, « Le témoignage de Théodore de Mopsueste sur le sort d'Onias III et la fondation du temple de Léontopolis », dans *Revue des Études Juives*, n°154, 1995, p. 429-436.
104. E. S. GRUEN, « The Origins and Objectives of Onias' Temple », dans *Scripta Classica Israelica*, n° 16, 1997, p. 47-70.
105. ENCEL, *Temple et temples dans le judaïsme antique*, p. 120.
106. G. BOHAK, *Joseph and Aseneth and the Jewish Temple in Heliopolis*, Atlanta, Scholars Press, 1996, p. 22.
107. Cf. www. Antikforever@.com, consulté le 13 novembre 2016.
108. JOSÈPHE, *La Guerre des Juifs*, I, 33 ; VII, 427-429.

la prise de Jérusalem et à la destruction de son Temple, l'empereur romain ordonna sa destruction[109].

Il est clair que le temple de Léontopolis a été construit pendant le déclin de l'Empire perse. Il y a certes eu des complicités entre Onias IV et certaines autorités de son époque qui ont favorisé cette construction. Cependant le but de notre travail est d'identifier l'imaginaire du Second Temple parmi les Juifs, les Samaritains et les autorités perses. Au lieu de voir les relations entre ce temple et les autorités égyptiennes et grecques, nous chercherons à comprendre exclusivement la relation existant entre le Second Temple et celui d'Onias.

2. Onias IV et le Second Temple

Afin d'appréhender la réaction de Jérusalem vis-à-vis du temple d'Onias à Léontopolis, il faut comprendre les motivations de ce fils du grand prêtre déçu lors de la construction de ce temple. Le judaïsme pratiqué dans ce temple était-il conforme à la loi mosaïque, ou bien y avait-il des déviations sous l'influence de l'Égypte et de la Grèce ? Tcherikover et Capponi représentent deux courants d'idées diamétralement opposées sur les intentions d'Onias quant à la construction de ce temple.

Les motivations d'Onias ont-elles influencé la pratique du culte dans ce temple ? Tcherikover voit tout d'abord en Onias IV un opposant farouche du parti helléniste de Jérusalem, celui-là même qui a tué son père. Lui et ses enfants se sont lancés dans une aventure militaire et ont voulu créer un centre religieux pour leur garnison, avec le soutien politique de Philométor. Cet auteur qualifie Onias IV de « Juif qui ne se sentait pas obligé d'observer en détail les préceptes de la Torah[110] ». Il avance l'idée selon laquelle Léontopolis aurait été avant tout une colonie militaire, sous la direction d'Onias, et non un nouveau centre religieux pour les Juifs d'Égypte. L'un des partisans de la motivation militaire d'Onias, Frey, traduit la même pensée que Tcherikover quand il écrit : « Onias n'était certainement pas "orthodoxe" ; mais un membre

---

109. Buisson, « Le temple d'Onias et le camp Hyksôs à Tell el-Yahoudiyu (avec 1 planche) », p. 81.
110. A. V. Tcherikover, *Hellenistic Civilization and the Jews*, trad. du russe par Shimon Applebaum, Philadelphie, Magnes Press, 1966, p. 278.

hellénisé et éclairé de l'aristocratie palestinienne[111]. » L'un des arguments de la motivation militaire d'Onias est fondé sur son influence helléniste. Cependant, Encel dit que le centre juif d'Égypte était Alexandrie, et c'était donc dans cette ville qu'un temple aurait dû être construit[112]. En outre, si Onias avait voulu construire un temple pour les Juifs, ceux-ci auraient sûrement été consultés. Mais comme nous l'avons déjà souligné, Onias avait uniquement écrit et reçu l'accord de l'autorité égyptienne avant la construction de ce temple.

D'autres auteurs, tel Capponi, ont accordé une plus grande importance à ce temple, créditant Onias de motivations beaucoup plus religieuses et mystiques. Selon cette théorie, Onias aurait lu dans une prophétie d'Ésaïe le commandement de créer un temple en Égypte. Une telle ambition serait fondée sur l'idée d'une nouvelle Jérusalem, puisque l'actuelle était définitivement souillée, d'où la nécessité d'un nouveau centre religieux, avec une nouvelle résidence de Dieu[113]. Josèphe écrit que dans sa correspondance avec Ptolémée, Onias évoque cette prophétie : « Car le prophète Ésaïe a prédit ceci : il y aura en Égypte un autel de sacrifices consacré à Dieu, notre maître ; et cet endroit lui a inspiré beaucoup d'autres prophéties pareilles[114]. » Le prophète Ésaïe fut à toutes les époques un prophète très lu, commenté et interprété. Son importance est notamment décrite dans le *Siracide* (48.22-25)[115]. Ici il est important d'analyser la prophétie d'Ésaïe, afin de comprendre la vision d'une nouvelle Jérusalem et d'un nouveau temple d'Onias. Il est écrit :

> En ce jour-là, il y aura dans le pays d'Égypte cinq villes où l'on parlera la langue des Hébreux et où l'on prêtera serment par l'Éternel, le Seigneur des armées célestes. On appellera l'une d'elles : la Ville du Soleil[116]. En ce jour-là, l'Éternel aura un autel

---

111. J. Frey, « Temple and Rival Temple, The Cases of Elephantine, Mt. Garizim, and Leontopolis », dans *Gemeinde ohne Temple Community without Temple*, www.aleph.uli.@org.il.
112. Encel, *Temple et temples dans le judaïsme antique*, p. 140.
113. *Ibid.*, p. 139.
114. Josèphe, *Antiquités juives*, xiii, 1, 68.
115. Encel, *Temple et temples dans le judaïsme antique*, p. 143.
116. La mention des cinq villes peut avoir pour fonction de suggérer un « reste » des Égyptiens, mais d'une certaine importance. Certains pensent qu'il fait allusion aux colonies juives postérieures (Alexandrie, Éléphantine, etc.), mais le contexte invite plutôt à comprendre qu'il est question de la conversion de nombreux Égyptiens. Ces Égyptiens feront alliance

au milieu de l'Égypte, et une stèle sera dressée en l'honneur du Seigneur sur sa frontière. Ils serviront de signe et de témoins pour l'Éternel, le Seigneur des armées célestes dans le pays d'Égypte. Et quand les Égyptiens crieront à l'Éternel à cause de leurs oppresseurs, il leur enverra un libérateur qui prendra leur parti et les délivrera. L'Éternel se fera connaître au pays de l'Égypte et, ce jour-là, les Égyptiens connaîtront l'Éternel. Ils lui rendront un culte avec des sacrifices et des offrandes, et ils feront des vœux à l'Éternel et s'en acquitteront. L'Éternel frappera les Égyptiens, il frappera, mais il guérira, et ils se tourneront vers l'Éternel qui les exaucera et qui les guérira (Es 19.18-22, *Bible du Semeur*).

Pour Martin, les vv. 18-22 devraient être replacés dans le contexte du chapitre. Ésaïe 19.16-25 parle d'une éventuelle domination d'Israël sur l'Égypte, et c'est surtout sur les conséquences du jugement sur l'Égypte que l'auteur met beaucoup plus l'accent. Contrairement à ce qui s'est passé à l'époque du prophète, quand Juda envisageait de se tourner vers l'Égypte pour trouver de l'aide, le temps viendra où l'Égypte reconnaîtra Juda comme une force dominante du monde. L'Égypte jurera allégeance à YHWH. Les cinq villes au pays d'Égypte représentent le reste de la nation. Le fait pour les Égyptiens de parler la langue de Canaan ne signifie pas, semble-t-il, qu'ils cesseront de parler leur propre langue, mais qu'à cause de leur nouveau culte, consistant à offrir des sacrifices à Jérusalem, ils devront parler hébreu assez couramment pour se tirer d'affaire. Héliopolis, l'une des villes principales, située dans l'extrémité sud du delta de l'Égypte, était consacrée à l'adoration du dieu Soleil. Un changement aussi significatif prouvera au monde et à Israël que le nouveau culte de l'Égypte sera parfaitement sincère. La véritable adoration sera instaurée. Ce culte sera à la fois la politique officielle de la nation et un culte personnel. L'Égypte sera dans la même position qu'Israël, le peuple de l'alliance, car lorsque les Égyptiens demanderont l'aide à Dieu, il la leur accordera (v. 20). Ils seront aussi impliqués dans le système sacrificiel d'adoration.

---

avec l'Éternel. La ville du Soleil, c'est Héliopolis, d'après certains manuscrits du texte hébreu traditionnel, le texte hébreu de Qoumrân et l'ancienne version latine. La plupart des manuscrits de texte hébreu traditionnel ont la *Ville de la Destruction*. L'ancienne version grecque a la *Ville de la Justice* (cf. note de la version d'étude Semeur).

Pour le peuple de Juda de l'époque d'Ésaïe, une telle situation était presque incroyable, mais selon Martin cela aura effectivement lieu après le retour du Messie ici-bas pour y établir son règne de mille ans[117].

Si telle était l'intention réelle d'Onias, pourquoi n'avait-il pas informé Jérusalem ou collaboré avec elle lors de la construction de ce temple ? Ceux qui fréquentaient son temple parlaient-ils hébreu ou grec ? Les Égyptiens se reconnaissent-ils dans ce temple d'Onias ? Selon les Juifs, le culte dans ce temple est-il vraiment orthodoxe ? Telles sont les questions que nous pouvons poser sur l'intention d'Onias en rapport avec la possible réalisation de la prophétie d'Ésaïe.

L'historien juif Josèphe est la seule source décrivant les circonstances de la construction du temple d'Onias et son architecture. Il écrit dans *La Guerre des Juifs* :

> Onias y fit construire une citadelle et éleva un temple, non pas comme celui de Jérusalem, mais en forme de tour, fait de pierres énormes et haut de soixante coudées. Par contre, l'autel fut conçu à l'imitation de celui de Jérusalem ; il l'orna des mêmes tables d'offrandes, sauf en ce qui concerne le chandelier ; car au lieu d'un chandelier, il fit fabriquer une lampe d'or qui donnait une lumière éclatante, et la suspendit au moyen d'une chaîne d'or. L'emplacement consacré était clos d'un mur de briques cuites, les portes étaient en pierre[118].

Selon la déclaration de Josèphe, il semble qu'Onias copia l'autel et les ornements du Temple de Jérusalem. L'autel était une partie essentielle des temples, comme de celui de Jérusalem. Il sert d'intermédiaire entre les prêtres et YHWH, au travers des offrandes et des sacrifices. Cette partie du temple d'Onias est dite à l'imitation de l'autel de Jérusalem. Onias, de la famille du grand prêtre du Temple, n'aurait pu se permettre des modifications de l'appareil cultuel, si minutieusement réglé par les prescriptions divines[119]. Mais la lampe d'or est l'élément le plus original de la description de Josèphe. Toutefois elle pose également beaucoup de problèmes d'interprétation. Pourquoi Onias

---

117. J. A. MARTIN, « Ésaïe », dans *CBC*, p. 1434-1435.
118. JOSÈPHE, *La Guerre des Juifs*, VII, 10, 3.
119. ENCEL, *Temple et temples dans le judaïsme antique*, p. 128.

ne fabriqua-t-il pas un chandelier d'or, comme celui du Temple de Jérusalem ? Que peut représenter la lampe d'or pour Onias ?

En effet, Léontopolis se trouve dans le nome d'Héliopolis, « la ville du soleil ». Cette région accueillait le temple d'Hélios ; les temples environnants rendaient un culte à l'astre soleil et ces temples furent encore plus tard l'objet de soins assidus[120]. Beauregard faisait déjà cette distinction, vers la fin du XIXe siècle, quand il écrivait : « Le disque solaire ailé est [...] pour les Égyptiens l'emblème qui prime tous leurs emblèmes. Ils le plaçaient au fronton de tous leurs temples, comme pour dire à tout venant que l'hommage à rendre à l'Être suprême, dont il est le symbole, est le premier devoir de chacun[121]. » Léontopolis se trouvait également à quelques kilomètres de la ville même d'Héliopolis, « capitale du dieu soleil », généralement considérée comme le siège du gouvernement des dieux[122]. De peur d'une conclusion hâtive sur la possible interprétation de cette lampe d'or, il est important de lire les correspondances entre Onias et le roi Philométor, selon une reproduction de Josèphe.

> Nombreux et grands sont les services que je vous ai rendus au cours de la guerre, avec l'aide de Dieu, quand j'étais en Coelé-Syrie et en Phénicie, et quand je suis venu avec les Juifs à Léontopolis dans le nome Héliopolis et à d'autres endroits où notre nation est établie : et j'ai trouvé que la plupart d'entre eux possédaient des lieux saints, contrairement à ce qui est convenable, et que pour cette raison ils sont mal disposés les uns envers les autres, comme c'est aussi le cas pour les Égyptiens à cause du grand nombre de leurs temples et de leurs opinions sur les formes du culte ; *et j'ai trouvé un endroit tout à fait approprié dans la forteresse nommée « La Boudastis Sauvage » qui abonde en diverses sortes d'arbres et qui est plein d'animaux sacrés.*
>
> C'est pourquoi je vous prie de me permettre de nettoyer ce temple, qui n'appartient à personne et qui est en ruines, et d'y

---

120. D. Meeks, C. Favard-Meeks, *La vie quotidienne des dieux égyptiens*, coll. Revue de l'Histoire des Religions, tome 212, Paris, Hachette, 1993, p. 31.
121. O. Beauregard, *Les divinités égyptiennes, leur origine, leur culte et son expansion dans le monde*, Paris, Hachette, 2018 [1863], p. 258-259.
122. *Ibid.*

construire un temple au Dieu Très-Haut à l'image de celui de Jérusalem et avec les mêmes dimensions, en votre nom et en celui de votre épouse et de vos enfants, afin que les habitants juifs acceptent de servir vos intérêts. Car c'est là en vérité ce que le prophète Ésaïe a annoncé : « Il y aura un autel en Égypte au Seigneur Dieu. » Et beaucoup de choses semblables ont été prophétisées par lui au sujet de cet endroit[123].

Voilà ce qu'écrivait Onias à Ptolémée. On jugera de la piété du roi ainsi que de sa sœur et épouse Cléopâtre d'après la lettre qu'ils lui répondirent : ils rejetèrent, en effet, sur la tête d'Onias la faute et la violation de la loi ; voici la réponse : « Le roi Ptolémée et la reine Cléopâtre à Onias, salut ! Nous avons lu ta pétition demandant qu'il te soit permis de nettoyer le temple héliopolite, tirant son nom de la Boudastis sauvage. À la suite de cela, *nous nous demandons s'il sera agréable à Dieu qu'un temple soit érigé dans un endroit si inconvenant et plein d'animaux sacrés.* Mais puisque tu dis que le prophète Ésaïe a annoncé cela il y a longtemps, nous nous rangeons à la requête, si ceci doit être en accord avec la loi, de telle sorte que nous ne puissions pas paraître avoir péché contre Dieu d'aucune manière[124]. »

On ne possède aucune autre source de ces correspondances que celle de Josèphe pour nous permettre de les évaluer. Cependant, sur la base des écrits de ce dernier, nous concluons qu'il existe un fond de vérité derrière cette correspondance. Il est certain qu'Onias avait besoin d'une autorisation officielle pour construire un sanctuaire. Cependant, Onias déclare avoir trouvé l'emplacement idéal, un ancien temple païen désaffecté et sans propriétaire. Il paraît pourtant curieux d'élever un temple juif dans un endroit qui abritait un sanctuaire égyptien, et « qui est plein d'animaux sacrés ». Le roi Ptolémée avait fait cette même remarque. Il faut aussi poser des questions sur la source des informations de Josèphe. Il est possible qu'Onias, en dépit de ses ambitions prophétiques pour la construction de son temple, n'a pas évité des tendances syncrétistes manifestées dans l'utilisation d'une lampe

---

123. Josèphe, *Antiquités juives*, XIII, III, 1. Italiques ajoutés.
124. *Ibid.*, XIII, III 2. Italiques ajoutés.

d'or et dans le choix d'un terrain de construction riche en symboles de cultes païens d'Égypte. Il est attesté que le nom grec de Léontopolis, l'actuel Tell-el-Yehoudiah, correspond bien à un sanctuaire désaffecté de Bastet (Boudastis), qui signifie « souriante déesse féline[125] ». Ricciotti soutient que : « La déesse Bas avait une tête de chatte, mais à cette époque on la confondait avec les déesses Sekhmet et Tefnut qui avaient une tête de lionne : d'où le nom de *Léontopolis*[126]. »

Alors quelle attitude les autorités du Second Temple avaient-elles face à ce temple d'Onias ? Pour répondre à cette préoccupation, il est important de voir la position des Juifs d'Égypte à l'égard du temple d'Onias, car la réalisation de la prophétie d'Ésaïe devrait aussi les préoccuper. Encel souligne que les Juifs de l'Égypte tournaient toujours leur regard vers Jérusalem, qui représentait le centre religieux de la vie juive. La longue séparation entre l'Égypte et la Judée, due aux guerres entre les Séleucides et les Ptolémée, ne changea pas fondamentalement l'attitude de la diaspora juive de l'Égypte à l'égard de Jérusalem[127]. Aussi, sur la question de la réaction de Jérusalem, Encel ajoute :

> Il est impossible de répondre à cette question à l'époque contemporaine de l'existence de ce temple, puisqu'aucun commentaire n'a été fait dans les textes canoniques palestiniens, ni surtout dans les pseudépigraphes. Cependant, certains silences sont évocateurs et ne sont pas innocents. Pour Éléphantine, les prêtres de Jérusalem gardèrent le silence tant qu'ils le purent. Pourquoi mettre en lumière ce qui apparaissait comme une expérience lointaine, locale, pour une colonie militaire qui n'avait aucun autre moyen de se rapprocher de Jérusalem et de son Dieu ? Tant qu'il n'y avait aucune velléité de rivalité ou de concurrence, l'existence d'un temple à YHWH en dehors des frontières sacrées d'Israël pouvait être tolérée. Si la situation semble différente pour Léontopolis, le statut de son fondateur ne pouvait susciter de condamnations fermes. Ses motivations ou sa réussite, plus

---

125. Meleze-Modrzejewski, *Les Juifs d'Égypte, de Ramsès II à Hadrien*, p. 106.
126. G. Ricciotti, *Histoire d'Israël*, tome 2 Paris, Hachette, 1948, p. 305.
127. Encel, *Temple et temples dans le judaïsme antique*, p. 167.

> militaires que religieuses, n'ont pas dû inquiéter la capitale, dont la légitimité ne fut à aucun moment remise en cause[128].

Les arguments d'Encel sont certes discutables, du fait qu'ils ne sont pas soutenus par des sources primaires, toutefois la position des rabbins juifs consolide les arguments de Encel.

> Les rabbins du Talmud se sont à plusieurs reprises penchés sur la pureté du temple d'Onias, et notamment sur la possibilité d'y faire un vœu ou d'introduire sa vaisselle dans le Temple de Jérusalem […] Le temple d'Onias ne fut cependant pas considéré comme un sanctuaire d'idolâtrie, ce qui lui a évité les pires condamnations. Le Talmud a adopté une ligne d'une tolérance évidente envers lui, alors même que son emplacement s'effaçait des mémoires, et que l'illusion d'une unité du judaïsme se façonnait[129].

C. Temple du mont Garizim

Dans les correspondances officielles incluses dans le livre d'Esdras, nous avons constaté l'opposition des Samaritains à la reconstruction du Second Temple de Jérusalem. Or ce peuple a une expérience de temple sur le mont Garizim. Antoine commente la situation géographique de cette montagne en ces termes : « Le mont Garizim appartient au système montagneux de Samarie qui est séparé du massif galiléen par la plaine d'Esderlon et qui se rattache au Sud à celui de Judée dominant largement la plaine de Naplouse (l'actuelle Samarie) ; cette colline s'élève à 881 mètres. Au Nord se dresse l'Ébal biblique, haut de 938 mètres[130]. » Nous reviendrons au peuple samaritain dans le chapitre suivant. Ici, nous considérons l'origine de ce temple sur le mont Garizim et ses possibles relations avec Jérusalem et l'administration perse.

---

128. *Ibid.*, p. 172.
129. *Ibid.*, p. 172-173.
130. P. ANTOINE, « Garizim », dans *Dictionnaire de la Bible, Supplément*, tome 3 1938, col. 536-537.

1. Origine du temple samaritain

Francis Schmidt, sur la base des informations de Josèphe dans les *Antiquités juives*, retrace l'histoire de la construction de ce temple de la manière suivante :

> L'action se situe à la fin de l'époque perse, vers 332 avant notre ère, sous le grand pontificat de Jaddous. Manassé, frère de Jaddous, a épousé la fille du satrape de Samarie, une Samaritaine nommée Nikasô. Ce mariage suscite l'indignation des Anciens de Jérusalem. Car c'est là une mésalliance qui viole les lois touchant le choix des femmes et encourage au mariage avec les étrangers. Avec l'accord du grand prêtre, ils mandent à Manassé ou de renvoyer sa femme ou de ne plus s'approcher de l'autel des sacrifices. Refusant de se soumettre à ce mandement, Manassé cherche refuge en Samarie et fait savoir à Sanaballétès, son beau-père, qu'il ne veut être privé ni de sa femme ni de la dignité sacerdotale. Bien que banni et proclamé apostat, Manassé n'en continue pas moins à se considérer comme juif[131].

Ce prêtre juif ouvrira une possibilité aux habitants de la Samarie de connaître l'expérience effective d'un temple parmi eux. Schmidt explique :

> La rupture des liens communautaires, de ceux qui le lient à sa terre, à ses ancêtres, à son Dieu, est pour lui intolérable. Aussi forme-t-il auprès de Sanaballétès le projet de faire édifier sur le mont Garizim un temple en tout point semblable à celui de Jérusalem. Le gouverneur de Samarie promet à son gendre qu'il en sera le premier grand prêtre. Comme l'avaient craint les Anciens de Jérusalem, l'exemple de Manassé fait tache d'huile. De nombreux prêtres et Israélites s'étant engagés dans de semblables mariages, une grande agitation s'empare des Hiérosolymitains : car tous ces gens font défection pour rejoindre Manassé. Sanaballétès, secondant l'ambition de son gendre, leur donne de l'argent, des maisons et des terres. Bientôt, Sichem est en partie habité par des apostats du peuple juif, lesquels, pour avoir mangé des aliments impurs ou ne pas avoir

---

131. SCHMIDT, *La pensée du Temple de Jérusalem à Qoumrân*, p. 106.

observé le sabbat, prétendent avoir été injustement bannis de Jérusalem. À l'arrivée d'Alexandre en Samarie, Sanaballétès abandonne le parti de Darius et fait connaître au Grand Prince son dessein de bâtir un temple sur la montagne de Garizim […] Alexandre accède à sa demande. Aussitôt, le gouverneur de Samarie s'emploie à bâtir ce temple, dans lequel il établit Manassé Grand Sacrificateur[132].

Nous signalons au passage que le récit de Josèphe a été mis en doute surtout sur son authenticité, car il semble s'inspirer du texte de Néhémie 13.28[133]. L'auteur de l'article « Samaritan » dans *Jewish Encyclopedia* précise cependant que c'est aux alentours de 330 av. J.-C. que la population samaritaine a bâti au sommet de la montagne un temple à la façon du Temple de Jérusalem. Ce temple en Samarie devenait le centre religieux du « samaritanisme ». Il sera construit un peu avant la conquête d'Alexandre le Grand, ou juste après. Il est alors entouré de fortifications (d'après le livre des Maccabées). Il sera cependant détruit par le roi hasmonéen Jean Hyrcan le premier au IIe siècle avant l'ère chrétienne (vers 108 av. J.-C.)[134]. Jeremias ajoute que « tous ces autels qu'on élevait à Dieu sur des montagnes ne Lui étaient point agréables. Le culte légitime ne devait plus permettre de sacrifier ailleurs[135] ».

Selon les fouilles archéologiques et les sources antiques, un temple dédié à Zeus est construit sur le site à l'époque de l'empereur Hadrien (117-138 ap. J.-C.). À partir de sa conversion au christianisme, l'empereur byzantin a tenté de convertir de force les minorités (non chrétiennes ou chrétiennes hétérodoxes) à sa version du christianisme. Ainsi l'empereur Zénon (473-491) s'en prit aux Juifs et aux Samaritains. Sous son règne, le temple samaritain est une seconde fois détruit (probablement en 484), et ce de façon définitive. Il ne sera jamais reconstruit[136].

---

132. *Ibid.*, p. 106-107.
133. Cf. Schäfer, *Histoire des juifs dans l'Antiquité*, p. 17, la thèse des deux Sanballat fut cependant très tôt défendue par C. C. Torrey, « Sanballat. "The Horonite" », *JBL* n° 47, 1928, p. 380-390 et aussi A. E. Cowley, *Aramaic Papyri*, p. 110.
134. « Samaritans », dans *Jewish Encyclopedia*, publiée entre 1901 et 1906, consulté sur www.jewishencyclopedia.com.
135. J. Jeremias, *Jérusalem au temps de Jésus. Recherche d'histoire économique et sociale pour la période néotestamentaire*, trad. de l'allemand par J. le Moyne, Paris, Cerf, 1967, p. 468.
136. Encel, *Temple et temples dans le judaïsme antique*, p. 189.

Quand le christianisme est devenu la religion dominante de l'Empire romain, les Samaritains ont été privés d'accès au mont Garizim. Une église, protégée par des remparts, fut construite au sommet. Ce fut l'une des causes de la révolte samaritaine sous la direction de Julianus ben Sabar au VIe siècle. La répression de cette révolte fut si terrible que les Samaritains, alors très nombreux dans le nord de la Palestine, devinrent une petite population résiduelle. Malgré la destruction du temple, la montagne est restée le centre religieux des Samaritains jusqu'à nos jours. C'est aussi autour du mont Garizim que doit résider le grand prêtre samaritain. Celui-ci est choisi au sein de la famille sacerdotale « qui est supposée descendre du fils d'Aaron, frère de Moïse[137] ».

Le temple du mont Garizim fut construit à la fin de l'influence perse. Même si Sanaballétès faisait office de satrape perse, c'est plutôt Alexandre le Grand qui a donné l'avis officiel de la construction de ce temple. Il est de toute manière encore plus important de comprendre la relation entre le Second Temple et le temple du mont Garizim.

2. Rivalité entre le Second Temple et le temple du mont Garizim

Il faut rappeler que la montagne de Garizim est le lieu de beaucoup de grands événements bibliques. Nous pouvons citer les constructions d'un autel sur ce mont. D'une part, après la sortie de l'arche, Noé construit un autel sur le Garizim (Gn 8.20). D'autre part Abraham bâtit aussi un autel à Garazim (Gn 12.7-8), et le sacrifice d'Isaac eut lieu au pays de Moré, sur le mont Garizim (Gn 22.2, 9). Josué, lui aussi, éleva un autel sur l'Ébal et procéda à la cérémonie des bénédictions et malédictions prévue par Deutéronome 27. La loi de Moïse fut proclamée, alors que le peuple se tenait une moitié sur l'Ébal et l'autre moitié sur le Garizim (Jos 8.30-33).

La ville de Sichem, au pied du Garizim, occupe également une place essentielle pour les Samaritains. La ville est liée à l'histoire de Joseph. Josué 24.32 souligne que c'était là, à Sichem, que Joseph fut enterré. C'est pourquoi les « Samaritains font de Joseph l'ancêtre de leur communauté[138] ». Mais le texte

---

137. H. A. YOUSEF, L. BARGHOUTI, « The Socio politics of the Samaritans in the Palestinian Occupied Territories », dans *Samaritans Caste: A History of Thousands of Years*, Jérusalem, Al-Taher Library, 1987, p. 56.
138. R. de VAUX, *Histoire ancienne d'Israël, la période des Juges*, Paris, Fayard, 1987, p. 27.

le plus significatif est certainement celui des bénédictions que Moïse ordonna de prononcer avant sa mort. Il est écrit dans Deutéronome 11.29-31 :

> Lorsque le SEIGNEUR, ton Dieu, t'aura fait entrer dans le pays où tu vas entrer pour en prendre possession, tu prononceras la bénédiction sur le mont Garizim et la malédiction sur le mont Ebal. Ces montagnes sont de l'autre côté du Jourdain, en direction du soleil couchant, au pays des Cananéens qui habitent dans la plaine aride, en face du Guilgal, près des térébinthes de Moré. Car vous passez le Jourdain pour aller prendre possession du pays que le SEIGNEUR, votre Dieu, vous donne ; vous en prendrez possession et vous y habiterez. (Dt 11.29-31, NBS)

À Sichem a donc lieu la grande assemblée au cours de laquelle le peuple s'attache à YHWH et participe à la construction d'un autel, dirigée par Josué (Jos 24.25-27). C'est pour cette raison que la communauté samaritaine soutient que Dieu l'a définitivement choisie comme sa résidence[139]. Ainsi le Deutéronome samaritain remplace 21 fois l'expression « le lieu que Yahvé aura choisi » par « le lieu que Yawhé a choisi »[140]. Cohn écrit que « David avait choisi Jérusalem, mais que Dieu avait choisi le mont Garizim[141] ». Tous les changements ultérieurs du lieu de culte, comme le transfert de l'arche de Sichem à Silo, en raison probablement d'une rivalité entre les deux sanctuaires, et surtout la construction du Temple de Jérusalem, seront considérés comme des usurpations à la résidence de Dieu[142]. Cette position des Samaritains sur le mont Garizim a occasionné des luttes pour la prééminence du lieu de culte. C'est avec justesse qu'Encel remarque :

> Affirmer que le temple samaritain ne fut pas rival de celui de Jérusalem et que la rupture des deux communautés doit être déplacée de plusieurs années, ne signifie nullement qu'il n'y eut pas de lutte autour de la question du lieu de culte. Au contraire, Samaritains et Juifs tentèrent de rehausser chacun son lieu saint, tout en évitant de jeter l'opprobre sur le concurrent.

---

139. R. COHN, *The Sacred Mountain in Ancient Israel*, Michigan, 1974, p. 64.
140. M. BAILLET, « Samaritains » dans *Dictionnaire de la Bible*, vol. 11, Paris, Cerf, 1991, col. 773.
141. COHN, *The Sacred Mountain in Ancient Israel*, p. 68.
142. BAILLET, « Samaritains », p. 768.

> Cette rupture tire son origine du flottement dans la législation primitive sur le culte, qui ne mentionne jamais Jérusalem. Dès lors, les Juifs vont essayer de pallier ce flou originel, en glosant les textes ou en accordant, dans la littérature, une grande place au Temple ; les Samaritains, par leur Pentateuque et des auteurs partisans, vont glorifier le Garizim, afin d'atténuer le prestige de la cité de David[143].

Nous partageons avec Encel l'idée que les textes de Deutéronome 11.29 ; 27.1-13 et Josué 8.30-35 sont des textes non concluants pour la prééminence du mont Garizim comme lieu originellement choisi par YHWH pour le sanctuaire. Ces trois textes ne traitent pas la question d'une construction de temple. Il y est question du renouvellement de l'alliance à travers le sacrifice. Les patriarches y avaient tous bâti un autel et sacrifié à YHWH, mais ils n'avaient pas construit de temple à ces endroits (Gn 8.20 ; 13.4 ; 22.9 ; 26.26…). Certes il est question de renouvellement de l'alliance sur le mont Garizim, mais l'intention du texte n'est nullement d'indiquer une préférence divine pour le lieu de la construction d'un temple. D'ailleurs Deere, dans son commentaire sur le livre du « Deutéronome », affirme :

> Moïse avait alors expliqué les exigences générales de la loi de l'Éternel (chap. 5-11), ainsi que les détails spécifiques de cette loi (12.1-26.15). Tout au long de l'histoire d'Israël, il s'avérera nécessaire d'appeler la nation à renouveler son engagement à obéir aux termes de l'alliance. Ces renouvellements auront lieu à des moments importants de son histoire, comme lors des préparatifs pour entrer en Terre promise (chap. 27), lors de la dédicace du Temple de Salomon (1 R 8), et lors d'un changement de chef (Jos 24 ; 1 S 12)[144].

Cette rivalité entre Jérusalem et Garizim s'est traduite aussi dans l'utilisation de différents Pentateuques. Le Pentateuque Samaritain (PS) diffère du Texte Massorétique (TM) sur des milliers de points, mais, contrairement à ce qu'on pourrait supposer, très peu concernent la théologie ou des points ayant

---

143. ENCEL, *Temple et temples dans le judaïsme antique*, p. 227.
144. DEERE, « Deutéronome », col. 417.

des réelles implications[145]. La version samaritaine du Pentateuque fut publiée pour la première fois en 1632, et Jean Morin, de l'Observatoire de Paris, à qui elle fut confiée, déclara que ce document était bien supérieur au TM par sa clarté et la cohérence de sa langue[146]. Le texte samaritain semble emprunté au TM, mais également à d'autres versions[147]. Le but de la rédaction du PS est d'essayer de convaincre son adversaire de Jérusalem qu'il se trompe de lieu sacré, et de lieu de culte. Cette rivalité fut cependant vaine, car le Temple de Jérusalem prédomine toujours sur celui de Garizim.

Schmidt constate que, depuis le retour de l'exil, une théologie centrée sur le seul Temple de Jérusalem a fini par s'imposer à l'ensemble du judaïsme, celui de la Judée comme celui de la diaspora[148]. Après la conquête de Jean Hyrcan, le problème de découpage des administrations étrangères qui séparaient la Judée et la Samarie n'existait plus. En citant Purvis dans *The Samaritan Pentateuch and the Origin of the Samaritan Sect*, Schmidt écrit :

> En rasant le Temple de Garizim, le grand prêtre et ethnarque Jean Hyrcan se fit l'exécutant de l'antique programme deutéronomiste dont le sacerdoce de Jérusalem réclamait l'application stricte. Un seul et même Temple de Jérusalem, où se rendaient Judéens et Samaritains ? […] De l'échec de cette politique – les Samaritains refusant de se rallier au Temple de Jérusalem – date la séparation définitive des deux communautés. Chacune d'elles emportait avec elle-même la conviction de détenir l'authentique mémoire ancestrale, de se réclamer du seul sacerdoce dont la légitimité était confirmée par les généalogies, d'être seule en possession d'une Torah révélée et non d'une Torah falsifiée, en un mot d'appartenir au véritable Yahvisme[149].

À Éléphantine, à Léontopolis et au mont Garizim des Judéens étaient initiateurs ou du moins instigateurs d'une construction de temple ; parfois en tant que mercenaires, réfugiés ou hommes déçus. Cependant il y a aussi d'autres hommes qui ont connu une expérience sans temple. La communauté

---

145. Encel, *Temple et temples dans le judaïsme antique*, p. 230.
146. Baillet, « Samaritains », p. 772.
147. *Ibid.*, p. 769.
148. Schmidt, *La pensée du Temple de Jérusalem à Qoumrân*, p. 117.
149. *Ibid.*, p. 121.

de Qumran a vécu sans temple. Quelle était sa relation avec le Second Temple ou avec l'autorité perse ?

D. Vivre sans temple à Qumran

La question que nous posons est de savoir comment, à côté de l'attitude générale des Juifs attachant une grande importance au Temple, un groupe de Juifs a opté pour une vie sans temple. Schmidt a cette même préoccupation, quand il écrit :

> L'une des questions essentielles à l'intelligence de la Communauté de Qoumrân est celle de ses relations avec le Temple de Jérusalem. Pour les Qoumrâniens, le Temple de Jérusalem est souillé, le sacerdoce est illégitime, le calendrier lunaire fixant les temps sacrés et profanes est illégal. Aussi la communauté a-t-elle rompu avec le Temple : elle s'est séparée "du milieu de l'habitation des hommes pervers pour aller au désert". Mais comment rompre avec le Temple tout en continuant d'appliquer strictement les prescriptions d'une Loi centrée sur le Temple ? Comment, dans cet éloignement, continuer de distinguer le sacré du profane, le pur de l'impur ? Comment continuer à offrir des sacrifices[150] ?

Avant de proposer quelques réponses à ces questions, il est important de savoir ce qu'est la communauté de Qumran. Pour Collins, Qumran, également appelé Khirbet Qumran (« ruine de pierre »), est un lieu d'établissement juif dans la Palestine antique, près duquel furent découverts en 1947 les manuscrits de la mer Morte. Le site se trouve sur la rive nord-ouest de la mer Morte, à 13 km au sud de Jéricho. À l'époque du Christ, Qumran était le centre d'une grande communauté religieuse appartenant à la secte des Esséniens. Ceux-ci se séparèrent des autres courants religieux juifs au IIe siècle av. J.-C. Persécutés par les Maccabées, ils se retirèrent dans le désert, ce qui convenait à leur vie ascétique. Le site de Qumran, où ils vécurent nombreux, installés dans les grottes des falaises environnantes, fut probablement occupé vers 135 av. J.-C. Il fut temporairement abandonné après un tremblement

---

150. SCHMIDT, *La pensée du Temple de Jérusalem à Qoumrân*, p. 130.

de terre en 31 av. J.-C. et détruit par les Romains en 68 apr. J.-C. Il fut habité une dernière fois en 132-135 apr. J.-C. par les insurgés de la révolte de Bar Kochba[151].

Après la découverte des manuscrits, Qumran fut soigneusement fouillé de 1946 à 1956. Les archéologues purent identifier certaines salles qui avaient servi à l'étude et au culte, ainsi que d'autres où étaient sans doute pris les repas en commun, une grande pièce avec des encriers (peut-être le scriptorium où étaient copiés les manuscrits) et enfin des bassins pour les bains. Les fouilles révélèrent également un cimetière proche comprenant plus de 1 000 tombes[152]. Selon D. K. Falk, de manière générale on peut considérer comme des caractéristiques esséniennes les données des manuscrits de la mer Morte qui renforcent ou corrigent l'image provenant des sources classiques. Les Esséniens vivaient en différentes communautés réparties dans toute la Palestine, mais avaient une importante installation à Qumran.

> Une initiation était imposée à tous les membres potentiels : une période préparatoire d'étude et d'examen, suivie de deux années de formation durant lesquelles ils étaient intégrés par étapes à la communauté de biens et à la pureté des repas. Un serment solennel était alors prononcé. Les communautés étaient organisées selon une structure hiérarchique stricte, dominée par des prêtres et des anciens ; dans le domaine matériel et spirituel, la direction était assurée par des superviseurs, mais les fonctions judiciaires étaient exercées démocratiquement par un conseil de membres. Les biens étaient mis en commun, mais il était possible d'en garder une certaine part. Les repas étaient pris en commun (deux fois par jour selon Josèphe), après qu'un prêtre eut prononcé une prière. Les bains de purification étaient réservés aux membres ayant passé une année probatoire, et la purification était exigée avant les repas en commun, ainsi que dans les cas habituels d'impureté. *Les Esséniens se distinguaient des autorités du Temple dans le domaine de la pureté cultuelle, et semblent donc avoir limité, voire interrompu leur participation aux sacrifices.* Par souci de pureté, ils évitaient tout contact avec

---

151. J. J. Collins, « Apocalyptique », dans Jean-Yves Lacoste, sous dir., *DCT*, p. 69.
152. *Ibid.*

de l'huile, isolaient les excréments à l'écart de la communauté et interdisaient le crachat au sein d'un groupe. Les règles sabbatiques étaient pratiquées de manière particulièrement stricte. Josèphe rapporte qu'ils priaient en direction du soleil ; cela ne signifie probablement pas qu'ils adoraient le soleil, mais plutôt qu'ils pratiquaient la prière quotidienne communautaire au lever du soleil (Josèphe ; manuscrits de la mer Morte) et à son coucher (manuscrits de la mer Morte). Josèphe mentionne aussi qu'ils croyaient au « destin » et à l'immortalité de l'âme, mais il voulait probablement exprimer par-là [sic] à un lectorat grec le déterminisme et (probablement) la vie après la mort dont témoignent les manuscrits de la mer Morte. Les Esséniens préservaient soigneusement certaines connaissances ésotériques, dont des noms angéliques. Ils méprisaient la richesse, influence corruptrice. Ils se consacraient à l'étude des écrits sacrés. Les transgressions de la Loi de Moïse et des règles de la communauté étaient sévèrement punies par des amendes ou l'expulsion. Contrairement à ce qu'on croit généralement, il n'est pas certain que la majorité des Esséniens aient été célibataires ou qu'ils se soient complètement abstenus de toute participation au culte du Temple[153].

Nous constatons une contradiction entre Schmidt et Falk sur la question de la participation des Esséniens au culte du Temple. Pour le premier c'était la rupture de la communauté avec le Temple, car « le Temple de Jérusalem est souillé, le sacerdoce est illégitime ». Le second auteur soutient plutôt que : « Contrairement à ce qu'on croit généralement, il n'est pas certain que la majorité des Esséniens se soient complètement abstenus de toute participation au culte du Temple. » Que ce soit une rupture « partielle » ou « totale » avec le Temple, nous voyons en tout cas que les Esséniens inaugurent un nouveau courant de vie sans temple, nouveau depuis la construction de sanctuaire par Salomon. Ce ne sont pas des contraintes de « destruction » qui les obligent à vivre sans temple, c'est au contraire une nouvelle idéologie de vie, une autre vision de l'adoration de YHWH fondée sur la « pureté et la sainteté » d'une relation avec Dieu.

---

153. D. K. Falk, « Esséniens », dans *GDB*, p. 553. Italiques ajoutés.

Comme Schmidt, Gärtner soutient, dans les années 1960, que l'organisation de la communauté essénienne est hiérarchisée et « calquée sur celle des prêtres en service au Temple ». Cette organisation constitue en elle-même un « Nouveau Temple », qui se substitue à l'ancien. Mais il s'agit cette fois d'un « sanctuaire d'homme », c'est-à-dire non d'un édifice de pierres, mais d'un temple « bâti en hommes », constitué par les membres eux-mêmes de la Communauté de la « Nouvelle Alliance ». Un temple spirituel où les prières et l'exacte pratique de la Loi remplaceraient définitivement les sacrifices sanglants abolis[154].

Schmidt rejette cette conception d'un « temple spirituel » chez les Esséniens et affirme que l'organisation de la communauté essénienne suit le « modèle du camp du désert » dans l'Exode. Il écrit que les Esséniens se « séparent du milieu de l'habitation des hommes pervers pour aller au désert. Ce thème du désert, repris des prophètes (Os 2.16 ; Ez 20.35-36), introduit l'idée d'un retour aux origines, d'un recommencement comme condition de l'établissement d'une « Nouvelle Alliance ».

Cependant, même si Schmidt déclare que cette « théorie de la spiritualisation » du temple chez les Esséniens a subi les critiques de Renan et de bien d'autres chercheurs, nous pensons qu'il s'oppose seulement aux expressions « Nouveau Temple » et « Nouvelle Alliance », qui sont toutes deux des conceptions théologiquement acceptables. Aucun texte issu de cette communauté ne soutient que l'organisation de leur société soit issue d'un « modèle du camp de désert ». Peut-être les Esséniens, informés du sanctuaire du prophète Ézéchiel, voulaient expérimenter cette réalité. En effet, objet d'une vision, le temple dit d'Ézéchiel n'a jamais été construit. Les chapitres 40-45 de ce livre d'Ézéchiel expriment une vision d'Israël restauré, celle du Temple relevé de ses ruines. L'accent est mis avant tout sur l'idée de la sainteté rituelle. Alors qu'à Jérusalem le Temple et le palais étaient si étroitement rapprochés, avec Ézéchiel, le sanctuaire forme un tout, isolé et distinct non seulement du palais mais de la ville tout entière (40.6-16). Dès lors que tout espace compris dans l'enceinte du Temple est devenu « très saint » (43.12), la coupure est absolue entre clercs et laïcs, entre pur et impur. Plus rien de souillé, plus rien de profane ne pourra entrer au contact du Dieu saint.

---

154. Schmidt, *La pensée du Temple de Jérusalem à Qoumrân*, p. 131.

Cette vision se termine par un symbole significatif. Du Temple relevé allait jaillir cette source d'eau vive, si abondante qu'elle formerait un torrent, qui par la vallée du Cédron arriverait à la mer Morte, dont les eaux redeviendraient saines (45.1-12). Le rapprochement de la communauté de Qumran vers la mer Morte ne pouvait-il pas justifier la « théorie spirituelle » du temple chez les Esséniens ? D'ailleurs, en faisant la comparaison entre le Temple d'Ézéchiel et celui des Qumrâniens (qui n'existait pas physiquement !), Schmidt souligne : « Les prêtres-architectes [de Qumran] ont donc conçu le plan du Temple futur en prenant en partie pour modèle celui du Temple d'Ézéchiel[155]. » C'est pourquoi nous partageons avec Falk cette assertion :

> Bien que les Esséniens ne soient pas mentionnés dans le N.T., l'examen de leur mouvement apporte un éclairage utile à l'étude des premiers temps du christianisme, à cause des nombreuses similitudes qui existaient entre les deux groupes (p. ex. l'organisation et les fonctions, les repas communautaires, la mise en commun des biens, la restriction des bains de purification à ceux qui étaient passés par l'instruction et la repentance). Certains ont suggéré que les deux groupes n'en formaient qu'un seul, mais ils n'ont pas pu démontrer leur hypothèse ; de même, l'idée selon laquelle les deux groupes habitaient dans un même quartier de Jérusalem relève de la spéculation[156].

Nous ne soutenons pas le fait « suggéré par certains [...] que les deux groupes [chrétien et essénien] n'en formaient qu'un seul ». Mais la notion d'un « temple spirituel » se retrouve dans le N.T. Les chrétiens sont des oints et chacun est comparé, entre autres, à un « temple ». Cette comparaison est appropriée, parce que l'Esprit de Dieu habite au sein de l'Église (l'Église rachetée, et non un bâtiment). De plus, l'apôtre Pierre parle de ceux-ci comme étant des « pierres vivantes » en train d'être « bâties en maison spirituelle, pour une sainte prêtrise » (1 P 2.5). Puisque ces prêtres sont « la construction de Dieu », Dieu ne voudrait pas que ce temple spirituel subisse la souillure. Soulignant la sainteté de ce temple spirituel et le danger auquel s'expose celui qui essaie de le souiller, l'apôtre Paul écrit : « Ne savez-vous pas que vous

---

155. Ibid., p. 176.
156. Falk, « Esséniens », p. 553-554.

êtes le temple de Dieu, et que l'Esprit de Dieu habite en vous ? Si quelqu'un détruit le temple de Dieu, Dieu le détruira ; car le temple de Dieu est saint, et ce temple, c'est ce que vous êtes » (1 Co 3.9, 16-17 ; 2 Co 6.16).

Les Esséniens, par leur loi de la pureté et de l'impureté, du sacré et du profane, avaient su se passer du temple construit pour vivre sans temple. Même si nous soutenons que la pensée du temple à Qumran est beaucoup plus spirituelle et semble être soutenue par la vision du temple chez le prophète Ézéchiel, une question reste à élucider : Quelle relation existait-il entre le Second Temple et la communauté de Qumran ? En d'autres termes, comment le grand prêtre de Jérusalem acceptait-il qu'une partie des Juifs vive en dehors de l'institution du Temple ? La persécution des Maccabées contre les Esséniens faisait-elle suite à ce refus de l'institution du Temple, considéré comme souillé par les Esséniens ?

Schmidt répond à ces préoccupations dans son livre : « Depuis la publication du Rouleau du Temple […] par Yigael Yadin, le problème des relations entre la communauté de Qoumrân et le Temple ne se pose plus comme avant. Ce document se présente comme une loi, une Torah, révélée par Dieu à Moïse au Sinaï[157]. » La pensée du Temple que la communauté qumrânienne met en pratique sans le Temple, c'est l'observation de la loi telle qu'elle a été prescrite par Dieu à Moïse. Les prêtres de Jérusalem et les gens de Qumran se réclament d'une même loi. Cependant, au sujet des sacrifices, Schmidt reprend sa polémique avec Gärtner quant à la théorie spirituelle du temple qumrânien en écrivant :

> En soutenant que les sacrifices ont définitivement cessé pour la Communauté de Qoumrân, en faisant d'elle un avant-coureur des premières communautés chrétiennes, qui n'offriront plus que des sacrifices « en pensée », la théorie de spiritualisme, illustrée par les travaux de Gärtner, présente la rupture de Qoumrân avec le Temple comme une rupture définitive. Le Temple du *Rouleau* montre qu'il n'en est rien. La Communauté ne sera pas *pour toujours* une Communauté-Sanctuaire, un « Temple-d'homme » au milieu de laquelle réside la Présence divine en compagnie de

---

157. Schmidt, *La pensée du Temple de Jérusalem à Qoumrân*, p. 158.

Ses anges. Viendra un jour [...] où ce « Temple-d'homme » sera remplacé par un Temple *bâti des mains d'hommes*[158].

Cette réponse est orientée, semble-t-il, vers une non-reconnaissance des origines chrétiennes de la communauté qumrânienne. Schmidt donne une réponse ambiguë à la question des sacrifices pendant cette période transitoire. Les Qumrâniens offraient-ils ou non des sacrifices au Temple de Jérusalem, ou sacrifiaient-ils entre eux ? Schmidt reconnaît qu'à ces questions, « les qoumrânologues ont apporté des réponses aussi diverses que contradictoires[159]... ». Effectivement, Paul souligne la même difficulté quand il écrit que la structure de la société juive à la fin de la période du Second Temple était plus complexe que la division en trois groupes (Esséniens, Pharisiens et Sadducéens) proposée par Josèphe. Plusieurs mouvements plus ou moins sectaires cohabitaient, tout en se divisant sur l'interprétation de la Torah et sur la manière de réagir face à l'hellénisation[160].

Blachetière a une position radicale sur la question de la continuité ou de la rupture de Qumran avec les sacrifices du Temple. Pour lui : « Les Esséniens sont d'abord et avant tout des Juifs de stricte observance, partageant toutes les idées que l'on retrouve dans les Écritures, observant les *mitzvot*, même s'ils ont rompu avec le culte sacrificiel du Temple[161]. » C'est pourquoi, pour soutenir les racines qumrâniennes du christianisme, il ajoute : « ...l'attente des derniers jours et la venue d'un ou de deux messies, la croyance dans le libre arbitre, la résurrection des morts, la rétribution finale, le rejet de l'utilisation de l'huile parce qu'impure, la rupture avec le culte sacrificiel du Temple (Manuel du disciple 9.4-5ss)[162] », sont les principales convictions de ce groupe qui le rapproche du christianisme.

Nous pensons que si la communauté de Qumran a été victime de la persécution à l'époque des Maccabées, l'une des raisons peut être leur rupture avec le Temple de Jérusalem. Car Judah, troisième fils et successeur de Mattathias, battit les forces syriennes lors d'une série de batailles (166-165 av. J.-C.). En

---

158. *Ibid.*, p. 185.
159. *Ibid.*
160. A. Paul, *Les mouvements baptistes*, http://www.clio.fr, consulté le 18 août 2017.
161. F. Blachetière, *Enquête sur les racines juives du mouvement chrétien*, Paris, Cerf, 2001, p. 45.
162. *Ibid.*, p. 45-46.

165 av. J.-C., il mena son armée jusqu'à Jérusalem, reprit le Temple, qui avait servi aux rites grecs durant les trois années précédentes, et après une cérémonie de purification, il restaura les rites juifs. Cette purification et restauration sont célébrées chaque année par la fête juive de Hanoukah[163]. Si après la purification du Second Temple par Judah les Esséniens continuèrent de considérer le Temple comme impur, ne pourraient-ils pas être cibles d'une persécution des autorités du Temple ? Faute de sources, nous ne voulons pas spéculer sur cette préoccupation qui semble cependant légitime.

Conclusion

Nous avons procédé à une approche historique de l'existence des temples juifs dans les contextes du Proche-Orient et de l'Afrique. Ce chapitre nous a aidés à comprendre que le peuple israélite a connu deux expériences de Temple : celui de Salomon et celui du Zorobabel, qu'on appelle aussi le Second Temple. Hérode n'a fait que des travaux de réfection avec une visée purement politique. Il ne serait donc pas juste, à notre avis, de l'appeler le Temple d'Hérode. Les adjectifs numéraux « premier » et « second » se rattachent à la destruction du Temple de Jérusalem.

D'autres Judéens en dehors de la « terre sainte » (précisément en Égypte) avaient construit des sanctuaires à l'exemple de celui de Jérusalem. Cependant ces sanctuaires véhiculaient de l'idolâtrie et du syncrétisme, ce qui a occasionné le silence de Jérusalem vis-à-vis des autorités de ces sanctuaires. En revanche, un autre temple construit sur le mont Garizim n'a suscité que de la rivalité entre Juifs et Samaritains.

L'esplanade du Temple de Jérusalem est aujourd'hui l'endroit le plus convoité et suscite pour certains Juifs contemporains l'espérance de la construction d'un « troisième Temple ». Mais depuis la destruction du Second Temple, la ville de Jérusalem est privée de sacrifices. Or, durant la période du Second Temple, une communauté juive (les Qumrâniens) a déjà eu l'expérience de la vie sans temple, du moins une expérience « spirituelle du Temple ».

La découverte de ce premier chapitre est l'existence d'autres temples juifs dont la Bible ne fait pas mention, à côté des deux Temples de Jérusalem

---

163. J. J. COLLINS, « Apocalyptique », dans *DCT*, p. 69.

dont la Bible se fait l'écho. Même si le N.T. fait parfois allusion au temple du mont Garizim, rien n'est cependant dit dans la Bible concernant les temples d'Éléphantine et de Léontopolis. Même si ces temples ne sont pas « orthodoxes » et les participants n'y adoraient pas vraiment YHWH, leur existence a été soutenue par un certain nombre de Juifs qui connaissaient bien la loi mosaïque. Une autre nouveauté de ce chapitre est que même en présence du Temple, la communauté de Qumram expérimentait déjà l'expérience d'une vie sans temple. Considérant le Second Temple comme un lieu « souillé », les Qumrâniens menaient une vie religieuse indépendamment des activités du Second Temple. L'autre particularité, dans ce chapitre, est l'espoir de la construction d'un troisième Temple à Jérusalem. La nostalgie du Second Temple reste vivante parmi les Israélites modernes. Une préparation à cette éventuelle construction s'active et influence les relations diplomatiques aujourd'hui. Le lecteur non averti de la Bible ne peut bien cerner la question des temples d'Éléphantine et de Léontopolis, la vie sans temple chez les Qumrâniens et l'espoir de la construction d'un troisième temple.

À ce stade de la recherche, la question est de savoir quel était le statut des correspondances officielles dans le livre d'Esdras. En d'autres termes, peut-on se fier aux écrits administratifs que l'auteur du livre d'Esdras utilise pour étudier l'imaginaire ou le rôle du Second Temple à l'époque perse ?

Dans le deuxième chapitre, nous allons nous arrêter sur la question du statut des correspondances dans les six premiers chapitres du livre d'Esdras. On mettra donc en exergue l'héritage des travaux de Meyer depuis 1896 jusqu'à la table ronde du 18 novembre 1995 sur « Le bilinguisme dans le Proche-Orient ancien ». L'héritage de cette table ronde nous permet de nous situer sur le « bilinguisme dans le livre d'Esdras », pour nous orienter vers une « écriture hybride » des correspondances officielles.

CHAPITRE 2

Correspondances officielles dans Esdras : du bilinguisme à une « écriture hybride »

Introduction

Le statut des correspondances officielles dans le livre d'Esdras a fait l'objet de nombreuses discussions parmi les critiques de l'A.T. Plusieurs de ces critiques au XIXe siècle ont rejeté l'authenticité de ces lettres et ont parfois considéré que ces correspondances venaient d'un milieu postérieur à la rédaction du livre d'Esdras. Les travaux de Meyer ont redonné leur crédibilité à ces correspondances et reconnaissent qu'elles font partie intégrante de la production de l'auteur du livre.

Dans ce chapitre, nous n'allons pas nous appesantir sur l'authenticité des correspondances officielles, mais plutôt sur le style que l'auteur utilise pour mélanger deux langues dans un même écrit. Ce procédé permet de confirmer les présupposés de l'analyse rhétorique selon laquelle « les textes bibliques, malgré les incidents de leur transmission manuscrite […] ont été composés avec grand soin[1] ».

Le livre d'Esdras renferme, en lui seul, plus d'une dizaine de textes qui renvoient à une forme de communication administrative. Joseph, se fondant

---

1. Decoppet, « L'Analyse rhétorique de Roland Meynet. Une étude pour comprendre la Bible ? », *Hokma* n° 91, 2007, p. 6.

sur le vocabulaire spécifique du livre d'Esdras, qualifie ces correspondances de « multiformes et omniprésentes[2] ». Il précise les diverses formes de textes et identifie ainsi l'édit (Esd 1.1), le mémorandum (6.3), le registre (2.62), les lettres (4.7), le livre (6.18), l'ordonnance (3.10), la copie (4.11), le coutumier (3.4), l'autorisation (3.7), l'accusation (4.6), le mémoire (4.15), le décret (4.17), l'écrit (3.4), l'ordre (4.19), le rouleau (6.2) et l'archive (6.1)[3]. De plus, le fait que l'auteur de ce livre d'Esdras, qui écrit principalement en hébreu, introduit des textes en araméen (4.8-24 ; 5.1-18 ; 6.1-22 ; 7.1-28), sans les traduire dans la langue de la rédaction, pose un problème du point de vue de la stylistique.

Ces deux constats (introduire des correspondances et ne pas les traduire) nous amènent à analyser le statut des « correspondances officielles » dans la structure et la composition du livre d'Esdras. L'expression « correspondances officielles » est pour nous une manière de qualifier ou d'identifier les pièces (édit, lettres, décret, ordre ou archive) plus ou moins mobiles entre les personnages du livre d'Esdras qui entretiennent entre eux des relations officielles et non privées. Nous reviendrons sur cette appellation tout au long de ce travail.

L'une des préoccupations des auteurs, quand ils présentent le livre d'Esdras, est de s'interroger sur le « bilinguisme » de ce livre, étant donné le statut de ces textes officiels. Cette question de mosaïque de langues a été prise en compte lors de la 4e table ronde organisée par l'Institut d'études sémitiques, le 18 novembre 1995 à Paris. À partir du thème de cette table ronde, « Le bilinguisme dans le Proche-Orient ancien », A. Serandour a traité le sujet « Remarques sur le bilinguisme dans le livre d'Esdras[4] ».

L'évaluation des positions des spécialistes du livre d'Esdras-Néhémie doit nous aider à répondre à certaines préoccupations, telles que : Les pièces (documents) intégrées dans la rédaction de ce livre sont-elles fiables ? Si la réponse est oui, quelle est la valeur littéraire de ces documents dans la composition du livre d'Esdras ? Comment peut-on apprécier ce phénomène du « bilinguisme » en rapport avec les présupposés de l'analyse rhétorique ? Le bilinguisme de l'auteur peut-il être qualifié d'« écriture hybride » dans

---

2. D. JOSEPH, « Raconter l'Histoire avec les documents. Mise en intrigue de l'écrit dans le livre d'Esdras », *Nouvelle revue théologique* 134/4, 2012, p. 533.
3. *Ibid.*
4. A. SERANDOUR, « Remarques sur le bilinguisme dans le livre d'Esdras », dans Françoise BRIQUEL-CHATONNET, sous dir., *Mosaïque de langues, mosaïque culturelle : le bilinguisme dans le Proche-Orient ancien*, Paris, J. Maisonneuve, 1996, p. 131-144.

laquelle deux langues fonctionnent d'une manière autonome dans un même texte qu'est le livre d'Esdras ?

Pour répondre à ces questions, nous présentons d'abord les positions des critiques bibliques vis-à-vis de ces textes officiels. Ensuite, nous verrons l'essor des correspondances à l'époque perse. Enfin, une brève présentation d'« écriture hybride » des correspondances au sujet du Second Temple nous permettra de délimiter le champ de l'analyse rhétorique.

I. Positions des critiques de la Bible vis-à-vis des correspondances officielles dans le livre d'Esdras-Néhémie

Le livre d'Esdras-Néhémie[5] fait partie des livres difficilement ou tardivement acceptés dans le canon juif. Cette difficulté s'explique pour les uns par le fait que son auteur ne se situe pas dans la lignée des prophètes de l'A.T., et pour les autres par le fait que le livre a fait l'objet de nombreuses critiques, non à cause du contenu, mais plutôt de sa forme[6]. L'un des arguments contre le livre d'Esdras-Néhémie met en cause des documents ou textes officiels dans ce livre. Ces documents posent un certain nombre de problèmes d'authenticité qu'il faut évoquer dans ce chapitre. Pour présenter ces différentes positions, nous allons d'abord récapituler la position de critiques de la Bible au XIXe siècle, pour exposer ensuite le résultat des travaux de Meyer en 1896, et enfin nous concluons avec une position influencée par les présupposés de l'analyse rhétorique.

A. Positions des critiques au XIXe siècle sur le livre d'Esdras-Néhémie

Au XIXe siècle, l'école de la « critique des sources » cherche à déceler la présence des sources derrière un texte. La « critique de la rédaction », qui

---

5. Dans la Bible, les livres d'Esdras et Néhémie se présentent sous la forme de deux écrits distincts. À l'origine ils ne formaient cependant qu'une seule œuvre, d'où le titre d'Esdras-Néhémie. C'est en tant que tels que nous allons voir la question des sources. Cf. B. E. KELLY, « Esdras-Néhémie », dans T. D. ALEXANDER et Brian S. ROSNER, sous dir., *Dictionnaire de la théologie biblique*, Charols, Excelsis, 2006, p. 215.
6. A. LODS, *Histoire de la littérature hébraïque et juive. Depuis les origines jusqu'à la ruine de l'État juif*, Paris, Slatkine, 1982, p. 1017.

s'intéresse à la manière dont le texte a été confectionné, à partir des matériaux préexistants, fait écho à cette méthode. Lods affirme que « [ve]rs la fin du XIXe siècle, il était généralement admis dans le monde savant que l'authenticité de ces pièces était fort douteuse, sinon absolument rejetée » dans le livre d'Esdras. Lods appuie ses arguments sur les travaux des quatre critiques bibliques, à savoir : Nöldeke, Gratz, Stade et Kuenen.

Dès 1884, Nöldeke « considérait le firman d'Artaxerxès (Esd 7.2-20) comme un faux grossier[7] ». Pour lui, « [i]l faut attribuer une valeur beaucoup moindre à un autre document écrit en langue araméenne qui raconte le rétablissement du Temple et la reconstruction des murs de Jérusalem[8] ». Il ajoute que l'auteur du livre Esdras-Néhémie avait commis « de graves erreurs en confondant [...] et en interprétant des lettres qui se rapportent à la construction des murs, comme si elles concernaient la construction du Temple. Il cite encore d'autres pièces qui sans aucun doute sont fausses[9] ». Il est juste de poser la question de savoir pourquoi Nöldeke se concentre uniquement sur l'édit d'Artaxerxès, alors qu'il y a aussi l'édit de Cyrus en Esdras 1. Est-il possible qu'un écrivain (comme celui du livre d'Esdras), dans le contexte de l'Empire, produise des faux documents au nom du roi ? Quelles sont les preuves qui confirment la non-authenticité de ces pièces ?

Dans la même période, un compatriote de Nöldeke, Grätz, exégète audacieux dans la correction des Textes Massorétiques (TM), rejetait carrément l'authenticité des correspondances avec Darius et Artaxerxès (Esd 4-6). Il faut encore ajouter la position de Kuenen dans *Les origines du texte massorétique*[10] *de l'Ancien Testament* qui pensait que l'auteur du livre d'Esdras-Néhémie avait retouché ses textes avant de les utiliser[11].

L'argument de Nöldeke devrait être nuancé quant à son appréciation de ces pièces ou de ces documents dans le livre d'Esdras-Néhémie. Il mélange la question de l'authenticité des documents avec les pensées de l'auteur. Certes,

---

7. *Ibid.*, p. 540.
8. T. Nöldeke, *Histoire littéraire de l'Ancien Testament*, trad. de l'allemand par Hartwing Derenbourg et Jules Soury, Paris, Sandor et Fischbacher, 1973, p. 89.
9. Lods, *Histoire de la littérature hébraïque et juive*, p. 540.
10. Nous respectons ici le titre du livre, même si aujourd'hui « massorétique » s'écrit sans un « h » après le « t ».
11. A. Kuenen, *Les origines du texte massorétique de l'Ancien Testament. Examen critique d'une récente hypothèse*, trad. du néerlandais par A. Carriere Paris, Ernest Leroux, 1975, p. 25.

à la première lecture, on peut se demander pourquoi l'auteur de ce livre insère une lettre concernant la construction du mur au moment où il parle de la reconstruction du Second Temple. Or, en rapport avec l'opposition à la reconstruction, l'auteur d'Esdras-Néhémie présente en même temps l'opposition à laquelle le peuple avait fait face lors des deux reconstructions (Temple et mur) en dépit de l'autorisation de l'administration perse. Dans ce sens, Hoonacker affirme :

> Le rédacteur, voulant rattacher à l'histoire des difficultés suscitées contre l'œuvre du Temple, celle des obstacles analogues et de même origine que rencontra plus tard la reconstruction des murs de la ville, se borna au v. 5 à avertir le lecteur que pour le Temple les difficultés en question durèrent jusqu'au règne de Darius […] Avant d'insérer des documents, il se donnait sans doute la peine de les lire[12]…

Dès 1892 Hoonacker avait soutenu une thèse contraire à Nöldeke. Sa démarche était une réponse à la thèse du lauréat du prix de l'Académie des inscriptions et belles lettres. Pour lui, la composition et l'origine des six premiers chapitres du livre d'Esdras ne posaient pas de problème. Hoonacker évoqua cinq raisons qui soutiennent une composition logique de ces six premiers chapitres. Il est convenu de présenter ici l'argumentation de cet auteur pour voir l'évolution dans la controverse sur l'authenticité des documents dans Esdras. Hoonacker développe cinq arguments :

1. Esdras 1, 3 et 4 « renferment des indices non équivoques d'origine araméenne[13] », et « la démarche que font les Samaritains auprès de Zorobabel, au ch. IV v. 1s., montre bien le culte ou la vénération que cette population mixte professait à l'égard du sanctuaire du Dieu du pays[14] ».
2. Esdras 5.1 « ne forme pas le commencement d'un récit […] Nous ne pouvons admettre en aucune manière que ce verset soit une transition intercalée par le rédacteur, afin de rattacher le récit du

---

12. A. Van Hoonacker, *Zorobabel et le second temple : étude sur la chronologie des six premiers chapitres du livre d'Esdras*, Louvain, H. Engelcke, 1892, p. 113-114, 118.
13. *Ibid.*, p. 104.
14. *Ibid.*, p. 107.

ch. IV¹⁵ ». Ce verset fournit « la preuve en quelque sorte matérielle de l'origine araméenne d[u] [...] récit sur la fondation du Temple : un débris intact du texte primitif enchâssé au milieu de la version hébraïque !¹⁶ ».

3. « Il y a de graves raisons de croire que les premiers chapitres du livre d'*Esdras*, où se trouve exposée l'histoire de la première émigration et de la fondation du Temple, sont de la même main que les chapitres V-VI 1-18¹⁷ ». Van Hoonacker ajoute que « Néhémie a trouvé dans le récit araméen le document renfermant la liste des émigrants, qu'il l'a traduit en hébreu pour l'insérer dans ses mémoires et qu'il lui a également emprunté la transition au récit sur l'assemblée du 7ᵉ mois¹⁸ ».

4. Esdras 4.6-23 « n'a pas la même origine que les deux chapitres suivants [...] le contenu des lettres est annoncé d'une manière différente [...] la missive à Artaxerxès est écrite sur un ton impérieux pour le roi et hostile aux Juifs, que ne revêt en aucune manière le rapport de Tattenaï et Schethar-Bozenaï¹⁹ ».

5. Esdras 5.1 et 4, « il est manifeste qu'à s'en tenir au texte actuel, l'auteur se présente comme ayant été témoin des événements ; il y a pris part [...] A-t-on le droit d'alléguer ici une altération du texte primitif ?²⁰ ».

De ces cinq arguments, Hoonacker conclut :

> Il a existé primitivement un récit araméen comprenant l'histoire de l'émigration sous Cyrus et de la reconstruction du Temple. Ce récit datait de l'époque même de Zorobabel. – Plus tard on a également rédigé en araméen une relation des difficultés que rencontra sous Xerxès et Artaxerxés I le relèvement des murs de la ville [...] À l'aide de ces documents un auteur s'est proposé d'écrire une histoire suivie de la communauté juive à l'époque

---

15. *Ibid.*, p. 107-108.
16. *Ibid.*
17. *Ibid.*, p. 108.
18. *Ibid.*, p. 109.
19. *Ibid.*, p. 111.
20. *Ibid.*, p. 112.

de la restauration. Les affinités de style et de langage montrent que cet écrivain fut le même qui rédigea, au moyen de leurs mémoires authentiques, l'histoire d'Esdras et de Néhémie, à savoir l'auteur du livre de Chroniques[21].

Il faut remarquer une évolution majeure avec la thèse de Hoonacker. Il atteste l'originalité araméenne de plusieurs correspondances officielles, même si, selon lui, Esdras 4.6-23 ne semble pas être authentique. Mais il nous paraît difficile d'accepter la préexistence d'un texte araméen du chapitre un à six, que l'auteur d'Esdras-Néhémie aurait utilisé comme base de sa rédaction. Même si Van Hoonacker écrit : « Nous savons que le témoignage formel du 2ᵉ livre des *Maccabées* (II 13), que sous Néhémie, c'est-à-dire sous le règne d'Artaxerxès II, on s'occupa de recueillir divers documents vénérables et entre autres les décrets royaux touchant les affaires des Juifs[22] » ; cela ne prouve pas l'existence d'un texte antérieur à celui d'Esdras 1-6.

Toutes ces objections sur l'authenticité de ces correspondances officielles tendent à discréditer la valeur stylistique de l'auteur du livre d'Esdras. D'ailleurs les questions d'introduction à ce livre, à savoir celles de l'auteur et de la date de la rédaction, de la composition littéraire, de la date de la mission d'Esdras et de Néhémie, de la dissémination des mémoires d'Esdras dans ceux de Néhémie, continuent de faire couler de l'encre jusqu'à nos jours. Lods remarquait, de manière justifiée, un préjugé chez les critiques de la Bible au XIXᵉ siècle : « L'opinion dominante était que les historiographes juifs avaient composé ces lettres comme les historiens grecs et latins composaient en toute tranquillité de conscience les discours qu'avaient dû prononcer et les lettres qu'avaient dû écrire les personnages dont ils parlaient[23]. »

Même au XXIᵉ siècle, cette prise de position contre l'authenticité de ces correspondances demeure forte. Liverani, dans *La Bible et l'intervention de l'histoire*, a déclaré au sujet de l'édit de Cyrus qu'il « est certainement faux, comme l'indique l'analyse de la forme et les anachronismes[24] ». Mais il ne précise pas en quoi l'édit de Cyrus serait « faux ». On se demande aussi si

---

21. *Ibid.*, p. 112-113.
22. *Ibid.*, p. 113.
23. Lods, *Histoire de la littérature hébraïque et juive*, p. 540.
24. M. Liverani, *La Bible et l'invention de l'histoire*, trad. De l'italien par Viviane Durant, Montrouge, Bayard, 2008, p. 342.

l'anachronisme suffit à lui seul pour dévaloriser un texte qui pouvait avoir un style et une structure interne originaux.

Il y a une évolution majeure dans les positions sur les documents officiels du livre d'Esdras-Néhémie depuis la fin du XIXe siècle avec les travaux de Meyer, qui fera l'objet de la section suivante. Cependant, au XXe siècle, Bickerman souligne que l'édit de Cyrus est authentique, mais la forme actuelle a été éditée. Pour lui le décret en Esdras 1 est une « proclamation royale adressée aux Juifs et publiée par des hérauts en tous lieux et dans de nombreuses langues, dont l'hébreu[25] ». Cette position de Bickerman est devenue une base sur laquelle d'autres critiques du XXIe siècle vont établir leur argumentation. Mais déjà à la fin du XXe siècle Marcus affirme qu'il y a de bonnes raisons de croire qu'à l'origine le livre entier d'Esdras a été écrit en araméen et a été traduit par la suite en hébreu[26].

Abadie, dans l'*Introduction à l'Ancien Testament* dirigée par Römer en 2009, dans le chapitre intitulé « Esdras-Néhémie », affirme que les correspondances officielles sont utilisées par les autorités perses comme une « littérature de propagande[27] ». Il ajoute aussi que le décret araméen permettant la construction du Temple est « substantiellement authentique à la différence de l'hébreu[28] ». Même si Abadie doutait de l'édit de Cyrus dans sa version hébraïque, il défend quand même l'authenticité et la pratique de ces textes dans l'administration perse. Revenons un peu sur la question de l'authenticité de ces documents parmi les critiques du XXe siècle.

Grabbe évoque en 1994 cette possibilité de comprendre les documents officiels comme des textes authentiques, quand il affirme qu'Esdras 6.3-5 est une transcription officielle des archives impériales et qu'Esdras 1.2-4 est comme un « décret oral » formulé en langue locale[29]. Cette déclaration avait influencé, semble-t-il, celle d'Abadie en 2009. Il convient de remarquer que, selon Grabbe et Abadie, il existe deux modes de communication dans

---

25. E. J. Bickerman, « The Edict of Cyrus in Ezra », dans *Studies in Jewish and Christian History*, t. 1, Leyde, Brill, 1976, p. 79.
26. D. Marcus, « Aramaic Mnemonics in Codex Leningradensis », dans TC : *A Journal of Biblical Textual Criticism* 4, 1999, p. 109.
27. P. Abadie, « Esdras-Néhémie », dans Thomas Römer *et al.*, sous dir., *Introduction à l'Ancien Testament*, Genève, Labor et Fides, 2009, p. 707.
28. *Ibid.*
29. L. L. Grabbe, *Judaism from Cyrus to Hadriam*, Londres, SCM Press, 1994, p. 34-35.

l'administration perse : d'une part les documents écrits en araméen et archivés, et d'autre part diverses déclarations venant de certains officiers. C'est dans ce contexte que Williamson juge que l'édit de Cyrus en araméen, au chapitre six, est une version originale du décret archivé dans l'administration perse et celui du chapitre deux fait partie des proclamations des hérauts, ce qui est une pratique dans tout le royaume[30]. Noth a analysé, lui aussi, le style de l'auteur du livre d'Esdras et affirme que c'est le « chroniste » même qui a rédigé de manière libre l'édit d'Esdras 1 en suivant celui du chapitre six[31].

Loin de tirer une conclusion hâtive, Schmid affirme que la théorie de l'autorisation impériale perse d'une lecture publique de la Torah est devenue l'une des hypothèses les plus admises dans la recherche sur l'A.T. au cours des vingt dernières années. Cette théorie a été principalement associée au nom de Frei. Mais il est important de reconnaître qu'elle a été indépendamment formulée par Blum au milieu des années 1980, bien qu'il n'ait pas publié les résultats avant qu'en 1990 son disciple Frei ait pu « inventer » cette théorie. Or celle-ci avait déjà été proposée plus tôt par Meyer en 1896, disant que les correspondances dans Esdras sont authentiques[32]. On remarque déjà une évolution dans l'appréciation des documents officiels dans le livre d'Esdras, contrairement aux critiques négatives de la fin du XIXe siècle. Mais en quoi les travaux pionniers de Meyer sont-ils déterminants dans la reconnaissance de ces lettres comme des documents authentiques ?

B. Travaux d'Édouard Meyer

Les travaux de Meyer en 1896 se sont démarqués de la logique du XIXe siècle, influencés par le raisonnement de la critique des sources. Meyer milite pour l'authenticité des documents dans le livre d'Esdras-Néhémie. Pour Lods, les « conclusions [de Meyer] ont été confirmées sur certains points de la façon la plus intéressante par les papyrus du Ve siècle avant J.-C., découverts à

---

30. H. G. M. WILLIAMSON, « Ezra, Nehemiah », dans *World Biblical Commentary*, Waco, Texas, Word Books, 1985, p. 6.
31. M. NOTH, *The Chronicler's History*, trad. De l'anglais par H. G. M. WILLIAMSON, vol. 50, Sheffield, JSOT Press, 1987, p. 62.
32. K. SCHMID, « The Persian Imperial Authorization as a Historical Problem and as a Biblical Construct: A Plea for Distinctions in the Current Debate », dans G. N. KNOPPERS et B. M. LEVINSON, sous dir., *The Pentateuch as Torah New Models for Understanding Its Promulgation and Acceptance*, Winona Lake, Eisenbrauns, 2007, p. 23-24.

Éléphantine[33] ». Meyer a avancé deux arguments favorables pour l'authenticité de ces documents : 1) les pièces administratives étaient rédigées en araméen comme langue diplomatique et internationale à l'époque perse et 2) les documents publics étaient accompagnés de leurs traductions dans d'autres langues soumises à l'Empire perse[34].

L'araméen était une langue officielle de l'Empire perse. Les documents administratifs étaient écrits d'abord dans cette langue, « en susien ou en babylonien dans les provinces de l'est, en hiéroglyphes pour l'Égypte, en grec lorsque le document concernait les cités helléniques, en araméen enfin pour la Syrie, l'Asie Mineure et même l'Égypte et la Babylonie[35] ». Pour Meyer, il ne fait nul doute que la plupart de ces correspondances officielles dans Esdras-Néhémie étaient écrites en araméen. Dans ces textes officiels de nombreux mots sont perses et les fonctionnaires ont des noms perses, alors que leurs auxiliaires ont des noms authentiquement araméens. Meyer, en poursuivant son argumentation favorable à l'authenticité de ces pièces, souligne que les habitus de la bureaucratie perse sont observés dans les plus petits détails[36]. Somme toute, nous pouvons dire que ce phénomène de bilinguisme dans le style de l'auteur du livre d'Esdras ne devrait en principe pas poser de problème de compréhension du texte. La vraie question n'est pas celle de l'authenticité de ces pièces, mais plutôt celle du message que ces textes officiels véhiculent. Les présupposés de l'analyse rhétorique sont pour nous un moyen de reconsidérer la question des correspondances officielles dans le livre d'Esdras.

C. Présupposés de l'analyse rhétorique en rapport avec les textes officiels dans Esdras

L'analyse rhétorique considère les textes bibliques comme des textes composés et bien composés, dans lesquels il existe une rhétorique spécifiquement biblique, et il est nécessaire de faire confiance aux textes tels qu'ils sont. Considérer les six premiers chapitres d'Esdras comme une mosaïque de langues et de cultures sous la plume de l'auteur est pour nous une solution

---

33. Lods, *Histoire de la littérature hébraïque et juive*, p. 540.
34. *Ibid.*
35. *Ibid.*
36. *Ibid.*, p. 541.

plausible pour reconnaître l'originalité et la composition de ce livre. Les actes de la table ronde de l'Institut des études sémitiques, édités par Briquel-Chatonnet en 1996 dans la collection « Antiquités sémitiques », confirment cette position. Pour Briquel-Chatonnet, par exemple, « [c]'est sans doute que le Proche-Orient dans l'Antiquité, et particulièrement le Levant, présente un cas quasi emblématique non pas tant de bilinguisme que de multi-linguisme, une mosaïque de langues dont l'usage tenait non seulement à une répartition ethnique mais à de multiples facteurs politiques, économiques, culturels ou religieux[37] ». Dans ce contexte, « l'identification d'un même personnage comme scribe de tablettes en ougaritique et en akkadien, que propose Dalix, donne un exemple très vivant de bilinguisme et de biographie individuelle, mais qui sont ceux d'un lettré, il est vrai[38] ». Cette approche des textes anciens du Proche-Orient permet de mettre en évidence leur valeur esthétique et de reconnaître aussi que « l'intercompréhension devrait être facile. Aussi le choix de produire [...] une inscription bilingue répond-il sans doute à un souci politique d'équilibre entre la langue du pouvoir et celle de la tradition[39] ».

Le livre d'Esdras-Néhémie, écrit dans le contexte du Proche-Orient ancien (période postexilique de l'A.T.) emploie, lui aussi, les procédés du bilinguisme. Sérandour réfléchit à la double utilisation du langage écrit par l'auteur d'Esdras-Néhémie dans son exposé lors de la table ronde organisée par l'Institut des études sémitiques, un exposé intitulé « Remarques sur le bilinguisme dans le livre d'Esdras ». Pour lui, la réponse classique à la question « pourquoi le livre hébraïque d'Esdras comporte-t-il des sections en araméen ? » demeure loin d'être convaincante[40]. « Les six chapitres introductifs [du livre d'Esdras] manifestent [...] un va-et-vient constant entre les villes de Juda, la Ville sainte et le Temple. Le rédacteur en hébreu de l'édit de Cyrus annonce donc déjà qu'il n'y a pas de temple sans la ville ni de ville sans le pays. Seulement, l'araméen envisage le pays et la ville sous l'angle politique de la province et de sa capitale, l'hébreu sous l'angle de la sainteté de la Terre et de la ville[41]. » Pour montrer la relation qui existe entre les deux langues

---

37. F. Briquel-Chatonnet, « Introduction », dans *Mosaïque de langues, mosaïque culturelle*, p. 9.
38. *Ibid.*, p. 10.
39. *Ibid.*, p. 11.
40. Sérandour, « Remarque sur le bilinguisme dans le livre d'Esdras », p. 132.
41. *Ibid.*, p. 133-134.

dans les six premiers chapitres d'Esdras, Sérandour soutient que l'hébreu constitue la langue diplomatique de l'Alliance entre YHWH et le peuple juif[42], et l'araméen, quant à lui, représente la langue diplomatique administrative qu'emploie le pouvoir central vis-à-vis des nations de l'Empire. Les documents dans le livre d'Esdras selon la méthode de l'écriture « bilinguiste » ont des caractères légaux, politiques et pour tout dire civils[43]. C'est pourquoi, pour bien élucider cette forme de mariage entre la langue locale et celle de l'administration, Sérandour affirme que :

> Le changement de langues revient à distinguer la langue sacrée, propre à l'Alliance, de l'idiome institutionnel de l'administration. La dualité de langue doit s'interpréter par la doctrine sacerdotale de l'Alliance bicéphale qui a remplacé, à l'époque perse, l'Alliance monarchique brisée par YHWH lors de la chute du royaume de Juda en 586[44].

L'utilisation des deux langues sémitiques dans la rédaction du livre d'Esdras est le reflet du caractère bipartite du pouvoir, de même que du bilinguisme du livre. L'hébreu, langue nationale traditionnelle, langue de l'Alliance, est celle du pouvoir sacerdotal, celle d'Esdras, tandis que l'araméen est celle du pouvoir civil, celle de Néhémie dans ses rapports avec le pouvoir central ; telle est la composition d'Esdras 1-6, selon Sérandour.

Cette manière d'interpréter la composition de la première partie du livre d'Esdras va de pair avec les présupposés de l'analyse rhétorique qui soutiennent que les textes ont été composés avec grand soin et qu'ils sont rigoureusement structurés. Esdras-Néhémie n'est pas le seul livre de l'A.T. où l'auteur rédige en deux langues. Le livre de Daniel, écrit dans un contexte d'internationalisation des peuples du Proche-Orient, fait aussi usage de deux langues. Au sujet de cette époque, Rouillard-Bonraisin précise : « l'araméen, d'abord réservé aux élites, tourne peu à peu à la langue populaire, alors que

---

42. Durant la période du Second Temple, le terme « Judéen » est largement employé tant par les Judéens que par les Grecs et les Romains, aussi bien en Palestine qu'en diaspora, y compris dans les inscriptions. Sous les Hasmonéens, le mot « Judéen » est la désignation officielle des ressortissants de la Judée, notamment utilisée de manière bilatérale dans les relations ou échanges politiques. Cf. S. C. Mimouni, *Le Judaïsme Ancien du VIe siècle avant notre ère au IIIe siècle de notre ère. Des prêtres aux rabbins*, Paris, PUF, 2012, p. 22.
43. Sérandour, « Remarque sur le bilinguisme dans le livre d'Esdras », p. 135.
44. *Ibid.*, p. 136.

l'hébreu, d'abord langue du peuple, retrouve ou acquiert ses lettres de noblesse en devenant l'apanage de groupe choisis [...] L'araméen, à l'époque du Second Temple, a évincé l'hébreu, comme la nécessité des *targumin*[45]. » Il est logique de conclure avec Rouillard-Bonraisin que le « bilinguisme en Daniel tient à l'histoire de la rédaction et au statut des langues à son époque, mais son état actuel reste indissociable du genre apocalyptique. Globalement il appert que l'araméen est la langue de l'élucidation, et l'hébreu celle du secret[46] ».

Cette conclusion est similaire à celle de Sérandour qui soutient que l'hébreu d'Esdras ressort du sacré et l'araméen est du domaine de l'administration. Est-ce pour dire que le phénomène de bilinguisme à l'époque perse est une option pour les auteurs des livres d'Esdras-Néhémie ou de Daniel, afin de distinguer le sacré du profane, la religion de la politique ? Ou bien le bilinguisme traduit-il « le mariage » existant entre les deux autorités : autorité religieuse et autorité politique ? Le livre d'Esdras-Néhémie à lui seul présente deux exemples de ce mariage dans les couples « Zorobabel/Josué » et « Esdras/Néhémie » qui représentent le « bi-pouvoir » dans le livre. Avant de quitter la question du bilinguisme, nous voulons seulement affirmer que ce phénomène n'est pas l'apanage des auteurs de l'époque perse, car les autres titres de l'acte de la table ronde du 18 novembre 1995 sont révélateurs sur ce sujet. Qu'on en juge par trois sujets abordés à cette occasion : « Le bilinguisme hittito-hatti au début du royaume », présenté par Masson (pp. 23-32), « Akkadien, bilingues et bilinguisme en Élam et à Ougarit », présenté par Malbran-Labat (pp. 33-61) et « Exemple de bilinguisme à Ougarit Iloumiltou : la double identité d'un scribe », par Dalix (pp. 81-123).

Avec les présupposés de l'analyse rhétorique et le recours au bilinguisme par l'auteur d'Esdras-Néhémie, il est logique de reconstituer l'histoire des six premiers chapitres du livre d'Esdras de la manière suivante : Cyrus, roi perse, permettait aux Juifs de rentrer d'exil sous la conduite de Sheshbatsar en 537 av. J.-C. (1.1-11). La liste des Judéens rentrés d'exil est présentée au 2.1-70. Quelques mois après leur arrivée, l'autel de l'holocauste était reconstruit et les fondations du Temple posées en 536 av. J.-C. (3.1-13). Malheureusement les ennemis des Juifs ont réussi à interrompre les travaux de la reconstruction

---

45. H. Rouillard-Bonraisin, « Problème du bilinguisme en *Daniel* », dans *Mosaïque de langues, mosaïque culturelle*, p. 149.

46. *Ibid.*, p. 170.

jusqu'à l'époque de Darius (4.1-5, 24), à l'exemple d'une autre opposition due à la construction des fortifications de la ville de Jérusalem sous le règne d'Assuérus (Xerxès, 485-465 av. J.-C.) et d'Artaxerxès (464-424 av. J.-C.). Cette objection des ennemis du peuple juif avait occasionné la signature d'un décret impérial ordonnant l'interruption des travaux (4.6-23). Sous l'impulsion des prophètes Aggée et Zacharie, le peuple juif s'est pourtant mis au travail, et malgré les contestations de Darius, les travaux furent achevés en 520-516 av. J.-C. (5.1-6.22). Telle est l'histoire présentée dans les six premiers chapitres du livre d'Esdras-Néhémie.

En faisant allusion exclusivement aux lettres administratives, l'auteur du livre d'Esdras juxtapose l'opposition de la reconstruction du Temple et celle des murailles de Jérusalem. Cette interposition alimente quelquefois la contestation des ordres de mission d'Esdras et de Néhémie à Jérusalem. Par souci de chronologie, semble-t-il, l'auteur d'Esdras place d'abord la lettre du gouverneur Rehum (4.9-16) entre les chapitres 1 et 2[47]. L'objectif de l'auteur du livre d'Esdras n'est certainement pas de présenter un exposé historique du retour des exilés et des activités qu'ils ont menées. Sur cette question, Michaeli pense que c'est une erreur chronologique de l'auteur du texte d'Esdras[48]. Rien ne certifie cependant que l'utilisation de cette lettre à cet endroit est pour l'auteur une erreur. Peut-être, en parlant de l'opposition à la reconstruction du temple, l'auteur veut-il y juxtaposer l'opposition à la reconstruction de la muraille, pour montrer l'énorme difficulté que les Juifs ont rencontrée, dès leur retour, pour rebâtir Jérusalem. Cette position est soutenue par Wright, quand il écrit que « l'auteur a rassemblé des exemples d'opposition en 4.6-23[49] ».

Le bilinguisme du livre Esdras-Néhémie est attesté par Sérandour lors de la table ronde du 18 novembre 1995 organisée sur « Le bilinguisme dans le Proche-Orient ancien ». Une question reste pourtant à poser : comment les deux langues (hébreu et araméen), qui ont des particularités différentes, peuvent-elles être alternées par l'auteur d'Esdras-Néhémie dans un seul et même récit ? Le bilinguisme permet à une langue d'influencer une autre.

---

47. F. Michaeli, *Les livres des Chroniques, d'Esdras et de Néhémie*, Commentaire de l'A.T., vol. 16, Suisse, Delachaux et Niestlé, 2004, p. 16.
48. *Ibid.*, p. 23.
49. C. J. Wright, « Esdras, livre », dans *Le Grand dictionnaire de la Bible*, Cléon d'Andran, Excelsis, 2004, p. 289.

Alors, dans les cas en question, est-ce que les deux langues fonctionnent d'une manière indépendante l'une de l'autre ? Peut-on parler d'une « écriture-hybride » dans le cas d'un texte bilingue ?

II. « Écriture hybride » dans le texte bilingue d'Esdras-Néhémie

La nouvelle compréhension du bilinguisme dans le Proche-Orient ancien est une avancée dans l'histoire de l'acceptation des documents araméens utilisés dans le livre d'Esdras-Néhémie. Cette avancée a permis de cesser de décrédibiliser ces documents, voire le livre tout entier. Ce cas de bilinguisme n'est pas une particularité du texte biblique. Briquel-Chatonnet affirme que : « C'est sans doute que le Proche-Orient dans l'Antiquité, et particulièrement le Levant, présente un cas quasi-emblématique non pas tant de bilinguisme que de multi-linguisme, une mosaïque de langues dont l'usage tenait non seulement à une répartition ethnique mais à de multiples facteurs politiques, économiques, culturels ou religieux[50]. » De cette déclaration, nous retenons que le bilinguisme au Proche-Orient ancien a beaucoup plus une fonction sociale. C'est en référence à la fonction sociale du bilinguisme que Sérandour écrit :

> [Le fait que] Esdras-Néhémie est constamment divisé en prêtres et lévites, d'une part, laïques, d'autre part, reflète la bipartition des pouvoirs, de même que le bilinguisme du livre. L'hébreu, langue nationale traditionnelle, langue de l'Alliance, est celle du pouvoir sacerdotal, celle d'Esdras, tandis que l'araméen est celle du pouvoir civil, celle de Néhémie dans ses rapports avec le pouvoir central[51].

Cette déclaration traduit la fonction sociale du bilinguisme. Or, chaque langue a son génie, sa richesse, sa particularité, ce qu'on appelle la fonction esthétique du langage. La question que nous posons ici est de savoir si la seconde langue perd sa particularité, son génie particulier de langue, en d'autres termes sa fonction esthétique. La réponse est probablement non, car en nous

---

50. F. Briquel-Chatonnet, « Introduction », dans *Mosaïque de langues, mosaïque culturelle*, p. 14.
51. Sérandour, « Remarque sur le bilinguisme dans le livre d'Esdras », p. 136-137.

fondant sur la notion de « dérivation » dans la grammaire française, toute dérivation n'est pas complète. Dans le cas du français, des « mots invariables pris comme noms ainsi que les noms des lettres de l'alphabet, des chiffres, des notes de musique, ne changent pas au pluriel[52] ». Dans les exemples suivants : « Écrire deux sept – les quatre huit d'un jeu de cartes – Deux mi – Deux a[53] », la dérivation est incomplète, car les lettres de l'alphabet, des chiffres, des notes de musique sont traduits dans la catégorie des substantifs ; cependant, ils ne s'accordent pas en genre et en nombre comme tout autre substantif.

De la même manière, dans un cas de bilinguisme, la langue dans une situation « d'exil dans l'écriture » peut garder en elle toute sa richesse de langue autonome. Raison pour laquelle, en réfléchissant sur le phénomène d'hybridité qui semble gagner beaucoup d'attention de nos jours, nous avons pensé qu'en ajoutant la fonction esthétique au phénomène du bilinguisme, nous pouvons montrer que le texte d'Esdras-Néhémie est une « écriture-hybride ».

A. Origine du substantif « hybride »

Le mot « hybride » vient du latin *ibrida* qui désigne le produit du sanglier et de la truie, et le plus généralement tout individu de sang mêlé. L'orthographe a été modifiée par rapprochement avec le mot grec *hybris*, faisant référence à la violence démesurée qui peut évoquer la notion de viol, d'union contre nature[54]. Elle peut aussi avoir un autre sens en grec tel que « excès[55] ». Hybride signifie croisement entre deux espèces. En génétique, un hybride est un organisme issu du croisement de deux individus de deux variétés, sous-espèces, espèces ou genres différents. L'hybride présente un mélange de caractéristiques génétiques des deux parents (notamment pour ce qui est de la sélection végétale, dans le cas des hybrides F1). L'hybridation est généralement naturelle dans le sens où elle fait appel au processus normal de reproduction sexuée, mais elle peut aussi être provoquée par hybridation somatique, qui est une technique du génie génétique[56]. Dans sa référence à l'Antiquité (surtout en grec et en égyptien) « ainsi qu'à de nombreux peuples

---

52. M. Grevisse, *Précis de la grammaire française*, Gembloux, J. Duculot, s. d., p. 74.
53. *Ibid.*
54. « Hybride », *Dictionnaire le Robert électronique*, 1992, https://www.lerobert.fr, consulté le 23 août 2017.
55. *Ibid.*
56. « Hybride », https://fr.m.wikipedia.org/ct/2017/125/51.0.html, consulté le 23 août 2017.

primitifs, où la mythologie joue un rôle majeur, la figure de l'hybride est cet être monstrueux qui incarne un être anormal, car hors du réel[57] ».

B. Extension du sens hors de la biologie

On utilise souvent l'adjectif « hybride » pour désigner une combinaison de deux technologies. Un disque dur hybride combine par exemple un plateau magnétique et un petit *solid-state drive* (SSD). Des ordinateurs pouvant fonctionner comme portable ordinaire ou comme tablette sont également qualifiés d'hybrides. « En chimie, hybride se dit d'une orbitale obtenue par hybridation d'autres orbitales ; en géologie ce terme se dit d'une roche magmatique qui résulte d'un mélange de deux ou plusieurs magmas et en informatique il se dit d'un calculateur composé de circuits analogiques et de circuits numériques[58] ». Il existe aujourd'hui plusieurs marques de voitures hybrides dont la consommation est en cycle mixte[59]. Nous pouvons souligner que le terme « hybride » a plusieurs significations en fonction du contexte dans lequel il est employé : zoologie, botanique ou automobile…

C. Peut-on parler d'une « écriture hybride » ?

Nous parlons d'« écriture » pour caractériser le style de rédaction. En littérature, la création littéraire se consacre à l'écriture. C'est en parlant de « style de rédaction » que nous nous posons la question de savoir si on peut parler en termes d'« écriture hybride ». Or, il faut reconnaître que nous ne sommes pas en train de faire de la littérature, mais de la théologie. Et, en théologie, le terme « écriture hybride » pourrait-il avoir une signification ? Nous sommes conscients du domaine dans lequel nous travaillons ; toutefois l'analyse rhétorique que nous utilisons comme méthode d'exégèse des correspondances officielles dans le livre d'Esdras considère les livres bibliques comme un « texte dans lequel il existe une structure de composition[60] ». Et en tant que « texte », on ne peut le dissocier du « style » de l'auteur.

G. E. Lessing a déjà utilisé le terme « hybride » dès 1769 dans le cadre de la littérature. Il affirme dans son œuvre *Dramaturgie de Hambourg* :

---

57. E. MOLINET, « L'hybridation : un processus décisif dans le champ des arts plastiques », dans *Le Portique*, n°2, 2006, https://www.lepotique.revue.org/851, consulté le 23 août 2017.
58. « Hybride », https://www.larousse.fr, consulté le 23 août 2017.
59. *Ibid.*
60. MEYNET, « L'analyse rhétorique, une nouvelle méthode pour comprendre la Bible », p. 642

« Qu'importe qu'une pièce d'Euripide ne soit ni tout récit ni tout drame ? Nommez-la un être hybride, il suffit que cet hybride me plaise, et m'instruise plus que les productions régulières de vos auteurs corrects tels que Racine et autres[61]. » Pour Lessing, l'hybridation entre roman et théâtre, entre comédie et tragédie, donne un sens nouveau au terme hybride. Il est clair pour Lessing que l'hybride est une forme énonçant la rupture avec les genres classiques de la littérature. C'est pourquoi Molinet affirme que « l'hybride, élément révélateur et participatif de cette pensée de la diversité, s'avère dans le principe, penser la rupture – constitutif d'un nouveau champ – comme une forme irréductible, car elle engendre des formes décisives et dans certains cas annonciatrices de gestes artistiques ou œuvres préfigurant de futures disciplines[62] ».

Nous sommes conscients de la complexité du terme « hybride ». Et l'expression « écriture hybride » comporte aussi de multiples ambiguïtés. L'instabilité du mot « hybride », sa complexité et ses glissements sémantiques nécessitent des précautions et imposent parfois des interrogations : Peut-on qualifier d'hybride un texte d'une période antérieure à l'utilisation du terme sans faire un anachronisme ? Comment peut-on caractériser et distinguer différents processus d'hybridation tout en les resituant dans une évolution ou une chronologie ?

L'histoire de ce processus s'avère délicate en raison de plusieurs points : une terminologie assez récente, un usage assez rare du terme dans la littérature, un manque d'analyse historique approfondie sur la question « écriture hybride », ainsi que la nature d'une expression qui présente elle-même de multiples paradoxes, ambiguïtés, suscitant une multiplicité d'interrogations. Mais ces ambiguïtés et difficultés ne nous empêchent pas d'utiliser l'expression « écriture hybride » dans le cadre de la valeur stylistique du livre d'Esdras-Néhémie. Deux aspects dans une définition d'hybride nous aideront à utiliser cette expression « écriture hybride » pour l'aspect formel de ce livre. D'une part la figure de « monstres », qui incarne un être « anormal », « hors du réel » dans la définition d'« hybride ». D'autre part l'aspect du « cycle mixte » des objets hybrides. L'hybridation empêche-t-elle la particularité, le génie propre de chaque objet ? En d'autres termes, l'hybridation de l'hébreu

---

61. G. E. Lessing, *Dramaturgie de Hambourg*, Paris, Didier et cie, 1873, p. 236.
62. Molinet, « L'hybridation : un processus décisif dans le champ des arts plastiques », p. 4.

et de l'araméen dans Esdras-Néhémie exclut-elle que chacune de ces langues ait son caractère particulier ?

Nous avons déjà souligné que les « correspondances officielles » dans le livre Esdras-Néhémie sont considérées comme des documents purement « faux » par certains critiques. Nöldeke affirmait que l'auteur du livre Esdras-Néhémie avait commis « de graves erreurs en confondant [...] et en interprétant des lettres qui se rapportent à la construction des murs, comme si elles concernaient la construction du Temple ». Il cite encore d'autres pièces qui « sans aucun doute sont fausses[63] ». C'est l'illustration d'une considération négative de l'hybridation. On sous-estime la manière dont l'auteur du livre d'Esdras-Néhémie procède pour composer « son texte ». C'est réagir à l'exemple des peuples antiques qui voient dans les objets hybrides des choses « anormales » ou « irréelles ». Dans le contexte de l'utilisation péjorative du terme « hybride », Abadie affirme que le mémoire de Néhémie, l'une des sources qui est à la base de la rédaction de ce livre, a un « caractère hybride[64] ». Ce caractère d'hybride permet à Abadie d'affirmer qu'« Esd 1-6 est une unité tardive[65] », afin de proposer un rédacteur du livre ultérieur au récit. Le texte d'Esdras-Néhémie n'a pas fait l'objet de beaucoup de discussions avant qu'il fût accepté dans le canon de la Bible. Peut-être l'une des raisons est l'aspect de son « écriture hybride », considérée comme un procédé de peu de valeur littéraire. Molinet a souligné que :

> L'aspect péjoratif auquel on assimile ce terme, participe également à cette histoire quasiment refoulée. Il nous incite à le comprendre également en fonction de l'étymologie : la formation du mot ibrida en latin nous renvoie à « bâtard », « sang mêlé », amenant ainsi à un acte de transgression qui s'avère inattendu, brisant le cours normal du temps [...] Ibrida est devenu hybrida par rapprochement avec le grec hubris, signifiant « excès, ce qui dépasse la mesure », voire dans un autre sens, « viol, outrage ». La démesure comme le viol sont deux éléments perçus négativement, même si les époques moderne et contemporaine

---

63. Lods, *Histoire de la littérature hébraïque et juive*, p. 540.
64. Philippe Abadie, *Le livre d'Esdras et de Néhémie*, coll. Cahiers Évangile n°95, Paris, Cerf, 1997, p. 8.
65. *Ibid.*, p. 7.

attribuent néanmoins une dimension toute autre à la notion de démesure, voire d'outrage[66].

Or, comme l'indique aussi la définition d'hybride, l'auteur du livre d'Esdras-Néhémie est en train de créer, de générer une nouvelle catégorie d'écriture. Cette dimension dépasse largement celle de l'emprunt, de la combinaison ou de la superposition. Esdras-Néhémie est un livre d'une grande valeur stylistique. Et cela au même titre que celui de Daniel, qui inaugure une autre forme d'écriture à l'époque postexilique que nous pouvons appeler une « écriture hybride ».

L'autre aspect de l'hybridation de l'écriture d'Esdras-Néhémie, que nous pouvons souligner, est la particularité ou le génie de chaque langue dans cette « consommation mixte ». Rosentahl et Lettinga nous aident, à travers leurs œuvres respectives *Grammaire d'araméen biblique*, parue en 1988, et *Grammaire de l'hébreu biblique*, publiée en 1980, à relever certaines particularités dans l'hybridation de l'écriture d'Esdras-Néhémie. Mais il est important d'avoir d'abord une idée sur les textes et la langue araméens dans l'A.T. pour mieux cerner cette « écriture hybride » de l'auteur d'Esdras-Néhémie.

On trouve des textes araméens dans quatre passages de l'A.T. Le premier, selon l'ordre biblique, est celui de Genèse 31.47, où apparaissent deux mots traduisant un nom de lieu hébreu en araméen, langue considérée comme celle parlée par Laban. Le deuxième est celui dont une partie fait l'objet de notre analyse ; celui d'Esdras 4.8-6.18 et 7.12-26. Rosentahl soutient que ces documents datent de la période achéménide et concernent la restauration du Temple de Jérusalem[67]. Le troisième, qui est une phrase isolée dans un contexte en hébreu où l'auteur dénonce l'idolâtrie, se trouve dans Jérémie 10.11. Et le dernier est celui de Daniel 2.4-7.28, dans lequel l'auteur du livre raconte cinq récits historiques d'Orient, impliquant les Juifs, et une vision apocalyptique.

À part celui de la Genèse, les textes araméens de l'A.T. datent des périodes réparties sur trois siècles au moins. Ils sont représentatifs de genres littéraires différents, et furent écrits par des hommes provenant de milieux sociaux différents et ayant vraisemblablement des origines géographiques différentes. Pourtant la langue qu'ils utilisent présente une grande unité, avec

---

66. Molinet, « L'hybridation : un processus décisif dans le champ des arts plastiques », p. 7.
67. Franz Rosentahl, *Grammaire d'araméen biblique*, Paris, Beauchesne, 1988, p. 17.

des divergences mineures. L'araméen biblique écrit a conservé les caractéristiques de l'araméen d'Empire. C'est ce qui lui donne une unité linguistique presque parfaite et c'est ce qui le rend pratiquement identique à la langue des autres textes en araméen d'Empire. L'araméen biblique utilise le même alphabet que l'hébreu. L'écriture dite hébraïque carrée n'est en fait qu'une spécialisation de l'écriture araméenne de l'Empire[68]. Pour soutenir l'idée d'« écriture hybride » de l'auteur du livre d'Esdras-Néhémie – en plus de l'aspect de forme « anormale » dans les objets hybrides que nous avons rapprochés avec le texte d'Esdras – nous allons montrer quelques éléments particuliers dans la langue araméenne qui soutiennent cette notion d'« écriture hybride ».

L'araméen a été fortement influencé par la présence et la domination de langues très diverses sur son territoire. Ces influences étrangères, selon Rosentahl, se sont exercées dans de multiples domaines de vocabulaire dont l'étude éclaire le développement historique de la langue. L'influence de l'hébreu dans le vocabulaire religieux et dans la terminologie des institutions juives est généralement admise[69]. Dans ce cas, « il peut s'agir des mots aramaïsés et qui appartenaient à un fond commun araméen et hébreu-cananéen, mais leur présence en araméen biblique est due à l'influence juive[70] ». Rosentahl propose deux expressions araméennes dans Esdras 6.17 qui ont une racine hébraïque. Ce sont : שִׁבְטֵי יִשְׂרָאֵל « tribus d'Israël » et לְחַטָּיָא « faire une offrande pour le péché ». La preuve ou la probabilité d'une étymologie hébraïque est parfois étayée par la phonétique[71]. Cela peut être une piste pour une prochaine éventuelle recherche. Lettinga signale aussi un autre exemple d'emprunt des termes dans le cas d'une conjugaison avec dérivé. C'est l'exemple du verbe תִּרְגֵּם « traduire », qui, conjugué au « Pual », devient מְתֻרְגָּם. Ce verbe est un emprunt à l'akkadien[72].

Un autre exemple d'« écriture hybride » de l'auteur d'Esdras-Néhémie se trouve dans l'utilisation des pronoms. Rosentahl suggère des pronoms à « l'état absolu et à l'état emphatique correspondant approximativement aux formes nominales respectivement non déterminées et déterminées par

---

68. *Ibid.*, p. 17-19.
69. *Ibid.*, p. 85.
70. *Ibid.*
71. *Ibid.*, p. 86.
72. Jan P. LETTINGA, *Grammaire de l'hébreu biblique*, Leiden, Brill, 1980, p. 85.

l'article défini dans d'autres langues. Mais l'état emphatique peut encore avoir un sens partitif : מָאנַיָּא דִי־בֵית־אֱלָהָא דִּי דַהֲבָה וְכַסְפָּא "les ustensiles d'or et d'argent de la maison de Dieu" (Esd 5.14). On trouve parfois le numéral "un", au sens indéfini, avec un nom à l'état absolu singulier אִגְּרָה חֲדָה "une lettre" (Esd 4.8), מְגִלָּה חֲדָה "un rouleau" (Esd 6.2)[73] ». Dans cet exemple, l'aspect « écriture hybride » se traduit par la particularité de l'utilisation des pronoms. Tout comme le cycle de la consommation mixte des voitures hybrides qui gardent chacune son système de consommation, nous voyons que les pronoms à l'état emphatique changent de sens par rapport à d'autres langues.

Somme toute, ces exemples nous amènent à proposer qu'il existe une catégorie « écriture hybride » dans la composition du texte d'Esdras-Néhémie. Non seulement une « écriture hybride » dans le sens d'irréel, ou d'anormal, dans le but de minimiser la valeur stylistique de cette « œuvre d'art » dans la littérature biblique, mais une « écriture hybride » qui inaugure une nouvelle manière d'écrire, qui sera peut-être une manière pour l'auteur de sortir cette langue hébraïque d'un particularisme religieux pour intégrer l'internationalisme même dans la langue de ses contemporains. La question est de savoir si l'auteur du livre Esdras-Néhémie est le seul auteur biblique qui ait utilisé des textes officiels dans sa rédaction.

III. Essor des correspondances officielles à l'époque postexilique

A. Utilisation des documents d'archives préexiliques dans les écrits de l'A.T.

Il est peu commun dans la tradition préexilique d'utiliser des textes officiels dans les écrits bibliques. Même si dans les écrits de la cour les auteurs ont parfois recours aux archives, « ceux-ci ne donnaient que quelques listes comme celles des preux de David ou celle des fonctionnaires de Salomon[74] ». Pour l'auteur de l'*Histoire de la littérature hébraïque et juive*, les premiers documents littéraires des Israélites se situent à l'époque de David et de Salomon. L'histoire montre que chaque roi de la Palestine avait auprès de lui un ou

---

73. ROSENTAHL, *Grammaire d'araméen biblique*, p. 41.
74. LODS, *Histoire de la littérature hébraïque et juive*, p. 539.

plusieurs scribes capables de tenir les archives officielles. Les nécessités de l'administration d'un État obligeaient les rois à employer largement l'écrit pour les communications officielles. Plusieurs documents consignés dans les archives fournissent des éléments à la future historiographie nationale[75]. Les écrits préexiliques de l'A.T. renferment d'une part des documents officiels et d'autre part des mémoires des rois, précisément de Saül et de David.

1. Les documents officiels

2 Samuel 8.16-17 présente Josaphat comme un archiviste et Seraya comme le secrétaire, probablement de la cour. Mais dans le même livre, en 20.24-25, le nom du secrétaire change en la personne de Cheva, tandis que l'archiviste Josaphat reste le même en la personne du fils d'Ahiloud. La fonction du secrétaire et du scribe (*sôpher* ou *sôpherim*) de la cour permettait à une catégorie des fonctionnaires de s'occuper des écrits du roi. Plusieurs pièces émanant de ces écrivains royaux ont dû être utilisées ou partiellement reproduites dans les livres des Rois et peut-être dans le second livre de Samuel. De ces pièces officielles dans les livres préexiliques de l'A.T., nous pouvons citer entres autres : la liste des hauts fonctionnaires de Salomon, semblable à celle de David dans 2 Samuel 8.16-17, et la liste des douze préfets que le roi institua pour percevoir les redevances en nature nécessaires aux besoins de la cour (1 R 4.7-19 ; 5.7-8). Sans parler des annales ou de l'historiographie au début des premiers rois d'Israël, la cour possédait cependant des listes, des comptes dressés pour les besoins de l'administration de l'État, que les auteurs préexiliques de l'A.T. utilisent parfois dans leurs écrits. Cependant ces écrits restent au niveau national et ne constituent pas des documents ou des correspondances administratives échangées entre les autorités administratives, comme c'est le cas à l'époque perse dans le livre d'Esdras.

Somme toute, l'utilisation des documents officiels dans les écrits bibliques n'est pas une originalité dans Esdras ; mais, à la différence des textes postexiliques, ces pièces restent au niveau national. L'internationalisation de la communication au niveau des États ou de l'Empire marque la différence entre les documents dans Esdras et ceux des livres de Samuel et des Rois. Qu'en est-il alors des mémoires des rois dans les livres préexiliques ?

---

75. *Ibid.*, p. 153-156.

2. Les mémoires des rois

L'autre forme de textes officiels utilisés dans les écrits bibliques à l'époque préexilique, ce sont les mémoires des rois. C'est à l'époque de Saül et de David que l'historiographie israélite a pris forme avec la biographie des deux rois précités dans les chapitres 10-20 du second livre de Samuel et les deux premiers chapitres du livre des Rois. Lods affirme que ces mémoires des rois leur appartiennent. L'objectif de ces mémoires est « …d'influencer en bien ou en mal le jugement de la postérité sur quelque personnage qui tient de près à l'auteur, ordinairement sur lui-même[76] ». Dans le cas de David, par exemple, dans son aventure avec la femme d'Uri, le but de l'auteur, qui parle avec sincérité des fautes du roi, est de présenter au lecteur le comportement inhumain de l'homme qui s'oppose à la volonté divine.

La question est de savoir à quelle époque ces mémoires ont été écrites. Si l'on parle des mémoires des rois, la période embrassée par ceux-ci débute avec l'accession de Saül au pouvoir qui hisse son royaume Israël au rang d'État. Lods, en se fondant sur les travaux de Jeremias, soutient que ces mémoires ont été écrites généralement par les contemporains des rois. Dans le cas de David, c'était bien Abiathar, l'un de ses conseillers (1 Ch 15.11 ; 27.35). Ces mémoires utilisées dans les écrits bibliques permettent aux auteurs des livres bibliques d'utiliser une source contemporaine fiable pour leurs écrits. Toutefois ces mémoires ne sont pas des textes administratifs signés par une autorité et faisant partie des lois ou des décisions. Qu'en est-il alors de l'utilisation des textes officiels pendant la période postexilique ?

B. Emploi des documents officiels dans les livres postexiliques de l'A.T.

Les livres des Chroniques et d'Esdras-Néhémie renferment un plus grand nombre de documents d'archives que les livres de Samuel et des Rois. Même si rien n'empêche de poser la question de la valeur de ces documents officiels, l'auteur ou les auteurs des Chroniques et celui d'Esdras-Néhémie utilisent les statistiques, les généalogies, les édits royaux, des listes, des lettres et des mémoires dans leurs livres. Ce recours systématique aux textes officiels peut traduire le souci des auteurs de produire une histoire exacte à partir d'une documentation rigoureuse dans l'historiographie du peuple juif. Nous

---

76. *Ibid.*, p. 164.

abordons ici, d'une manière générale, les documents officiels dans les deux livres postexiliques (Chroniques et Esdras-Néhémie). Cependant nous revenons en profondeur sur les correspondances au sujet du Temple dans le prochain chapitre.

1. Livre des Chroniques

L'auteur du livre des Chroniques utilise plusieurs sources dans son écrit. Lods estime que « [ce] sont les emprunts à ces deux recueils [livres de Samuel et des Rois] qui forment le fond historique résistant des Chroniques[77] ». Les seules pièces officielles que nous y trouvons sont les listes de 1 Chroniques 9.2-42 ; 2 Chroniques 34.29-32 et l'édit de Cyrus qui termine le livre (2 Ch 36.23). Mais le livre des Chroniques fait aussi allusion aux listes des ustensiles en faisant la description des objets sacrés (1 Ch 28.13-19 ; 2 Ch 5.1).

2. Livre d'Esdras-Néhémie

Le livre d'Esdras-Néhémie constituait au départ un seul document. Longman et Dillard, en se référant aux travaux de Howard (1993, p. 275) et Williamson (1985, p. XXI), soutiennent qu'« …Origène est le premier érudit à différencier les deux livres et la Vulgate de Jérôme est la première mise en œuvre de cette position dans une édition de la Bible[78] ». Plusieurs critiques de la Bible sont d'accord sur l'utilisation de fragments de mémoires écrits par des personnages d'Esdras et de Néhémie. Howard classe les mémoires d'Esdras (7-10 et Né 8-10) et de Néhémie (1-7 et 11-13) comme faisant partie des sources principales à côté d'un survol historique (Esd 1-6)[79]. Cependant, en catégorisant les sources d'Esdras-Néhémie, Howard classe les listes (Esd 1 9-11 ; 2.7 ; 8.1-14 ; 10.18-43 ; Né 3 ; 11.3-36 ; 12.1-26) et les lettres (Esd 1.2-4 ; 4.11-16 ; 4.17-22 ; 5.7-17 ; 6.2-5 ; 6.6-22 et 7.12-26) comme sources secondaires[80]. Par ses sources, « à première vue, Esdras-Néhémie semble être, d'un point de vue littéraire, un ouvrage plutôt inintéressant. Les passages abrupts de la première à la troisième personne, les innombrables listes et les fréquentes

---

77. Lods, *Histoire de la littérature hébraïque et juive*, p. 639.
78. Trempler Longman, Raymond B. Dillard, *Introduction à l'Ancien Testament*, trad. de l'anglais par Christophe Paya, Cléon d'Andran, Excelsis, 2008, p. 188.
79. D. M. Howard, « Ezra-Nehemiah », dans *An Introduction to the Old Testament Historical Books*, Chicago, Moody, 1993, p. 273-313.
80. Howard, « Ezra-Nehemiah », p. 280.

lettres peuvent constituer une lecture fastidieuse. Ils semblent parfois obscurcir l'intrigue et la mise en personnage[81] ». Certes, comme le souligne Howard, un regard au « premier degré » ne pouvait mettre en évidence la richesse dans la composition de ce livre. Nous avons démontré plus haut que la « bi-écriture » de l'auteur est une richesse dans la compréhension de ce livre.

Par sa publication sur « The Structure of Ezra-Nehemiah and the Integrity of the Book » dans le *Journal of Biblical Literature* en 1988, Eskenazi est devenu une référence sur la question de la structure dans le livre Esdras-Néhémie. Pour lui, « peu de progrès ont été réalisés dans la clarification d'une telle structure[82] ». Les listes et les autres documents répétés dans Esdras-Néhémie deviennent, pour les chercheurs qui comptent sur la critique des sources, des occasions de disséquer le texte et de le distribuer à travers les différentes composantes des sources. Cette approche caractérise la plupart des études d'Esdras-Néhémie, même lorsqu'elles sont effectuées par des chercheurs qui ont emprunté de nouveaux outils à d'autres œuvres littéraires bibliques[83]. Pour Eskenazi, la « répétition » de ces documents dans Esdras-Néhémie véhicule l'intention de l'auteur du texte. Leurs études littéraires confirment et démontrent largement l'utilisation habile et précieuse de la répétition dans le récit biblique afin de transmettre le sens. Ces documents sont une clé pour la perception, l'interprétation du texte. Eskenazi identifie au moins six points importants en rapport avec la « répétition » dans son article. Selon lui, la répétition permet de :

1. discerner la forme d'Esdras-Néhémie, faisant de ce qui précède une introduction et de ce qui suit une conclusion. Cette observation conduit à la structure générale dans Esdras-Néhémie ;
2. présenter le plus souvent un objet pour souligner quelque chose d'important ;
3. donner également la certitude sur les personnages d'Esdras-Néhémie ;
4. souligner la nature de la communauté rapatriée ;
5. combler le passé et le présent ;

---

81. LONGMAN et DILLARD, *Introduction à l'Ancien Testament*, p. 194.
82. Kamara C. ESKENAZI, « The Structure of Ezra-Nehemiah and the Integrity of the Book », *JBL* 107/4, 1988, p. 641.
83. *Ibid.*, p. 645-655.

6. et suggérer l'élargissement de la collaboration communautaire[84].

La revalorisation des documents dans Esdras-Néhémie par Eskenazi donne une nouvelle possibilité d'interpréter ce livre avec beaucoup de respect pour les textes ; non seulement pour leur valeur esthétique ou morphologique, mais aussi et surtout pour leur valeur de révélation du sens de texte. C'est pourquoi Joseph utilise la méthode narrative du texte pour comprendre l'intrigue du livre d'Esdras à travers l'analyse des documents utilisés par l'auteur de ce livre[85].

La « répétition » n'est pourtant pas la seule figure de style pour déceler la structure d'un texte. Aussi la répétition proposée par Eskenazi juxtapose-t-elle deux ou plusieurs pièces (documents) entre elles et ne se préoccupe-t-elle pas de la structure interne des pièces. L'analyse rhétorique des correspondances officielles, que nous nous proposons de faire, nous donnera la possibilité de nous interroger sur la structure interne de la composition de ces documents. Ces correspondances officielles, comme nous l'avons déjà démontré, fonctionnent comme une « écriture hybride » dans le récit. « Hybride », car les deux langues (hébreu et araméen), qui ont des particularités différentes, peuvent être alternées selon l'auteur d'Esdras dans un récit. À ce stade du travail, la question est de savoir quels sont les matériaux que propose l'analyse rhétorique pour déterminer la structure d'une des « écritures hybrides » du récit d'Esdras. Le chapitre trois donnera d'autres possibilités pour proposer une structure de chacune des correspondances officielles analysées.

Dorsey avait entrepris avant Eskenazi d'établir une structure de livre de l'A.T., dans *The Literary Structure of the Old Testament : A Commentary on Genesis-Malachi*. Pour le livre d'Esdras-Néhémie, Esdras 3-6 ; 7-8 ; 9-10 ; Néhémie 1-2 sont arrangés en chiasme symétrique. Cette structure en chiasme se retrouve aux chapitres 7.4-13.31[86]. La structure de l'analyse rhétorique de chaque correspondance n'était pas l'objectif de Dorsey dans son commentaire fondé sur l'analyse de la structure de textes de l'A.T. De même, Matzal, dans son article « The Structure of Ezra 4-6 », publié dans *Vetus Testamentum* en

---

84. *Ibid.*, p. 647-650.
85. Cf. Point II. « Mise en intrigue de l'écrit », dans JOSEPH, « Raconter l'Histoire avec les documents. Mise en intrigue de l'écrit dans le livre d'Esdras », p. 539-540.
86. David A. DORSEY, *The Literary Structure of the Old Testament: A Commentary on Genesis-Malachi*, Grand Rapids, Baker Academic, 1999, p. 159-161.

2000, a proposé une structure ABCDABCD des chapitres quatre à six du livre d'Esdras. Cette structure est globalisante et inclusive. Elle n'est pas exclusive des correspondances officielles. Abadie a élaboré, lui aussi, une telle structure dans « Le livre d'Esdras et de Néhémie » dans la collection *Cahier Évangile*. Le document araméen (Esd 4.6-6.18), qui « marque une césure importante du livre », selon Dorsey, a été présenté dans une structure[87]. Ici aussi aucun de ces textes n'a fait l'objet d'une analyse rhétorique pour faire apparaître la structure de l'écriture des correspondances officielles de l'époque. L'analyse rhétorique de la composition de ces textes est l'objet de notre étude, mais il est important de montrer d'abord l'importance de ces textes dans l'administration perse.

C. Importance des correspondances officielles dans l'administration perse

On ne peut prétendre faire une analyse des « correspondances officielles » si l'on ignore leur statut dans l'administration qui les a produites. Le *Dictionnaire encyclopédique de la Bible* soutient que les lettres « sont un entretien entre des personnes absentes et diverses compositions qui en ont la forme extérieure sans voir le contenu[88] ». Pour Linpinski, les lettres des temps bibliques sont du genre épistolaire. Certaines étaient comme les « écrits royaux », qui sont des dépêches réelles, et d'autres étaient fictives, ou des « épîtres », qui sont des écrits littéraires de contenu varié[89]. Dans le cas de notre analyse rhétorique, c'est la première forme de lettre qui nous préoccupe. Les lettres araméennes d'Esdras sont archivées, et pour Linpinski :

> Les trois lettres, à savoir Esd 4, 11b-16.17-22 et 5.7b-17, relèvent du pur genre épistolaire, tandis que celle d'Esd 6.2b-12 et 7.12-26 sont des manuscrits impériaux sous forme de lettre, tout comme le firman cité dans Esd 1.2-4 = 2 Ch 36.22s. On trouve encore des mentions de pareilles lettres royales en Est 1 22, puis

---

87. Philippe ABADIE, « Le livre d'Esdras et de Néhémie », *Cahiers Évangile* n°95 Paris, Cerf, 1997, p. 24-25.
88. Édouard LINPINSKI, « Lettre », dans Pierre-Maurice BOGAERT *et al.*, sous dir., *Dictionnaire encyclopédique de la Bible*, 3ᵉ éd., Turnhout, Brepols, 2002, p. 741.
89. *Ibid.*

en Est 3.12s et 8.9-12 que les LXX font suivre du libellé même de lettre, rédigé directement en grec dans le but de compléter Est[90].

Nous soulignons que la lettre est un genre, et à ce titre il serait important de présenter la structure rhétorique de la composition. Demarrée explique que « la correspondance officielle était transmise par des sortes de services de messages. Les lettres privées étaient habituellement remises en mains propres par un ami de confiance ou par un serviteur qui connaissait l'adresse du destinataire[91] ». Pardee précise que « la correspondance internationale s'exprimait dans la linga franca du lieu et de l'époque, en l'occurrence l'akkadien jusqu'au milieu du 1er millénaire, ensuite l'araméen, alors que la correspondance locale utilisait pour la plupart la langue locale[92] ». Nul ne doute de l'utilisation des correspondances dans les administrations au Proche-Orient ancien. Alors, comment l'administration perse utilisait-elle ce genre littéraire ?

La publication des *Documents araméens d'Égypte* en 1972 présente des correspondances privées, familiales et administratives pratiquées au moment où les Perses dirigeaient le monde. L'essentiel de notre intérêt concerne les textes administratifs de cette époque. Grelot affirme que l'Égypte était dirigée par un gouverneur dont le titre perse est « *frataraka* » et par un chef de garnison « *vidranga* », qualifié aussi de « chef de septain ». Ces notables étaient assistés de nombreux scribes chargés de tous les travaux administratifs[93]. Parmi les documents d'archives de cette époque, il y a des pièces de décharge, des livres de comptes d'un magasin royal, des listes de service, des lettres adressées au « satrape d'Égypte » en guise de compte rendu à la hiérarchie résidant à Memphis[94]. Les fonctionnaires locaux ne se contentaient pas de rendre compte de leur administration au satrape dont ils dépendaient. Ils devaient lui soumettre par avance certaines décisions importantes, par exemple celles qui engageaient les deniers de l'État, comme la réparation d'un bateau[95]. Tout cela pour dire qu'il existe un habitus de la pratique des correspondances

---

90. *Ibid.*
91. Robert Demarrée, « Lettre (Égypte) », dans Jean Leclant, sous dir., *Dictionnaire de l'Antiquité*, Paris, PUF, 2005, p. 1253.
92. Dennis Pardee, « Lettre (Ouest-sémitique) », dans Jean Leclant, sous dir., *Dictionnaire de l'Antiquité*, Paris, PUF, 2005, p. 1253.
93. Pierre Grelot, *Documents araméens d'Égypte*, Paris, Cerf, 1972, p. 53-54.
94. *Ibid.*, p. 54-60.
95. *Ibid.*, p. 61.

officielles dans l'administration perse. Le « papyrus de pascal », appelé aussi d'« Éléphantine », figurant aussi parmi les documents araméens d'Égypte, a une importance sur laquelle nous reviendrons en évoquant la représentation du temple selon l'administration perse, les Samaritains et les Juifs.

Nous pouvons ici rapprocher la structure administrative perse en Égypte de celle qui est dans Esdras-Néhémie sur le plan historique. Dans cette structure administrative, la Judée devenait, depuis la première année du règne de Cyrus sur Babylone (vers 538 av. J.-C.), l'une des régions sous autorité perse. Le peuple juif a bénéficié de la réalpolitique royale pour retourner en Juda et reconstruire le Temple. Cette acceptation du retour et de la reconstruction fut manifestée par un décret (Esd 1.2-4 ; 6.3-5). La volonté d'une liberté de culte s'est traduite par la restitution des ustensiles du culte qui se fait par voie administrative : « compté » et « remis » par le trésorier au chef de Juda Shechbatsar (1.8) sur ordre du roi, et la liste a été archivée. Alors le retour a été organisé et il existe encore une liste pouvant servir de document administratif (2.1-69 ; Né 7.6-72).

L'autre fait administratif caractéristique de l'administration perse en Égypte était l'échange de courrier entre les autorités locales et le roi Artaxerxès (4.8-23) et le roi Darius (5.3-17 ; 6.1-12). Enfin il faut aussi souligner le titre de « satrape » (5.3-5 ; 8.36). Les livres d'Esther et de Daniel, écrits dans une relation internationale du peuple juif avec les pouvoirs étrangers, présentent aussi ce titre « satrape » (Est 3.12 ; 8.9 ; 9.3 ; Dn 3.27 ; 6.1-4, 6-7).

Tout compte fait, le livre d'Esdras-Néhémie est écrit en reflétant fortement les réalités de l'administration perse et l'utilisation des documents administratifs comme une originalité dans l'écriture de l'auteur. Cependant, quels sont les documents dits « correspondances officielles » au sujet de la reconstruction du Temple ?

IV. Correspondances au sujet du Second Temple dans Esdras

Les documents araméens dans Esdras 4.6-6.18 sont pour l'essentiel des correspondances officielles mettant en évidence la question de la reconstruction du Second Temple. Ce passage s'ouvre sur une lettre d'accusation venant d'autres gouverneurs locaux perses sous le règne du roi Artaxerxès et dirigée contre le peuple de Jérusalem. Cette série de documents s'arrête à la réponse de Darius. La lettre concernant l'opposition à la reconstruction du mur de Jérusalem (4.11-16) et la réponse du roi Artarxerxès (4.17-22) ne faisant pas partie des correspondances au sujet de la reconstruction du Temple, elles ne feront donc pas l'objet de notre analyse. Mais il serait inconcevable pour nous d'étudier le décret de Cyrus en araméen (6.3-5) sans pouvoir faire référence à celui écrit en hébreu (1.2-4). Ainsi la structure de l'analyse des correspondances officielles au sujet de la reconstruction du Second Temple se présente de la manière suivante :

A. Deux versions de l'édit de Cyrus (Esd 1.2-4 ; 6.3-5) ;
B. Copie de la lettre d'opposition à la reconstruction du Temple (5.6-17) ;
C. Implication de Darius dans la reconstruction du Temple (6.6-12).

Lors de l'analyse rhétorique, il est important de voir l'édit de Cyrus dans les deux versions du livre Esdras-Néhémie (hébreu et araméen). Le but n'est pas de qualifier l'un de faux et l'autre d'authentique, mais de voir si l'édit est initialement écrit en araméen. Si tel est le cas, est-ce que la traduction hébraïque garde la structure de composition des textes administratifs ? De plus, le seul texte de l'opposition à la reconstruction du Temple, au chapitre cinq, relevant de l'administration locale perse dans la région, nous aidera à comprendre s'il existait une différence structurelle entre une correspondance relevant de l'administration locale et celle de l'administration centrale, représentée par la réponse du roi Darius.

Abadie et Klein, respectivement dans « Le livre d'Esdras et de Néhémie » dans le *Le livre d'Esdras et de Néhémie*[96] et « The Books of Ezra and Nehemiah » dans *The New Interpreter's Bible*[97], ont proposé une coupure identique de ces correspondances dans les six premiers chapitres du livre. Nous allons utiliser ces coupures dans notre analyse et signaler en même temps que l'analyse rhétorique de ces textes se fera sur la base de la traduction française des textes araméens dans Esdras faite par Nicole dans « Le Club des hébraïsants »[98].

---

96. ABADIE, « Le livre d'Esdras et de Néhémie », p. 25.
97. Ralph W. KLEIN « The Books of Ezra and Nehemiah », dans *The New Interpreter's Bible: A Commentary in Twelve Volumes*, vol. III, Nashville, Abingdon Press, 1999, p. 675.
98. Collection 16/1999, polycopié de cours de la Faculté libre de la théologie évangélique de Vaux-sur-Seine.

Conclusion

Dans ce chapitre, nous avons présenté la position de certains critiques du XIXᵉ siècle, qui considèrent les correspondances officielles dans le livre d'Esdras comme des documents faux. Certains ont rejeté purement et simplement ces documents en les qualifiant de fausses pièces ; d'autres reconnaissent l'existence de quelques documents relevant de l'administration perse et nient l'existence d'un édit en hébreu, ce qui réduit la fiabilité du texte biblique. Et d'emblée cette position pose le problème de l'authenticité du livre d'Esdras. Mais cette position des critiques a été dépassée par les travaux d'Edouard Meyer, qui avance quelques arguments favorables à l'authenticité de ces documents. Pour lui, la rédaction des pièces administratives en araméen, qui était une langue diplomatique et internationale à l'époque perse, était accompagnée des traductions dans d'autres langues soumises à l'Empire perse. Cette position donne leur crédibilité à ces documents administratifs dans Esdras et nous pouvons les étudier sans inquiétude à propos de leur statut en tant que document biblique fiable.

Cependant, l'étude sur le bilinguisme dans les rédactions à cette époque a aussi démontré que la valeur stylistique du livre d'Esdras redevient une richesse à découvrir et à analyser. Pour Sérandour, les exégètes reconnaissent que la section araméenne s'ajuste littérairement à son contexte hébraïque et sert au mieux le mouvement de pensée propre à la composition des six premiers chapitres du livre[99]. En toute hypothèse, l'auteur du livre doit donc être considéré comme authentiquement bilingue, et, partant de là, comme susceptible d'avoir rédigé lui-même la section araméenne.

Sérandour remarquait aussi que la section araméenne, à la différence de celle en hébreu, ne parle pas des prêtres et des lévites. Quant aux dirigeants, Zorobabel et les chefs des « familles patriarcales » familiers du récit hébraïque, ils cèdent la place aux « anciens des Judéens ». L'auteur assignait aussi à cette population araméenne une autre double thématique propre : l'opposition de quelques peuples à la restauration judéenne et la théologie de l'œil de Dieu veillant sur les anciens de Juda. Pourtant l'opposition des nations est abordée dès le récit hébraïque de la fondation du Temple (Esd 3.3-13), quant à la providence divine symbolisée par le motif de l'œil, imité de Zacharie 3.9 et 4.10 à propos de la présence divine effective sur la terre dès la fondation du Temple.

---

99. Sérandour, « Remarque sur le bilinguisme dans le livre d'Esdras », p. 133.

Elle caractérise toute l'introduction d'Esdras et l'image est abondamment relayée dans le livre d'Esdras-Néhémie par celle de la bonne main divine. La section araméenne de l'introduction ne manifeste donc pas à proprement parler d'intention spécifique qui nécessite de l'attribuer à un rédacteur distinct[100].

Considérer les six premiers chapitres du livre d'Esdras comme un exemple de rédaction bilingue permet d'affirmer que l'auteur utilise une « écriture hybride » pour présenter son texte. Cette écriture hybride ne modifie en rien le contenu ou la théologie du message, car, comme le soulignent bien les présupposés de l'analyse rhétorique, les textes de la Bible sont composés et bien composés, et il existe une structure dans la composition des textes.

Dans le troisième chapitre, nous allons faire l'exégèse des correspondances officielles dans le livre d'Esdras. Cette étude exégétique sera fondée sur l'analyse rhétorique et l'intertextualité, en vue de comprendre la composition ou la structure de ces correspondances et mettre en exergue les fonctions du Second Temple à l'époque perse.

---

100. *Ibid.*, p. 134.

CHAPITRE 3

Analyse rhétorique des correspondances officielles dans Esdras 1-6

Introduction

Nous avons signalé dans l'introduction que l'hypothèse de recherche de ce travail est celle-ci : « La composition rhétorique des correspondances dans le livre d'Esdras traduit la fonction du Second Temple à l'époque perse. Cette fonction est perçue différemment par l'émetteur et les récepteurs de ces correspondances, selon qu'ils sont l'administration perse, les Juifs ou les Samaritains. » C'est cette hypothèse qui va guider notre exégèse de ces correspondances et nous aider à comprendre les fonctions du Temple à l'époque perse à travers l'analyse rhétorique et l'intertextualité.

Nous dégagerons dans ce chapitre les figures de composition des correspondances au niveau « inférieur » et « supérieur ». En plus, la méthode d'intertextualité permet de montrer, dans ce chapitre, quels sont les livres bibliques et extrabibliques qui font allusion à ces correspondances et qui révèlent les fonctions du Temple à l'époque perse.

Millet et Robert affirment que le genre épistolaire est très répandu dans l'antiquité et « le livre d'Esdras (4-7) est un échange de correspondances officielles en araméen entre les autorités perses et celles de Jérusalem[1]... ». Joseph qualifie ces textes de « multiformes[2] ».

Comment peut-on délimiter les correspondances officielles dans Esdras 1-6 ? La rhétorique biblique permet-elle de mettre en évidence la composition de ces correspondances ? Si l'analyse rhétorique ne permet pas de donner la pleine signification des correspondances pour comprendre la représentation du Second Temple, l'intertextualité est-elle une méthode qui permet de révéler les intentions des acteurs de la reconstruction du Second Temple ? Ces questions orientent la délimitation des lettres écrites en araméen et introduites dans la narration du livre d'Esdras aux chapitres quatre à six, qui sont, eux aussi, principalement écrits en araméen. Cependant, bien que l'édit de Cyrus ne constitue pas, à la première lecture, une « lettre/correspondance », elle est toutefois une « charnière » importante pour le retour d'Israël et la reconstruction du Second Temple. En plus des correspondances échangées entre les autorités perses, juives et samaritaines que nous chercherons à délimiter pour l'analyse rhétorique, les deux versions (en hébreu et en araméen) de l'édit de Cyrus dans les six premiers chapitres sont pour nous prioritaires dans la structure de l'analyse.

Beaucoup d'exégètes délimitent l'édit de Cyrus au chapitre un d'Esdras du verset un au verset quatre[3]. Certes, pour comprendre l'essence du texte au chapitre un, il faut considérer le contexte de l'introduction de l'édit de Cyrus au v. 1 ; mais l'édit proprement dit commence au v. 2 par l'adverbe כֹּה « ainsi » et le verbe אָמַר « a dit » conjugué au qal, à la troisième personne du singulier[4]. Cette déclaration du roi Cyrus se termine par l'expression בִּירוּשָׁלַ͏ִם אֲשֶׁר בִּיהוּדָה: « le Dieu qui est à Jérusalem », au v. 2. La version hébraïque de l'édit de Cyrus qui fera l'objet de l'analyse rhétorique est en 1.2-4. Il serait intéressant de le voir simultanément avec la version araméenne dudit édit au chapitre six. Cet édit est présenté par les secrétaires du roi comme

---

1. Olivier MILLET et Philippe DE ROBERT, *Culture biblique*, Paris, PUF, 2001, p. 179.
2. Dominique JOSEPH, « Raconter l'Histoire avec les documents. Mises en intrigue de l'écrit dans le Livre d'Esdras », *Nouvelle revue théologique* 134/4, 2012, p. 533.
3. John A. MARTIN, « Ezra », dans John F. WALVOORD et Roy B. ZUCK, sous dir., *The Bible Knowledge Commentary/Old Testament*, Colorado, Zondervan Publishing House, 2000, p. 653 ; Harold L. WILLMINGTON, *Bible Handbook*, Wheaton, Tyndale House Publishers, 1997, p. 265.
4. John Joseph OWENS, *Analytical Key to the Old Testament vol. 3 Ezra-Song of Salomon*, Grand Rapids, Baker Book House, 1991, p. 1.

דִּכְרוֹנָה « un mémorandum », un procès-verbal. Ce procès-verbal commence au v. 3 par l'expression בִּשְׁנַת חֲדָה לְכוֹרֶשׁ מַלְכָּא « dans la première année du roi Cyrus », pour finir au v. 5 par l'autre expression בְּבֵית אֱלָהָא « dans la maison de Dieu ». Dans les deux expressions, la particule בְּ introduit et clôt le procès-verbal.

Les autres correspondances incluses dans le livre font suite à l'entretien entre les responsables juifs et les étrangers qui souhaitaient soutenir la reconstruction du Temple. L'auteur du livre d'Esdras présente ces étrangers comme des adversaires de Juda et de Benjamin (צָרֵי יְהוּדָה וּבִנְיָמִן) en 4.1. Le dialogue entre eux commence par l'expression נִבְנֶה עִמָּכֶם « nous bâtirons avec vous », pour terminer par l'expression מִימֵי אֵסַר חַדֹּן מֶלֶךְ אַשּׁוּר הַמַּעֲלֶה אֹתָנוּ פֹּה: « depuis les jours que le roi d'Assyrie Assarhaddon nous a fait monter ici ». Cette suggestion orale des adversaires du peuple de Juda et de Benjamin, pour soutenir la reconstruction du temple, a eu une réponse en 4.3. Les têtes [רָאשֵׁי] des familles et du peuple ont pris soin de répondre à leurs adversaires. Cette réponse au v. 3 commence par וְלָנוּ לִבְנוֹת בַּיִת לֵאלֹהֵינוּ « et à nous de bâtir une maison pour notre Dieu » pour finir par l'expression : כַּאֲשֶׁר צִוָּנוּ הַמֶּלֶךְ כּוֹרֶשׁ מֶלֶךְ־פָּרָס « le roi Cyrus roi de Perse nous a ordonné ainsi ». Cet entretien oral, qui ne fait pas partie des correspondances que nous souhaitons analyser, inaugure la correspondance entre les « adversaires du peuple » et le roi Xerxès.

Cette lettre, qualifiée « d'accusation » par l'auteur du livre, inaugure une autre série de correspondances écrites principalement en araméen. Ces correspondances aux chapitres 4-6 ont pour sujet l'opposition à la reconstruction de la ville et du Second Temple. Même si les correspondances de 4.9-23 concernant la reconstruction des murs de la ville de Jérusalem n'ont rien à voir avec l'objet de notre étude (le Second Temple), nous pensons toutefois que l'auteur assimile l'opposition au Temple à celle à la ville dont les travaux ont été suspendus par l'autorité perse. Michaeli souligne que « le caractère historique de ce morceau a été fortement discuté, surtout en raison d'un ensemble de faits tels que l'incertitude chronologique à cause des noms des deux rois (v. 6-7) ; les lacunes des textes ou la confusion au sujet du nombre de lettres envoyées au roi, l'absence totale de traces d'un événement historique relatif à un début de reconstruction des murailles de Jérusalem avant l'arrivée de Néhémie[5]... ». Ces incertitudes soulevées par Michaeli n'ont rien à voir (selon les présupposés de l'analyse rhétorique que nous adoptons) avec l'authenticité du texte. Pour nous, procéder à l'analyse rhétorique de ce texte permettra de faire une comparaison au niveau de la structure de cette correspondance avec cette adresse par le gouverneur Thathnaï au chapitre cinq. La motivation derrière cette analyse est d'identifier les mobiles de l'arrêt de la construction du Temple indiqué en 4.24. Est-ce un comportement subversif « des gens du pays » au v. 4-5 ou bien un éventuel arrêt en rapport avec une décision de l'administration perse ? Nous tenterons de répondre à cette question après l'analyse des correspondances entre les deux responsables des provinces perses indiquées au chapitre cinq.

Les dernières correspondances dans la série de textes en araméen sont celles envoyées toujours par « les adversaires du peuple » au roi Darius et sa réponse qui a facilité la finition des travaux et la dédicace du Second Temple (5.7-17 et 6.6-12). La lettre du gouverneur de la Transeuphratène au 5.7-17 commence par l'expression : לְדָרְיָוֶשׁ מַלְכָּא שְׁלָמָא כֹלָּא « À Darius, le roi, paix entière » pour terminer par : וּרְעוּת מַלְכָּא עַל־דְּנָה יִשְׁלַח עֲלֶינָא « qu'il nous envoie la volonté du roi au sujet de ceci ». Celle du roi Darius est une réponse au gouverneur de la Transeuphratène. De cette réponse il faut exclure 6.3-5 qui est la version araméenne de l'édit, intégré dans la réponse du roi, comme pièce à conviction de l'autorisation royale de reconstruction. Dans une intention de comparaison, nous avons souhaité faire l'analyse de ce texte simultanément avec la version hébraïque de l'édit pour pouvoir apprécier les deux versions de l'édit intégré par l'auteur du livre.

Les textes des correspondances officielles faisant l'objet de notre analyse sont : 1.2-4 et 6.3-5 (deux versions de l'édit de Cyrus) ; 4.9-16 (lettre du gouverneur Rehoum) ; 4.17-22 (réponse du roi Artaxerxès), 5.7-17 (lettre du gouverneur Thathnaï) et 6.3-12 (réponse du roi Darius).

---

5. Frank MICHAELI, *Les livres des Chroniques, d'Esdras et de Néhémie. Commentaire de l'A.T.*, vol. XVI, Neuchâtel, Delachaux et Niestlé, 1967, p. 272-273.

I. Figures de composition des correspondances officielles dans Esdras 1-6

L'analyse rhétorique cherche en premier lieu à présenter les niveaux de composition des textes. Selon Meynet : « Leur disposition forme des figures de composition qui obéissent à la loi de symétrie[6]. » La loi de symétrie permet d'observer dans le texte la régularité dans la composition. Cette régularité peut adopter une construction soit parallèle (ABCDE I A'B'C'D'E'), soit spéculaire (AB I B'A'), soit concentrique (ABCDE I E'D'C'B'A'). Ces rapports entre les unités symétriques peuvent être « totaux » ou « partiels »[7]. Distinguer une unité de composition symétrique dans le texte ne peut se faire sans montrer les niveaux de la composition du texte. L'analyse rhétorique biblique présente deux niveaux d'organisation : le niveau « inférieur » et le niveau « supérieur ». Meynet affirme qu'« [u]n très grand nombre de textes de la Bible, beaucoup plus qu'on ne croit souvent, peuvent être réécrits, comme les textes poétiques, sur deux colonnes, une pour les premiers stiques, une pour les seconds. Le seul cas de texte qui ne soit pas une suite de vers, qui ne comporte qu'un seul distique, le texte minimum ou le vers-texte est le proverbe[8] ».

Nous allons présenter les niveaux d'organisation des correspondances officielles dans le livre d'Esdras en tenant compte des « vers-textes » comme possibilité de présenter les versets en deux colonnes. Nous proposons de les présenter en deux langues : l'araméen et le français comme traduction. Cependant, la structure des versets serait compréhensible dans la structure française d'une phrase (sujet, verbe et complément). Chaque correspondance officielle respecte le niveau « inférieur » de la composition proposé par l'analyse rhétorique. Or, le niveau « supérieur » est également commun dans toutes les correspondances officielles, car toutes sont des textes du livre d'Esdras.

A. Niveau « inférieur » (ou non autonome)

Un texte est organisé à plusieurs niveaux : membre[9], segment, morceau. L'idéal est, comme le souhaite l'analyse rhétorique, de réécrire chaque

---

6. Meynet, *L'analyse rhétorique*, p. 197.
7. Roland Meynet et Jacek Oniszczuk, *Exercices d'analyse rhétorique biblique*, p. 32.
8. Roland Meynet, *Initiation à la rhétorique biblique*, Paris, CERF, 1982, p. 23.
9. Membre ou « colon ». Dans ce travail, on utilise bien plus souvent le terme « colon », qui est d'actualité dans l'analyse rhétorique, au lieu du terme « membre » initialement employé dans la démarche de l'analyse rhétorique.

membre, chaque segment et chaque morceau, afin de visualiser la composition de chaque constituant du texte. Le niveau « inférieur » de la composition est l'unité de composition la plus brève, en deçà même de la phrase. Organiser ces unités dans le distique « permettra de définir déjà, de façon élémentaire, les figures de base de la rhétorique biblique[10] ». L'un des objectifs de cette recherche est d'identifier la structure interne des correspondances officielles usuelles dans l'administration perse. S'agit-il d'une structure identique dans toutes les correspondances officielles ou bien chaque correspondance officielle peut-elle avoir une structure différente, selon le statut de l'émetteur ? Telles sont les questions auxquelles nous chercherons des réponses dans la présentation du niveau « inférieur » des correspondances.

1. *Termes dans les correspondances officielles*

Le terme correspond en général à un « lexème » ou mot qui appartient au lexique, comme le substantif, l'adjectif, le verbe et l'adverbe. « Il arrive souvent, dans les ouvrages d'exégèse, que les termes, passages, mais surtout morceaux, parties [...] ne soient pas utilisés de façon claire[11] ». Nous allons présenter les termes de toutes les correspondances officielles. Ces termes dans la langue utilisée par l'auteur d'Esdras seront accompagnés d'une signification, et d'une présentation morphologique et syntaxique de chaque lexème. À ce stade, nous n'allons pas mettre les versets dans un distique, comme nous l'avons déjà souligné, mais les présenter dans un tableau dans lequel le mot a un sens, sa nature et sa fonction dans la phrase.

Tous les textes des correspondances officielles en araméen seront basés sur le travail de Nicole dans « Le club des hébraïsants » (col. 16/1999). Nous n'allons plus présenter les « termes » des correspondances en araméen, mais plutôt dans la traduction en français. L'analyse morphologique et syntaxique des textes araméens dans Esdras sera maintenue comme élément de « terme » pour notre analyse et présentée en annexe du travail. Cependant la version hébraïque de l'édit de Cyrus au chapitre 1 sera traitée dans cette première étape d'analyse rhétorique. L'*Ancien Testament interlinéaire hébreu-français* des éditions Bibli'O, *An Introduction to Biblical Hebrew Syntax* de Waltke et O'Connor, paru en 1990, et le *New International Dictionary of the Old*

---

10. *Ibid.*, p. 21.
11. Roland MEYNET, *Traité de la rhétorique biblique*, Pandé, Gabalda, 2013, p. 71.

Testament and Exegesis, dirigé par Van Gemeren et publié en 1996, seront pour nous des outils essentiels pour le sens des substantifs dans l'édit, version hébraïque.

Nous présentons ici ces sources, car il serait difficile pour chaque « mot » du texte de faire un renvoi en bas de la page. Face à des difficultés de sens et de choix, nous allons présenter les discussions et les justifications de notre choix en bas de page. Les termes d'Esdras 1.2-4 se présentent de la manière suivante :

Tableau 1 : Morphologie d'Esdras 1.2-4

v. 2	כֹּה adv. *ainsi/* אָמַר verb. qal 3ᵉ prs sing. *a dit/* כֹּרֶשׁ nom propre *Cyrus/* מֶלֶךְ nom com. *roi/* פָּרַס nom propre *Perse/* כֹּל adj. mas. plrs *tous/* מַמְלְכוֹת nom fem. plrs *les royaumes de/* הָאָרֶץ nom com. fem. sing. *la terre/* נָתַן verb. qal. 3ᵉ pers. *a donné/* לִי prép. + pron. pers. 1ᵉ pers. sing *à moi/* יְהוָה nom prop. *Yhwh*[12]/ אֱלֹהֵי nom com. mas. plrs *le Dieu de/* הַשָּׁמַיִם art. ind. plr. + nom com. plr. *des cieux/* וְהוּא־פָקַד conj. + pron + verb. qal. 3ᵉ pers. sing. *et lui, il a chargé/* עָלַי prép. + pron. pers. 1ᵉ pers. sing. *sur moi/* לִבְנוֹת־לוֹ prép. + verb. qal. Inf. + prép. + pron. pers. 3ᵉ pers. masc. sing. *de bâtir pour lui/* בַיִת nom com. masc. sing. *maison/* בִּירוּשָׁלָםִ prép. + nom prop. *de Jérusalem/* אֲשֶׁר pron. *qui/* בִּיהוּדָה prép. + nom prop. *En Juda.*
v. 3	מִי־בָכֶם pron. inter. + pron. pers. 2ᵉ pers. plrs *Qui de vous ?/* מִכָּל־ prép. + adj. ind. *de tout/* עַמּוֹ adj. poss. + nom com. *son peuple/* יְהִי verb. qal. 3ᵉ pers. sing. jussive *soit/* אֱלֹהָיו nom com. masc. plrs *Dieu/* עִמּוֹ prép + pron. pers. 3ᵉ pers. sing. *avec lui/* וְיַעַל conj. + verb. qal 3ᵉ pers. masc. sing. jussive *et qu'il monte/* לִירוּשָׁלַםִ prép. + nom prop. *à Jérusalem/* אֲשֶׁר pron. relat. *lequel/* בִּיהוּדָה prép. + nom prop. de lieu *en Juda/* וְיִבֶן prép. + verb. qal. 3ᵉ pers. sing. *et qu'il bâtisse/* אֶת־בֵּית indication de l'objet direct indéfini + nom. com. fem. sing. *la maison de/* יְהוָה nom prop. *Yhwh/* אֱלֹהֵי nom com. masc. plrs *Dieu/* יִשְׂרָאֵל nom propre *Israël/* הוּא pron. ind. 3ᵉ pers. sing. *celui/* הָאֱלֹהִים art. déf. + nom com. *le Dieu/* אֲשֶׁר pron. relatif *qui/* : בִּירוּשָׁלָםִ prép. + nom prop. *à Jérusalem.*

---

12. Dans la mesure où le mot Yhwh rend souvent compte de choix de traduction ou d'interprétation textuelle, nous avons décidé de le rendre par le système de transcription Yhwh.

v. 4	וְכָל־ prép. + nom com. masc. sing. *et tout*/ הַנִּשְׁאָר pron. rel. + verb. niph. *ce qui reste*/ מִכָּל־ prép. + nom com. masc. sing. dans tout/ הַמְּקֹמוֹת art. déf. masc. plrs + nom com. plrs *les lieux*/ אֲשֶׁר pron. rel. *que*/ הוּא pron. pers. masc. sing. *lui*/ שָׁם adv. de lieu *là*/ גָר verb. qal, part. pres. masc. sing. *séjournant*/ יְנַשְּׂאוּהוּ verb. pi. 3ᵉ pers. plrs + pron. pers. 3ᵉ pers. sing. *lui apporteront*/ אַנְשֵׁי nom com. masc. plrs *les hommes de*/ מְקֹמוֹ adj. poss. + nom com. masc. sing. *son lieu*/ בְּכֶסֶף nom com. masc. sing. *Argent*/ וּבְזָהָב conj. + nom com. mas. sing. *et or*/ וּבִרְכוּשׁ conj. + prép. + nom com. masc. sing. *et des biens*/ וּבִבְהֵמָה conj. + prep. + nom com. fem. sing. *et du bétail*/ עִם־ prép. *avec*/ הַנְּדָבָה art. def. + nom com. fem. sing. *offrande volontaire*/ לְבֵית art. déf. + nom com. fem. sing. *la maison de*/ הָאֱלֹהִים art. déf. + nom com. masc. plrs *le Dieu*/ אֲשֶׁר pron. relat. *qui* : בִּירוּשָׁלָ͏ם prép. + nom prop. masc. sing. *à Jérusalem*.

La morphologie, la syntaxe et la sémiologie de chaque « mot » permettent de mieux comprendre les relations existant entre les mots dans une phrase. Proposer une structure rhétorique de la composition des correspondances dépend de la maîtrise de la nature et de la fonction de chacun de ses mots. Dans les étapes de la composition rhétorique des correspondances, il est important, tout au début, de proposer une traduction très littérale. Pour une raison purement pratique, nous évitons de fournir une translittération des termes en hébreu et en araméen ; mais nous utilisons soit le terme dans la langue originale, soit sa traduction française. Nous n'allons pas écrire de droite à gauche pour l'hébreu/araméen et de gauche à droite pour la traduction française. La présentation de l'édit version hébraïque au niveau du « terme » et l'étude de Nicole annexée à notre travail sont pour nous des travaux de base pour proposer une traduction. En proposant la traduction, nous allons en même temps discuter la question de critique textuelle en bas de page. Nous proposons la traduction sous la forme présentée à la page suivante.

> **L'édit de Cyrus 1.2-4** (version hébraïque)
>
> ²Ainsi parle Cyrus, roi de Perse : Yhwh, le Dieu du ciel[13], m'a donné tous les royaumes de la terre et Il m'a chargé de lui bâtir une maison à Jérusalem de Juda. ³Quiconque parmi vous est de son peuple, que son Dieu soit avec lui ; qu'il monte à Jérusalem en Juda et bâtisse la maison de Yhwh, le Dieu d'Israël ; c'est lui qui réside à Jérusalem. ⁴Ceux qui restent, où qu'ils résident, que leurs voisins les soutiennent avec de l'argent, des matériaux et du bétail ; ainsi qu'avec des offrandes pour la maison du Dieu de Jérusalem.

> **L'édit de Cyrus 6.3-5** (version araméenne)
>
> ³En l'an 1 de Cyrus le roi. Cyrus le roi donna l'ordre suivant quant à la maison de Yhwh à Jérusalem ; la maison sera bâtie comme lieu où l'on sacrifie et ses fondations seront préservées : hauteur : 60 coudées et largeur : 60 coudées. ⁴Trois rangées de pierres de taille pour une de bois ; les dépenses seront couvertes par la maison du roi. ⁵Les objets sacrés d'or et d'argent que Nabuchodonosor avait emportés du sanctuaire de Jérusalem en Babylone retourneront d'où ils viennent dans le sanctuaire de Jérusalem où tu les déposeras.

> **Lettre du gouverneur Thathnaï** (5.7-17)
>
> ⁷Un mot lui est expédié qui dit : Au roi Darius, paix entière. ⁸Que le roi sache, nous sommes allés dans la province de Judée à la maison du grand Dieu ; elle s'élève par rangées de pierres et traverses de bois le long des murs. Le travail va bon train entre leurs mains. ⁹Alors nous avons demandé à ces anciens : qui vous a donné l'ordre de construire cette maison et les matériaux pour terminer ? ¹⁰En outre nous leur avons demandé de faire connaître leurs noms en enregistrant le nom de leurs chefs. ¹¹Et voici leur réponse : Nous sommes au service du Dieu du ciel et de la terre et nous reconstruisons la maison qui a été bâtie il y a très longtemps par un grand roi d'Israël qui l'avait achevée.

---

13. Le terme יְהוָה אֱלֹהֵי הַשָּׁמַיִם est mis en évidence par le texte de 2 Chroniques 36.23. Littéralement, cela peut se traduire par « Yhwh les dieux des cieux ». Cependant, même si אלהי est au pluriel, de même que הַשָּׁמַיִם, le dynamisme de la langue française et la vertu de parler du Dieu de la foi chrétienne au singulier nous amènent à traduire « Yhwh Dieu du Ciel »

¹²Mais après que nos pères l'eurent mis en colère, le Dieu du ciel les livra aux mains du roi de Babylone Nabuchodonosor, le Chaldéen, qui détruisit cette maison et déporta le peuple à Babylone. ¹³Toutefois, en l'an 1 de son règne, Cyrus, roi de Babylone, donna l'ordre de restaurer cette maison divine ¹⁴et ses objets sacrés d'or et d'argent que Nabuchodonosor avait fait emporter du sanctuaire de Jérusalem au temple de Babylone ; d'où le roi Cyrus les fit rapporter par un Sheshbatsar qu'il avait nommé gouverneur. ¹⁵Il lui dit : Ces objets sacrés, rapporte-les au sanctuaire de Jérusalem et que la maison du Dieu soit reconstruite à son emplacement. ¹⁶Alors Sheshbastar vint et posa ses fondations à la maison de Dieu de Jérusalem. Depuis lors elle se reconstruit, mais n'est pas achevée. ¹⁷Maintenant, si le roi le juge bon, qu'on recherche dans les archives du palais de Babylone s'il existe un document prouvant que le roi Cyrus a donné l'ordre de restaurer cette maison divine de Jérusalem et que le roi nous fasse savoir sa volonté.

Réponse du roi Darius (6.6-12)

⁶Maintenant éloignez-vous, Tattenaï gouverneur de l'Au-delà-du-Fleuve, Shetar-Boznaï et les inspecteurs de l'Au-delà-du-Fleuve. ⁷Laissez construire cette maison divine. Que le gouverneur des Judéens et les anciens la rebâtissent à cet emplacement. ⁸Par moi l'ordre est donné d'aider les anciens des Judéens dans la restauration de la maison divine aux frais du roi sur les impôts perçus dans l'Au-delà-du-Fleuve. On remboursera exactement leurs dépenses à ces hommes jusqu'au bout. ⁹Et quels que soient leurs besoins en taurillons, béliers, agneaux, pour les sacrifices au Dieu du ciel et en grain, sel, vin, huile selon ce que diront les prêtres de Jérusalem ; tout cela leur sera donné chaque jour sans faute ¹⁰afin d'offrir au Dieu du ciel les sacrifices parfumés et les prières pour la vie du roi et de ses fils. ¹¹Quiconque changera cet ordre, moi, j'ordonne qu'une poutre de bois soit arrachée de sa maison et dressée pour l'y empaler et que sa maison soit réduite à un tas de débris. ¹²Que le Dieu qui fait résider là son nom renverse tout roi et tout peuple qui lèverait la main pour changer cet ordre et détruire la maison qui est à Jérusalem. Moi, Darius, j'ai donné un ordre, qu'il soit exécuté à la lettre.

Remarquons que ces textes n'ont pas de problème majeur de critique textuelle qui pourrait modifier ou jouer sur leur légitimité dans la rédaction du livre d'Esdras. Comment pouvons-nous présenter le « membre » dans ces correspondances au niveau inférieur de l'analyse rhétorique ?

2. Membre des correspondances officielles

La deuxième étape au niveau « inférieur » de l'analyse rhétorique consiste à présenter le texte en « membres ». Après avoir défini le « membre » et montré sa pratique dans l'analyse rhétorique, la nature et la fonction de chaque « terme » des correspondances permettront de découper les membres en une unité minimale de compréhension. Le membre est un syntagme ou un groupe de « termes » liés entre eux par des rapports syntaxiques étroits. Le « membre » est l'unité rhétorique minimale ; il peut arriver qu'un membre comporte un seul terme[14]. Ce groupe de mots comprenant généralement deux à cinq termes forme une unité syntaxique[15]. Dans le cadre des correspondances que nous étudions, la présentation des « membres » rhétoriques se fera par verset dans un tableau distinct pour mieux identifier les relations existant entre les membres.

Tableau 2 : Version hébraïque de l'édit de Cyrus (Esd 1.2-4)

v. 2	Ainsi parle Cyrus roi de Perse/
	Yhwh, le Dieu du ciel m'a donné/
	tous les royaumes de la terre/
	et Il m'a chargé/
	de lui bâtir une maison à Jérusalem de Juda/
v. 3	Quiconque parmi vous est de son peuple/
	que son Dieu soit avec lui/
	qu'il monte à Jérusalem en Juda/
	et bâtisse la maison de Yhwh/
	le Dieu d'Israël/
	c'est lui qui réside à Jérusalem/
v. 4	Ceux qui restent/
	où qu'ils résident/
	que leurs voisins les soutiennent/
	avec de l'argent/des matériaux/et du bétail/
	ainsi qu'avec des offrandes/
	pour la maison du Dieu à Jérusalem

---

14. R. MEYNET, « Rhétorique biblique et sémitique : questions de méthode », dans *StRh* 29a, 25 septembre 2009, p. 8.
15. MEYNET et al., *Rhétorique sémantique*, p. 88.

Tableau 3 : Version araméenne de l'édit de Cyrus (Esd 6.3-5)

v. 3	En l'an 1 de Cyrus le roi/
	Cyrus le roi donna/
	l'ordre suivant quant à la maison de Yhwh à Jérusalem/
	la maison sera bâtie/
	comme lieu où l'on sacrifie/
	et ses fondations seront préservées/
	hauteur : 60 coudées/
	largeur : 60 coudées/
v. 4	Trois rangées de pierres/de taille pour une de bois/
	les dépenses seront couvertes/ par la maison du roi/
v. 5	Les objets sacrés d'or/et d'argent/
	que Nabuchodonosor avait emportés/
	du sanctuaire de Jérusalem/ à Babylone/
	retourneront d'où ils viennent/
	dans le sanctuaire de Jérusalem/
	où tu les déposeras/

Tableau 4 : Lettre du gouverneur Thathnaï (Esd 5.7-17)

v. 7	Un mot lui est expédié qui dit/
	Au roi Darius/
	paix entière/
v. 8	Que le roi sache/
	nous sommes allés dans la province de Judée/
	à la maison du grand Dieu/
	elle s'élève par rangées de pierre/
	et traverses de bois le long des murs/
	Le travail va bon train/
	entre leurs mains/
v. 9	Alors, nous avons demandé à ces anciens/
	« qui vous a donné l'ordre de construire/
	cette maison/
	et les matériaux pour terminer/ » ?

v. 10	En outre, nous leur avons demandé/
	    de faire connaître leurs noms/
	        en enregistrant le nom/
	    de leurs chefs

v. 11	Et voici leur réponse/
	    Nous sommes au service du Dieu du ciel/
	        et de la terre/
	    et nous reconstruisons la maison/
	        qui a été bâtie il y a très longtemps/
	            par un grand roi d'Israël/
	            qui l'avait achevée/

v. 12	Mais, après que nos pères l'eurent mis en colère/
	    le Dieu du ciel les livra/
	        aux mains du roi de Babylone/
	Nabuchodonosor/
	le Chaldéen
	qui détruisit cette maison/
	et déporta le peuple/
	    à Babylone/

v. 13	Toutefois, en l'an 1 de son règne/
	    Cyrus, roi de Babylone/
	        donna l'ordre de restaurer/
	            cette maison divine/

v. 14	et ses objets sacrés/
	              d'or/
	                  et d'argent/
	            que Nabuchodonosor avait fait emporter/
	              du sanctuaire/
	                de Jérusalem/
	au temple de Babylone/
	    d'où le roi Cyrus les fit rapporter/
	        par un Sheshbatsar/
	        qu'il avait nommé gouverneur/

v. 15	Il lui dit/
	Ces objets sacrés/
	rapporte-les au sanctuaire de Jérusalem/
	et que la maison du Dieu/
	soit reconstruite/
	à son emplacement/
v. 16	Alors Sheshbastar vint/
	et posa ses fondations/
	à la maison de Dieu/
	à Jérusalem/
	depuis lors, elle se reconstruit/
	mais n'est pas achevée/
v. 17	Maintenant, si le roi le juge bon/
	qu'on recherche/
	dans les archives du palais/
	de Babylone/
	s'il existe un document/
	prouvant que le roi/
	Cyrus/
	[Cyrus]/
	a donné l'ordre/
	de restaurer cette maison divine/
	à Jérusalem/
	et que le roi nous fasse/
	savoir sa volonté/

Tableau 5 : Réponse du roi Darius (Esd 6.6-12)

v. 6	Maintenant, éloignez-vous/
	Tattenaï/
	gouverneur de l'Au-delà-du-Fleuve/
	Shetar-Boznaï/
	et les inspecteurs de l'Au-delà-du-Fleuve
v. 7	Laissez construire/
	cette maison divine/
	Que le gouverneur des Judéens/
	et les anciens
	la rebâtissent à cet emplacement/

v. 8	Par moi/
	    l'ordre est donné/
	        d'aider les anciens des Judéens/
	            dans la restauration/
	                de la maison divine/
	                    aux frais du roi/
	                        sur les impôts perçus/
	                            dans l'Au-delà-du-Fleuve/
	    on remboursera exactement/
	        leurs dépenses/
	            à ces hommes/
	        jusqu'au bout/

v. 9	Et quels que soient leurs besoins/
	        en taurillons/
	        béliers/
	        agneaux/
	            pour les sacrifices au Dieu/ du ciel/
	    et en grain/
	        sel/
	        vin/
	        huile/
	            selon ce que diront les prêtres/
	                à Jérusalem/
	    tout cela leur sera donné/
	        chaque jour sans faute/

v. 10	afin d'offrir au Dieu/du ciel/
	            les sacrifices parfumés/
	        et les prières/
	            pour la vie du roi/
	            et de ses fils/

v. 11	Quiconque changera cet ordre/
	Moi/
	    j'ordonne qu'une poutre/de bois/
	        soit arrachée de sa maison/
	        et dressée/
	            pour l'y empaler/
	        et que sa maison/
	            soit réduite à un tas/ de débris

v. 12	Que le Dieu/
	qui fait résider là son nom/
	renverse tout roi/
	et tout peuple/
	qui lèverait la main/
	pour changer cet ordre/
	et détruire la maison/
	qui est à Jérusalem/
	Moi/
	Darius/
	j'ai donné un ordre/
	qu'il soit exécuté à la lettre/

Présenter les termes dans un « arbre de phrase », en tenant compte de leur nature et fonction dans la phrase, est une étape importante pour déceler la structure de la composition d'un texte. Un regard succinct jeté sur les « termes » des correspondances dans Esdras décèle une écriture structurée à travers les connecteurs de phrases tels que : maintenant, toutefois, c'est pourquoi, quiconque, alors, ainsi… Ces mots de liaison permettent aux lecteurs de ces correspondances de suivre de manière logique la progression de la pensée des auteurs de ces lettres. Après les « termes » des correspondances, nous arrangerons maintenant aux pages suivantes les versets dans un « segment » soit « distique », soit « tristique » selon la structure des phrases.

3. Segment

Le troisième niveau inférieur de l'analyse rhétorique est de mettre les « membres » dans un « segment ». Il existe un certain nombre de segments à un seul membre : ils sont appelés « uni-membres » ou « mono-stiques ». La grande majorité des segments sont cependant composés de deux membres et seront aussi appelés « bimembres » ou « distiques ». Enfin un certain nombre de segments sont formés de trois membres et sont appelés « trimembres »[16]. Au-delà de trois membres, on atteint le niveau supérieur d'organisation du texte, le « morceau »[17].

---

16. Cécile DE CAT, *French Dislocation : Interpretation, Syntax, Acquisition*, Oxford, Oxford University Pres, 2007, p. 124.
17. MEYNET et al., *Rhétorique sémitique*, p. 89.

À ce niveau inférieur du texte, nous allons arranger les correspondances dans des segments, soit « unimembres », soit « bimembres ». Le but ici est de découvrir la symétrie dans l'écriture des auteurs de ces correspondances. Ces symétries peuvent être soit parallèles, soit croisées. Cette étape de l'analyse rhétorique ne permet pas encore d'identifier la structure de composition de ces correspondances officielles dans le livre d'Esdras. Car si nous cherchons à ce stade à proposer une structure, nous allons proposer des petites structures de verset, au lieu de mettre en relief l'objectif qui est de présenter la structure générale d'une correspondance. Toutefois, cette étape de l'analyse rhétorique est nécessaire pour arranger le texte dans des segments compréhensibles.

Tableau 6 : Version hébraïque de l'édit de Cyrus (Esd 1.2-4)

v. 2	Ainsi parle Cyrus roi de Perse.
	Yhwh, le Dieu du ciel m'a donné tous les royaumes de la terre
	et Il m'a chargé de lui bâtir une maison à Jérusalem de Juda
v. 3	Quiconque parmi vous est de son peuple, que son Dieu soit avec lui
	qu'il monte à Jérusalem en Juda
	et bâtisse la maison de Yhwh le Dieu d'Israël
	c'est Lui qui réside à Jérusalem
v. 4	Ceux qui restent, où qu'ils résident,
	que leurs voisins les soutiennent
	avec de l'argent, des matériaux et du bétail
	ainsi qu'avec des offrandes pour la maison du Dieu de Jérusalem

Tableau 7 : Version araméenne de l'édit de Cyrus (Esd 6.3-5)

v. 3	En l'an 1 de Cyrus le roi
	Cyrus le roi donna l'ordre suivant
	quant à la maison de Yhwh à Jérusalem
	la maison sera bâtie comme lieu où l'on sacrifie
	et ses fondations seront préservées
	hauteur : 60 coudées, largeur : 60 coudées
v. 4	Trois rangées de pierres de taille pour une de bois
	les dépenses seront couvertes par la maison du roi

v. 5	Les objets sacrés d'or et d'argent
	que Nabuchodonosor avait emportés du sanctuaire de Jérusalem à Babylone
	retourneront d'où ils viennent
	dans le sanctuaire de Jérusalem où tu les déposeras

Tableau 8 : Lettre du gouverneur Thathnaï (Esd 5.7-17)

v. 7	Un mot lui est expédié qui dit : Au roi Darius paix entière.
v. 8	Que le roi sache nous sommes allés dans la province de Judée
	à la maison du grand Dieu
	elle s'élève par rangées de pierres et traverses de bois le long des murs
	Le travail va bon train entre leurs mains
v. 9-10	Alors, nous avons demandé à ces anciens
	qui vous a donné l'ordre de construire cette maison
	et les matériaux pour terminer
	En outre nous leur avons demandé
	de faire connaître leurs noms
	en enregistrant le nom de leurs chefs
v. 11	Et voici leur réponse
	Nous sommes au service du Dieu du ciel et de la terre
	et nous reconstruisons la maison
	qui a été bâtie il y a très longtemps
	par un grand roi d'Israël
	qui l'avait achevée
v. 12	Mais, après que nos pères l'eurent mis en colère
	Le Dieu du ciel les livra aux mains du roi de Babylone
	Nabuchodonosor, le Chaldéen, qui détruisit cette maison
	et déporta le peuple à Babylone
v. 13-14	Toutefois, en l'an 1 de son règne
	Cyrus, roi de Babylone, donna l'ordre
	de restaurer cette maison divine et ses objets sacrés d'or et d'argent
	que Nabuchodonosor avait fait emporter
	du sanctuaire à Jérusalem au temple à Babylone
	d'où le roi Cyrus les fit rapporter par un Sheshbatsar
	qu'il avait nommé gouverneur

v. 15	Il lui dit
	Ces objets sacrés, rapporte-les au sanctuaire à Jérusalem
	et que la maison du Dieu soit reconstruite à son emplacement
v. 16	Alors Sheshbastar vint et posa ses fondations
	à la maison de Dieu de Jérusalem
	depuis lors, elle se reconstruit
	mais n'est pas achevée
v. 17	Maintenant, si le roi le juge bon
	qu'on recherche dans les archives du palais de Babylone
	s'il existe un document prouvant
	que le roi Cyrus a donné l'ordre
	de restaurer cette maison divine à Jérusalem
	et que le roi nous fasse savoir sa volonté

Tableau 9 : Réponse du roi Darius (Esd 6.6-12)

v. 6	Maintenant, éloignez-vous
	Tattenaï, gouverneur de l'Au-delà-du-Fleuve
	Shetar-Boznaï
	et les inspecteurs de l'Au-delà-du-Fleuve
v. 7	Laissez construire cette maison divine
	Que le gouverneur des Judéens
	et les anciens
	la rebâtissent à cet emplacement
v. 8	Par moi l'ordre est donné
	d'aider les anciens des Judéens
	dans la restauration de la maison divine
	aux frais du roi sur les impôts perçus dans l'Au-delà-du-Fleuve
	on remboursera exactement leurs dépenses
	à ces hommes jusqu'au bout

v. 9-10	Et quels que soient leurs besoins
	en taurillons, béliers, agneaux, pour les sacrifices au Dieu du ciel
	et en grain, sel, vin, huile,
	selon ce que diront les prêtres de Jérusalem
	tout cela leur sera donné chaque jour sans faute
	afin d'offrir au Dieu du ciel
	les sacrifices parfumés et les prières
	pour la vie du roi et de ses fils
v. 11	Quiconque changera cet ordre
	Moi, j'ordonne qu'une poutre de bois
	soit arrachée de sa maison et dressée pour l'y empaler
	et que sa maison soit réduite à un tas de débris
v. 12	Que le Dieu qui fait résider là son nom
	renverse tout roi et tout peuple
	qui lèverait la main pour changer cet ordre
	et détruire la maison qui est à Jérusalem
	Moi, Darius, j'ai donné un ordre
	qu'il soit exécuté à la lettre

Les segments dans ces correspondances sont composés de plusieurs types de segments. Il existe, bien que rarement, une composition rhétorique d'un seul segment « unimembre ». Car pour qu'il y ait une composition, pour qu'une symétrie existe, il faut une dualité ou pluralité. Dans l'édit de Cyrus version hébraïque, « Ainsi parle Cyrus roi de Perse » est un exemple de segment unimembre dans le v. 2. Ce segment n'a aucune symétrie avec un autre segment dans la suite.

Cependant les correspondances renferment plusieurs segments bimembres. Ces segments ont, d'une part, une symétrie parallèle. Dans cette symétrie parallèle, l'ordre des deux termes du second membre est le même que dans le premier (a b / a' b'). Selon Meynet, le parallélisme peut mettre en rapport toutes sortes d'éléments linguistiques, d'un seul mot à tout un énoncé. Il est souvent beaucoup moins systématique et peut simplement signaler soit le début d'unités parallèles, soit la fin d'unités parallèles[18]. Deux exemples d'une symétrie parallèle dans les correspondances officielles peuvent être mis en évidence.

---

18. MEYNET, *Initiation à la rhétorique biblique*, p. 24.

1. Quant à *la maison* de Yhwh à Jérusalem
   la maison sera bâtie comme lieu où l'on sacrifie (6.3)
2. depuis lors, *elle* se reconstruit
   mais *elle* n'est pas achevée (5.16)

D'autre part, les symétries appelées croisées peuvent aussi être un chiasme. L'ordre des deux termes du second membre est différent de celui du premier (a b / b' a'). Le chiasme fait réapparaître les éléments linguistiques symétriques dans l'ordre inversé et met en jeu tous les niveaux d'organisation du langage. Le mot chiasme vient du grec « *chiasmos* », reproduit parfois sous forme de la lettre grecque chi (c). Meynet affirme qu'elle est fondamentale dans la rhétorique biblique[19]. Dans le cas des correspondances officielles, il est nécessaire de s'y attarder davantage ; en particulier pour en distinguer les différentes espèces, ce qui sera fait après la présentation de deux exemples.

Le premier exemple des chiasmes dans les correspondances est celui du parallélisme inversé. Richelle affirme que ce type de structure est répandu dans l'A.T. et laisse la possibilité d'introduire un élément central[20]. Dans la correspondance intitulée « Lettre du gouverneur Thathnaï au roi Darius » (6.13-14), nous pouvons présenter une structure en chiasme de la manière suivante :

a. Toutefois, en l'an 1 de son règne
   b. Cyrus, roi de Babylone donna l'ordre
      c. de restaurer cette maison divine et ses objets sacrés d'or et d'argent
         d. que Nabuchodonosor avait fait emporter
      c'. du sanctuaire à Jérusalem au temple à Babylone
   b'. d'où le roi Cyrus les fit rapporter par un Sheshbatsar
a'. qu'il avait nommé gouverneur

Dans cet exemple, le point central est le fait que Nabuchodonosor a joué un rôle important non seulement dans la destruction du temple, mais surtout quand il a fait emporter les objets sacrés du sanctuaire de Jérusalem. Martin suggère qu'Esdras 6.13-14 est une correspondance en faveur de Thathnaï et de ses associés, afin qu'ils se conforment ponctuellement à l'ordre de Darius.

---

19. *Ibid.*, p. 28.
20. Matthieu RICHELLE, *Guide pour l'exégèse de l'Ancien Testament*, Vaux-sur-Seine, Édifac, 2012, p. 100.

Le travail fut accompli par les anciens des Juifs, encouragés par les prophéties d'Aggée et de Zacharie. La prédication de ces deux hommes est rapportée dans les livres bibliques portant leurs noms respectifs. Ces deux prophètes estimaient que les difficultés rencontrées au cours de cette période trouvaient leur source dans la désobéissance du peuple, qui ne se souciait pas de la reconstruction du temple[21]. Or, Esdras n'a pas traité cette question de la désobéissance du peuple dans son livre. Il a mis l'accent sur l'opposition extérieure, qui était aussi un facteur de ralentissement des travaux. Il se pourrait que ce contretemps fasse partie de la typologie commune aux deux Temples. La construction du premier Temple avait été interrompue jusqu'à ce que le prophète Nathan autorise la reprise des travaux, et la construction du Second Temple est arrêtée jusqu'à ce que les prophètes Aggée et Zacharie encouragent la reprise des travaux.

Dans ce chiasme, le texte indique que l'ordre ultime pour la construction du Temple fut édicté par le Dieu d'Israël lui-même. Il était à l'œuvre à travers les ordres donnés par les rois païens perses Cyrus, Darius et Artaxerxès. Les ouvriers, les prophètes, les rois et Dieu étaient tous impliqués. Cette mobilisation de certains rois perses pour la construction du Second Temple est un aspect original de la souplesse et du pragmatisme constant dans leurs relations avec les peuples dominés, tant que ceux-ci respectaient leur domination. Les rois perses ont réalisé des travaux sur plusieurs sites du cœur de leur Empire à Pasargades, à Persépolis et Suse[22]. Mais nous remarquons aussi que le roi Artaxerxès n'avait pris aucune part à la construction du Temple. Certains chercheurs ont avancé l'hypothèse selon laquelle le nom d'Artaxerxès fut ajouté par un copiste en des temps reculés, mais il n'existe aucun indice textuel permettant de l'affirmer. Martin écrit que le nom d'Artaxerxès a été ajouté pour compléter le récit par souci de précision, car il avait décrété la construction des murailles de Jérusalem (Né 2.1, 8). Il avait aussi aidé à fournir de quoi faire les sacrifices dans le temple (Esd 7.12-17). Mais Edelman réfute le fait que c'est sous le roi Darius que le Second Temple de Jérusalem fut reconstruit. Pour elle, cette reconstruction était une partie du plus grand

---

21. John A. Martin, « Esdras », dans *DBC*, p. 884.
22. Pierre Briant, *Histoire de l'Empire perse, de Cyrus à Alexandre*, Paris, Fayard, 1996, p. 99.

projet du roi Artaxerxès I[23]. Martin propose une solution à cette discussion, et nous partageons son avis : « [l]es mots traduits par "le temple" dans certaines versions ne sont pas dans le texte hébreu de 6.14. On lit dans la version *NEG* "ils bâtirent et achevèrent", cette phrase faisant référence à la construction complète de Jérusalem, selon les édits des trois rois. En revanche, le verset 15 mentionne la maison de manière spécifique[24]. »

En effet, dans cet exemple nous voyons Dieu lui-même intervenir à travers les rois, les prophètes et le peuple pour la reconstruction du Second Temple ; cela exprime le symbolisme cosmique du Temple. Pour Assis, le Second Temple était le centre cosmique du monde. Cela signifie un endroit où se retrouvaient tous les modes essentiels de l'être, où était possible une communication entre eux et où on atteignait le contact le plus direct avec le sacré[25]. Ici, le Temple est considéré comme un microcosme et comme la copie terrestre d'un prototype céleste préexistant. L'image biblique du Temple au sommet de la plus haute montagne (cf. Ps 48.2-3 ; Es 11.1 ; Ez 48.2) influence probablement cette perception qui décrit le Temple comme étant au centre de la ville ou un lieu extrêmement élevé. Le Temple est « le point le plus élevé d'Israël et Israël est le plus élevé de tous les pays[26] ».

Le second exemple du chiasme que nous relevons dans ces correspondances est celui identifiable facilement par les connecteurs. Une lettre du gouverneur Thathnaï (5.7-17) montre à suffisance comment, en utilisant des connecteurs, l'auteur du texte présente un chiasme dont le point central est l'ordre de reconstruire la maison divine. Cette structure concentrique permet ici d'identifier le terme de chiasme. Dans cet exemple, nous soulignons les idées ainsi mises en relation.

---

23. Diana EDELMAN, *The Origins of the « Second » Temple: Persian Imperial Policy and the Rebuilding of Jerusalem*, Londres, Equinox Publishing, 2005, p. 18.
24. MARTIN, « Esdras », p. 884.
25. Yom Tov ASSIS, « Les formes de l'institution », dans Shmuel TRIGARO, sous dir., *La société juive à travers l'histoire*, tome 2, Paris, Fayard, 1992, p. 156.
26. *Ibid.*

Voici la structure en chiasme de cette correspondance :

Et voici leur réponse

Nous sommes au service du Dieu du ciel et de la terre

et nous reconstruisons *la maison qui a été bâtie il y a très longtemps par un grand roi d'Israël qui l'avait achevée*

Mais, après que nos pères l'eurent mis en colère

Le Dieu du ciel les livra aux mains du roi de Babylone

Nabuchodonosor le Chaldéen *qui détruit cette maison et déporta le peuple à Babylone*

Toutefois, en l'an 1 de son règne

Cyrus, roi de Babylone, *donna l'ordre de restaurer cette maison divine* et ses objets sacrés d'or et d'argent

que Nabuchodonosor avait fait emporter du sanctuaire à Jérusalem au temple à Babylone

D'où le roi Cyrus les fit rapporter par un Sheshbatsar qu'il avait nommé gouverneur

Il lui dit : Ces objets sacrés rapporte-les au sanctuaire à Jérusalem

et que *la maison du Dieu soit reconstruite à son emplacement*

Alors Sheshbastar vint et posa ses fondations à la maison de Dieu à Jérusalem

depuis lors, *elle se reconstruit mais n'est pas achevée.*

Les connecteurs tels que : et voici, mais, toutefois, d'où et alors sont des mots qui introduisent une structure ABCDC'B'A'. En matière de structuration d'un texte, Richelle remarque que deux extrêmes doivent être évités. D'un côté, certains exégètes croient voir des chiasmes partout ; d'un autre côté il y a une méfiance et une réticence à chercher des chiasmes[27]. Ces attitudes que Richelle appelle *chiasme-mania* et *chiasme-phobie* ne facilitent pas la détection d'une éventuelle structure.

Toujours dans ce chiasme, le symbole du Temple comme « maison de Dieu » ou bien comme centre spirituel est mis en évidence. Les Juifs exprimaient leur attachement à la reconstruction du Second Temple pour mettre l'accent sur la prière, les sacrifices, le paiement de la taxe annuelle et parfois le pèlerinage à Jérusalem par les Juifs de la diaspora. Dans l'histoire du

---

27. RICHELLE, *Guide pour l'exégèse de l'Ancien Testament*, p. 278.

premier Temple de Jérusalem, la conquête de cette ville et le transfert de l'arche d'alliance par David, puis la construction par Salomon du Temple autour de l'arche de l'Éternel avaient fait de Jérusalem un lieu saint pour Israël. La conquête assyrienne du royaume du Nord (722 av. J.-C) avait entraîné la profanation de nombreux sanctuaires locaux, dont les prêtres étaient exilés en Assyrie ou s'étaient réfugiés à Jérusalem. La survie de Jérusalem à l'attaque assyrienne (2 Ch 32) avait renforcé la foi du peuple en une protection accordée par Dieu à son Temple. La suppression par les rois Ézéchias et Josias du culte rendu sur les « hauts lieux » et leur destruction des sanctuaires locaux avaient encore consolidé le statut de Jérusalem. À l'époque de l'exil babylonien (586 av. J.-C), « Sion » le mont du Temple et « Jérusalem » étaient devenus synonymes de la nation et de la terre d'Israël. C'est sur le Temple que s'était focalisée l'aspiration à la restauration (cf Ps 137.1), et lorsqu'on est revenu à Jérusalem environ en 518 av. J.-C, la reconstruction du sanctuaire avait été un élément central de l'édit de Cyrus[28]. Voilà pourquoi, dans cet exemple de chiasme, les auteurs de cette correspondance, qui sont les représentants des Juifs, insistent sur la reconstruction de la « maison de YHWH » et sur l'autorisation de Cyrus dès la première année de son règne.

L'étape suivante de l'analyse rhétorique au niveau inférieur est celui du morceau.

4. *Morceau des correspondances officielles*

Le morceau est l'unité textuelle supérieure au segment. Le segment comprend soit trois, soit deux membres, soit même un seul membre. Cela veut dire que tout segment n'entre pas obligatoirement, avec un ou deux autres segments, dans la composition d'un morceau[29]. Nous allons arranger, toujours dans un tableau, les correspondances en morceaux. Nous chercherons cependant à les arranger dans une structure de phrase (connecteur + sujet + verbe + complément ou attribut ou encore épithète). À ce stade, nous ne tenons pas compte des versets, mais plutôt de la structure des phrases. Le groupe nominal sujet est en italique, le groupe verbal est en gras, et le groupe nominal complément est écrit en police normale.

---

28. Brian TIDIMAN, *Précis d'histoire biblique d'Israël*, Nogent-sur-Marne, Institut biblique, 2006, p. 347.
29. Roland MEYNET « Rhétorique biblique et sémitique : questions de méthode », p. 14.

Tableau 10 : Version hébraïque de l'édit de Cyrus (Esd 1.2-4)

v. 2-3	Ainsi *Cyrus roi de Perse* **parle**
	Yhwh, le Dieu du ciel m'**a donné** tous les royaumes de la terre
	et *Il* m'**a chargé** de lui bâtir une maison à Jérusalem de Juda
	Quiconque parmi vous **est** de son peuple
	Que son *Dieu* **soit** avec lui
	qu'*il* **monte** en Jérusalem en Juda
	et **bâtisse** la maison de Yhwh le Dieu d'Israël
	*c'***est** lui
	qui **réside** à Jérusalem
v. 4	*Ceux* qui **restent**
	où qu'*ils* **résident**
	que leurs *voisins* les **soutiennent** avec de l'argent, des matériaux et du bétail ainsi qu'avec des offrandes
	pour la maison du Dieu/ de Jérusalem

L'édit de Cyrus en hébreu est composé de trois morceaux. D'abord un morceau « unimembre » (1.2a) ; ensuite un morceau composé de trois membres (1.2b-3) et enfin au v. 4 un morceau de deux membres. Il est à noter que le premier morceau est une introduction à la parole de Cyrus. Ce morceau a une valeur d'introduction pour le message du roi. Ce n'est pas encore le message, mais c'est une préparation des éventuels lecteurs à prêter attention au message du roi. Le morceau suivant, composé de trois segments, constitue le centre du message qui est l'appel à la reconstruction du temple. Le roi formule sa décision sur la base d'une déclaration divine, afin de stimuler ou d'encourager les éventuels habitants de Jérusalem à retourner bâtir ce Temple. Le dernier morceau, composé de deux segments, est aussi un appel à soutenir cette reconstruction. Le reste (la population qui n'avait pas connu l'exil) à Jérusalem, les habitants dans l'Empire perse et tous les voisins sont impliqués dans ce projet de reconstruction, selon le dernier morceau à deux segments au v. 4.

Nous allons vérifier maintenant s'il y a des similitudes ou des dissemblances avec la version araméenne de l'édit de Cyrus.

Tableau 11 : Version araméenne de l'édit de Cyrus (Esd 6.3-5)

v. 3-4	En l'an 1 de Cyrus le roi *Cyrus le roi* **donna** l'ordre suivant quant à la maison de Yhwh à Jérusalem
	la maison **sera bâtie** comme lieu où l'on sacrifie et *ses fondations* **seront préservées** hauteur : 60 coudées, largeur : 60 coudées Trois rangées de pierres de taille pour une de bois *les dépenses* **seront couvertes** par la maison du roi
v. 5	*Les objets sacrés* **retourneront** d'où ils viennent dans le sanctuaire à Jérusalem où tu les déposeras d'or et d'argent que *Nabuchodonosor* **avait emportés** du sanctuaire à Jérusalem à Babylone

Pour la version araméenne de l'édit de Cyrus, même si elle est composée d'un « trimembre » comme dans la version hébraïque, du point de vue de la composition elle n'a rien à voir avec la première. Le premier membre est un « bisegment » qui met en évidence l'ordre par Cyrus de reconstruire la maison de Dieu dès le début même de son règne. Le deuxième membre est un « trisegment ». La fonction du temple comme lieu de sacrifice, les dimensions de cette maison de Dieu et la source de financement ont été présentées. Mais le troisième membre, qui est un « bisegment », insiste sur le rapatriement des objets sacrés du Temple qui avaient été emportés par Nabuchodonosor, roi de Babylone.

Les fonctions sociales du Temple sont mises en exergue dans la version araméenne de l'édit de Cyrus. La fonction rituelle première était le culte sacrificiel. À la différence d'autres groupes religieux dans le monde romain, les Juifs ne pouvaient, selon Assis, « offrir de sacrifices qu'en un seul endroit : à Jérusalem. Mais, à côté des sacrifices, le Temple abritait un large échantillon d'activités rituelles et religieuses[30] ». Cette pratique de sacrifices en un seul lieu qui est la ville de Jérusalem fait que le Temple est aussi une institution économique. Le Second Temple attirait chaque année des centaines de milliers

---

30. Assis, « Les formes de l'institution », p. 167.

de pèlerins ; il fallait beaucoup d'argent pour l'entretenir, pour y effectuer le rituel et pour assurer aux fidèles les services de base. Le Temple lui-même était un important consommateur de biens et de services. Assis évalue la subvention annuelle allouée au Second Temple durant la période séleucide de la manière suivante : « 6 700 litres de fine fleur de farine produite à partir de 55 000 litres de froment ; 15 000 litres de sel et 20 000 drachmes d'argent pour payer les 113 bœufs, 1 200 moutons, 1 900 litres de vin et 1 900 litres d'huile requis, ainsi qu'une quantité non spécifiée d'encens utilisé lors des sacrifices publics[31]. » Il faut reconnaître qu'à la différence de la plupart des autres sanctuaires antiques, le Second Temple ne détenait ni terres ni propriétés et que ses prêtres ne percevaient pas de rémunération pour offrir les sacrifices[32]. C'est pourquoi ce Temple dépendait tout à fait de la générosité des fidèles.

Étant donné l'importance des fonctions sociales du Temple et la précarité de vie des exilés qui ont reconstruit le Second Temple lors de leur retour de l'exil babylonien, il était nécessaire de faire de temps en temps des rénovations sur cet édifice pour mieux servir le peuple. Hérode rénova et agrandit le complexe du Second Temple, de manière à répondre aux besoins de centaines de milliers de pèlerins. Comme Hérode n'était pas Juif, il espéra obtenir l'allégeance de ces derniers en érigeant un magnifique édifice sur leur site le plus vénéré. Bien que le Second Temple se soit maintenu pendant près de six siècles (518 av. J.-C-70 ap. J.-C), notre étude se concentre seulement sur le début de la reconstruction, au sujet de laquelle nous trouvons certaines fonctions du Temple dans les correspondances officielles.

Analysons maintenant la correspondance du gouverneur Thathnaï.

Tableau 12 : Lettre du gouverneur Thathnaï (Esd 5.7-17)

v. 7	*Un mot* lui **est expédié** qui dit : Au roi Darius paix entière
v. 8	Que **le roi sache** nous sommes allés dans la province de Judée à la maison du grand Dieu
	Elle **s'élève** par rangées de pierres
	et **traverses** de bois le long des murs
	Le travail **va** bon train entre leurs mains

---

31. *Ibid.*, p. 162.
32. Bezelel Narkiss, « Temple », dans Cecil Roth, sous dir., *Encyclopaedia Judaica*, Jérusalem, Keter Publishing House, 1971, p. 952.

Analyse rhétorique des correspondances officielles dans Esdras 1-6

v. 9 -10	Alors, *nous* **avons demandé** à ces anciens *qui* vous **a donné** l'ordre de construire cette maison et les matériaux pour terminer En outre, *nous* leur **avons demandé** de faire connaître leurs noms en enregistrant le nom de leurs chefs
v. 11 -16	Et voici leur réponse : *Nous* **sommes** au service du Dieu du ciel et de la terre et *nous* **reconstruisons** la maison qui a été bâtie il y a très longtemps par un grand roi d'Israël qui l'**avait achevée** Mais, après que *nos pères* l'**eurent mis** en colère *Le Dieu* du ciel les **livra** aux mains du roi de Babylone, *Nabuchodonosor* le Chaldéen qui **détruit** cette maison et **déporta** le peuple à Babylone Toutefois, en l'an 1 de son règne, Cyrus, *roi* de Babylone **donna** l'ordre de restaurer cette maison divine et ses objets sacrés d'or et d'argent du sanctuaire que *Nabuchodonosor* avait **fait emporter** de Jérusalem du temple de Babylone d'où *le roi Cyrus* les **fit rapporter** qu'il avait nommé gouverneur Il lui dit Ces objets sacrés, **rapporte**-les au sanctuaire de Jérusalem et que *la maison du Dieu* **soit reconstruite** à son emplacement Alors *Sheshbastar* **vint et posa** ses fondations à la maison de Dieu de Jérusalem depuis lors, *elle* **se reconstruit** mais **n'est pas achevée**

v. 17	Maintenant, si *le roi* le **juge** bon, qu'on recherche dans les archives du palais de Babylone s'*il* **existe** un document prouvant que *le roi Cyrus* **a donné** l'ordre de restaurer cette maison divine de Jérusalem et que *le roi* nous **fasse savoir** sa volonté

La correspondance de Thathnaï est la lettre la plus longue. Elle est composée de cinq membres. Le premier est « unimembre » (v. 7a), c'est une forme d'introduction à la teneur du message du gouverneur. Cet « unimembre » contient aussi la formule de politesse. Le membre qui suit est un « bisegment » qui met en évidence les motifs de la rédaction de cette correspondance, à savoir la reconstruction de la maison de Dieu (v. 7b-8). Le troisième membre est aussi composé de deux segments indiquant les démarches menées par le gouverneur pour trouver les raisons de cette construction et le responsable qui mène le projet (v. 9-10). La réponse du peuple juif intégrée dans la correspondance est le membre le plus long, composé de onze segments (v. 11-16). Ce quatrième membre présente l'historique du Temple, sa destruction et l'autorisation de la reconstruction par Cyrus. Le dernier membre, soit le cinquième dans cette correspondance (v. 17), met en évidence la demande du gouverneur Thathnaï au roi Darius pour vérifier l'information donnée par les anciens de Jérusalem sur le Temple et les raisons de sa reconstruction.

Dans cette correspondance du gouverneur Thathnaï, la reconstruction du Second Temple est au cœur des révoltes politiques, des oppositions. Le Temple n'était pas seulement un centre rituel, social et économique. C'est aussi un symbole national, qui se trouve au cœur des révoltes politiques des voisins de Jérusalem. Assis fait remarquer que : « Comme manifestation concrète de la présence divine et comme premier lieu de rassemblement juif, il était naturel qu'il devînt un forum pour la diffusion des idéaux révolutionnaires [...] En outre la signification cosmique attachée au Temple et aux objets du culte, ainsi, par exemple, qu'aux ornements du grand prêtre, focalisait sur eux les aspirations nationales[33]. » Le judaïsme avait fait du premier Temple le terrain d'une réalisation des visions transcendantes, et l'opposition politique

---

33. Assis, « Les formes de l'institution », p. 175.

à l'ordre existant s'exprimait généralement en termes religieux. D'ailleurs selon l'historien Josèphe, à l'époque romaine, le zèle pour le Temple était si grand que lorsque le sanctuaire prit feu, beaucoup se jetèrent dans les flammes (*Guerres*, 5, 459 ; 6, 285).

Le motif de l'opposition des nations à la reconstruction est exprimé en hébreu, tandis que les modalités politiques de leur obstruction, faisant intervenir les autorités impériales, sont exprimées en araméen. La disparition d'une frontière politique a pour conséquence de mettre les Juifs en prise directe avec le monde païen. Ils cherchent alors à se protéger par une frontière religieuse, d'où l'accent mis sur leur spécificité dans cette reconstruction du Second Temple. Cette attitude entraîne l'opposition des Samaritains à la reconstruction. Pour Dominique Joseph : « Le jeu des ennemis consistera en effet, par des citations choisies et une rhétorique habile, à falsifier la perception de la période préexilique, à en déformer la mémoire (4.12-16), et par là, à interrompre les travaux (4.21). Les rapatriés devront alors reconstruire une interprétation du passé conforme à la vérité historique (5.11-16) et, grâce à la probité de Tatnaï, de Shetar-Boznaï et de leurs collègues, ouvrir une enquête administrative orientée vers les sources documentaires confirmant leur lecture de l'Histoire (5.17)[34]. »

Concernant cette enquête administrative, quelle est la réponse du roi Darius ?

Tableau 13 : Réponse du roi Darius (Esd 6.6-12)

v. 6 -7	Maintenant, **éloignez**-*vous,* Tattenaï, gouverneur de l'Au-delà-du-Fleuve, Shetar-Boznaï et les inspecteurs de l'Au-delà-du-Fleuve **Laissez construire** cette maison divine ! Que *le gouverneur des Judéens et les anciens* la rebâtissent à cet emplacement

---

34. Joseph, « Raconter l'Histoire avec les documents. Mise en intrigue de l'écrit dans le livre d'Esdras », p. 534.

| v. 8 -10 | Par moi
l'ordre **est donné** d'aider les anciens des Judéens dans la restauration de la maison divine
aux frais du roi sur *les impôts* **perçus** dans l'Au-delà-du-Fleuve
on **remboursera** exactement leurs dépenses à ces hommes jusqu'au bout
Et quels que soient leurs besoins en taurillons, béliers agneaux pour les sacrifices au Dieu du ciel
et en grain, sel, huile selon ce que diront les prêtres de Jérusalem,
tout cela leur **sera donné** chaque jour sans faute afin d'offrir au Dieu du ciel les sacrifices parfumé et
les prières pour la vie du roi et de ses fils |
|---|---|
| v. 11 -12 | *Quiconque* **changera** cet ordre
*Moi j'***ordonne**
qu'*une poutre* de bois **soit** arrachée de sa maison
et dressée pour l'y empaler et
que *sa maison* **soit réduite** à un tas de débris
Que *le Dieu* qui **fait résider** là
renverse son nom
tout roi et tout peuple qui **lèverait** la main pour changer cet ordre
et détruire la maison qui est à Jérusalem
*Moi Darius j'***ai donné** un ordre
qu'*il* **soit exécuté** à la lettre |

En principe, la correspondance de Darius devrait être la plus longue de toutes les correspondances administratives. Cependant, pour des raisons de comparaison, nous avons détaché la version araméenne de l'édit de Cyrus. La partie qui concerne vraiment la décision du roi est un « trimembre ». D'abord il est question d'un « bisegment » (v. 6-7), ensuite d'un membre à six segments (v. 8-10) et enfin d'un autre membre de six segments (v. 11-12).

Il n'y a pas de nouvel élément de la fonction du Temple mentionné dans la réponse de Darius. Seules les fonctions de sacrifices et de prière du Temple sont évoquées dans la réponse du roi. Darius prend la chose au sérieux. Il fait faire des recherches dans les archives pour s'assurer que le texte invoqué par les Juifs existe réellement. Et en effet, dans les archives d'Ecbatane le texte est retrouvé, dans sa version araméenne, comme il est normal pour un document officiel, car l'araméen était la langue diplomatique de l'Empire perse. Dès lors les Juifs sont dans leur droit, et par conséquent leurs adversaires dans leur tort.

Jusqu'à ce point l'analyse est encore à un niveau non autonome. L'analyse rhétorique ne s'arrête pas à ce niveau ; il faut encore passer à un niveau « supérieur » qui est plus autonome pour prétendre à mieux cerner le texte des correspondances officielles dans le livre d'Esdras.

B. Niveau « supérieur » (ou autonome)

L'analyse rhétorique présente, à ce niveau, plusieurs étapes d'étude. Ces étapes permettent de situer le texte plus ou moins autonome dans une structure au niveau supérieur. À ce stade de l'analyse, nous présentons les liens existant entre les correspondances et le livre d'Esdras. Observer le texte « d'en haut » permet de déterminer combien de morceaux et de parties contient chaque correspondance officielle et comment elles sont liées entre elles. Quatre étapes dans cette partie supérieure de l'analyse guideront le travail, à savoir : le passage, la séquence, la section et le livre.

1. Passage

Le passage est équivalent à la « péricope » dans le vocabulaire d'autres méthodes exégétiques. Le travail de segmentation et de regroupement des segments en morceaux doit déboucher sur la réécriture de chacune des parties, puis de l'ensemble du passage. À ce niveau d'analyse, « de même que le segment est formé de trois membres ou de deux ou même d'un seul, le morceau est formé de trois segments ou de deux ou même d'un seul, de même aussi la partie comprend trois morceaux ou deux ou même un seul[35] ». Présenter les correspondances officielles au niveau du passage permet de vérifier la validité de l'hypothèse de composition, soit au niveau des parties, soit au niveau du passage. Aucune des correspondances n'a une partie qui comprend un seul membre. En vue de mettre en évidence les parties et les sous-parties dans chaque passage des correspondances, nous présenterons chacune d'elles sous la forme d'une structure de composition.

a) Édit de Cyrus version hébraïque (Esd 1.2-4)
    A.   Formule d'introduction (v. 2a)

---

35. MEYNET et al., *Rhétorique sémantique*, p. 98.

    B. Mobilisation pour la reconstruction (v. 2b-3)
        1. Yhwh co-auteur du décret (v. 2b)
        2. Autorisation de construire le Temple (v. 3)
    C. Disposition finale (v. 4)
        1. Pour les restes (v. 4a)
        2. Pour les voisins (v. 4b)

Certains auteurs optent pour une structure Esdras 1.1-4 de la version hébraïque de l'édit de Cyrus[36]. Mais à l'aide de l'analyse rhétorique, nous avons montré que cet édit se limite aux v. 2-4 du livre d'Esdras. D'autres commentateurs ont aussi opté pour cette coupure, à l'exemple de Klein et de Dorsey[37]. Peut-on voir la même structure dans la version araméenne de l'édit de Cyrus ?

b) Édit de Cyrus, version araméenne (Esd 6.3-5)
    A. Cadre historique du décret (v. 3a)
    B. L'ordre de Cyrus de reconstruire le Temple (v. 3b-4)
        1. Cyrus seul initiateur de la décision (v. 3b-4a)
        2. Dimensions du Temple (v. 4b)
        3. Source de financement (v. 4c)
    C. Rapatriement des objets sacrés (v. 5)
        1. Précision sur les objets sacrés (v. 5a)
        2. Nabuchodonosor destructeur du Temple (v. 5b)

Sur le plan de la structure, la version araméenne a, elle aussi, trois niveaux de composition. Cependant une différence frappante concerne le contenu. Nous reviendrons sur cet aspect quand nous chercherons la signification des correspondances officielles. Comment la composition de la correspondance du gouverneur Thathnaï se présente-t-elle ?

c) Correspondance du gouverneur Thathnaï (Esd 5.7-17)
    A. Formule de politesse (v. 7)
    B. Motif de la correspondance (v. 8)
        1. Le Temple est en construction (v. 8a)
        2. Le travail évolue bien (v. 8b)

---

36. Eskenazi, « The Structure of Ezra-Nehemiah and the Integrity of the Book », *JBL*, 107/4 988, p. 651. Bruce Waltke, *Théologie de l'Ancien Testament*, Charols, Excelsis, 2012, p. 834.

37. Ralph W. Klein, « Ezra », dans *The New Interpreter's Bible*, vol. 3, Nashville, Abingdon Press, 1999, p. 675. Cf. Dorsey, *The Literary Structure of the Old Testament: A Commentary on Genesis-Malachi*, p. 158.

C. Questions sur les motivations des Juifs (v. 9-10)
   1. Qui a donné l'ordre de construire ? (v. 9)
   2. Qui est le responsable de la construction ? (v. 10)
D. Élaboration des raisons de la reconstruction (v. 11-16)
   1. Yhwh responsable du projet (v. 11a)
   2. Histoire du Temple (v. 11b)
   3. Raison de la destruction du Temple (v. 12)
   4. Décret de Cyrus pour la reconstruction (v. 13-14a)
   5. Sheschbatsar responsable des travaux (v. 14b-16)
E. Souhait d'une réponse du roi (v. 17)
   1. Prière de vérifier l'information (v. 17a)
   2. Demande d'une réponse du roi (v. 17b)

Comme déjà évoqué, cette correspondance est la plus longue de toutes. Mais elle est en même temps la plus déséquilibrée, car le troisième membre, composé de onze segments, est plus long. Cette inégalité dans la longueur des « membres » de la composition peut aussi se retrouver dans la réponse du roi Darius. Toutefois, pour des raisons de comparaison, nous avons détaché la version araméenne de l'édit de Cyrus de la réponse du roi Darius.

d) Correspondance du roi Darius (Esd 6.6-12)
A. Gouverneurs mis à l'écart et autorisation de reconstruire (v. 6-7)
   1. Les gouverneurs doivent s'écarter des travaux (v. 6)
   2. Les Anciens juifs doivent reconstruire (v. 7)
B. Décision du roi Darius (v. 8-10)
   1. Dépenses de la construction à la charge du roi (v. 8)
   2. Tout le nécessaire pour les sacrifices sera fourni (v. 9-10)
C. Dispositions finales du décret (v. 11-12)
   1. Destruction des désobéissants (v. 11)
   2. Souhait d'une bénédiction de Yhwh (v. 12a)
   3. Sceau final du roi (v. 12b)

Le premier niveau supérieur de l'analyse a permis au niveau du « passage » de proposer une structure de composition en « péricope ». Chaque structure des correspondances suit la composition au niveau des membres. Le passage est la première unité détachable, qui peut être autonome. C'est en quelque sorte l'unité minimale de lecture. Pour aller plus loin dans l'analyse rhétorique de ces correspondances, il est important de voir les « séquences » de leur composition. Toutefois cette étape du « passage » nous permet de proposer une structure d'ensemble des correspondances officielles dans le livre d'Esdras. Ces correspondances administratives sont un genre littéraire de circonstance né dans un contexte historique donné ; elles s'adressent à des destinataires bien précis pour répondre à des questions posées ou pour prendre une décision.

Nous pouvons distinguer dans le livre d'Esdras deux sortes de correspondances officielles. D'une part l'édit, qui est particulièrement court et traduit une décision royale irréversible. D'autre part une lettre administrative à l'initiative d'une ou de plusieurs autorités, rédigée dans un cadre administratif pour informer ou demander conseil à l'autorité hiérarchique. Ici ce ne sont pas les circonstances ou les motivations de ces correspondances qui nous intéressent, mais la structure de la rédaction d'une correspondance par les autorités perses. À la suite de l'étude au niveau du « passage » de l'analyse rhétorique, nous proposons la structure d'ensemble des correspondances officielles dans le livre d'Esdras sous la forme suivante :

a. Dans le cas d'un décret

La structure d'ensemble d'un décret peut comporter trois parties. D'abord une formule d'introduction présentant le cadre historique du décret ; ensuite la décision proprement dite et enfin les dispositions finales en rapport avec le non-respect du texte.

b. Dans le cas des correspondances administratives circonstancielles

Dans les correspondances circonstancielles nous trouvons premièrement une formule de politesse avec l'adresse et le vœu, suivi généralement du motif de la correspondance. Le corps des correspondances varie selon les sujets, mais souvent la première partie se présente comme une question souhaitant une réponse du chef hiérarchique. La seconde partie du corps de la lettre expose les motivations éventuelles de l'expéditeur. Après le corps de la lettre, c'est la conclusion où l'on peut trouver des salutations, des vœux, parfois d'ultimes recommandations. L'étape suivante de l'analyse rhétorique est la présentation de la séquence du passage d'étude.

2. Séquence

L'une des unités supérieures au passage est la « séquence ». Elle comprend quelquefois un seul passage ; mais la plupart du temps elle est formée de plusieurs passages[38]. Nous sommes ici à un niveau « intratexte ». « Une unité littéraire, quelle que soit son étendue, se comprend mieux, quand on prend en considération ce qui précède et ce qui suit, autrement dit son contexte[39]. » On parle du contexte littéraire, autrement dit de l'environnement du passage étudié. L'intérêt de tenir compte du contexte littéraire est assez évident : cela permet à la fois d'obtenir des informations utiles et d'éviter des contresens sur la nature et le propos du texte. On distingue le contexte immédiat, formé par la péricope précédente et la suivante, et le contexte large, qui s'étend à un nombre plus ou moins élevé de péricopes entourant la péricope étudiée.

À ce stade de l'analyse rhétorique, qui est la séquence, nous allons uniquement traiter les contextes immédiats des correspondances officielles. Ce contexte immédiat a pour base la structure du livre d'Esdras, comme proposée par Dorsey. Il faut reconnaître que cet auteur recherche, lui aussi, la structure littéraire des textes de l'A.T. et nous pensons que la structure qu'il propose permettra de voir ce qui précède et ce qui suit les passages étudiés.

L'édit de Cyrus, version hébraïque (1.2-4), s'ouvre sur le cadre historique de la publication du décret (1.1). Ce cadre situe la période du règne du roi en la rattachant à l'accomplissement de la prophétie de Jérémie. L'édit de Cyrus est suivi de la collecte d'objets de valeur et de cadeaux recueillis pour la reconstruction du Temple (v. 5-11). L'autre édit en version araméenne (6.3-5) est séparé de la correspondance du roi Darius au gouverneur Thathnaï. Cet édit suit les écrits qui s'opposent à la reconstruction du Temple. Ces correspondances hostiles au Temple se trouvent en 5.3-6.2. Elles sont aussi suivies de la réponse du roi Darius (6.5-12), qui est l'une des correspondances faisant l'objet de cette étude. La correspondance de Thathnaï (5.7-17) est introduite dans le texte d'Esdras après l'encouragement lancé par les prophètes Aggée et Zacharie au peuple juif de reprendre les activités au Temple (5.1-2). Cette lettre de Thathnaï devrait logiquement introduire la réponse du roi Darius, mais pour des raisons déjà évoquées plus haut, la réponse de Darius est précédée par l'édit de Cyrus, version araméenne (6.3-5). La réponse du roi

---

38. MEYNET et al., *Rhétorique sémantique*, p. 102.
39. MEYNET, *Traité de la rhétorique biblique*, p. 350.

Darius est suivie du récit de l'achèvement de la construction du Temple, après que les opposants se sont engagés à respecter la décision du roi (6.13-15). Les contextes immédiats des correspondances permettent de voir comment on peut les situer dans un contexte plus large du récit.

3. Section

La section est formée d'un ou de plusieurs passages ou séquences. À leur tour les séquences s'organisent en sections et sous-sections, de la même manière que les passages sont regroupés en séquences et sous-séquences. Ainsi, selon les travaux de Dorsey, le livre d'Esdras compte quatre sections : le retour sous Zorobabel (1-2), la reconstruction du Temple (3-6), le retour sous Esdras (7-8) et le problème des mariages mixtes (9-10). La quasi-totalité des correspondances officielles que nous étudions se regroupent dans les deux premières sections. Seule la version hébraïque de l'édit est dans la première section tandis que les autres correspondances sur la question du Temple se regroupent dans la deuxième séquence. Le dernier niveau de l'analyse rhétorique est le livre, et cela fait l'objet du point suivant.

4. Livre

Logiquement, l'ensemble des sections forme un livre. En ce qui concerne le livre d'Esdras, on vient de voir comment les sections forment un ensemble structuré, un seul livre, même si on trouve l'utilisation de deux langues différentes dans un même livre. Comme nous l'avons déjà souligné au chapitre deux, le livre d'Esdras fonctionne avec une « écriture hybride », dont le bilinguisme de l'auteur n'influence pas négativement l'intrigue.

À la fin de cette analyse rhétorique, il n'est peut-être pas inutile de faire une brève mise au point sur les divers « livres d'Esdras », d'autant que leurs appellations respectives sont souvent la cause d'ambiguïtés.

Le livre d'Esdras du TM a dix chapitres et il est suivi de Néhémie (13 chap.), puis des Chroniques. Mais les Esdras de la LXX (Esdras A' et Esdras B') semblent entretenir une confusion. Seul Esdras B' est composé de l'Esdras du TM et d'une partie du livre de Néhémie du TM (chapitres 11 à 23). Quant aux Esdras des traductions latines, on trouve : I Esdras (Esdras du TM), II Esdras (Néhémie du TM). Dans la Vulgate, il y a aussi III Esdras (Esdras A'). À côté de ces livres « connus » dans le TM et dans la LXX, il faut encore ajouter un certain nombre de textes d'accès plus difficile, des apocalypses juives en latin, en syriaque et éthiopien, des apocalypses chrétiennes des IIe, IIIe et IVe siècles. Ce sont IV Esdras, V Esdras, VI Esdras[40]. Ces diverses appellations créent toutes sortes d'ambiguïtés, gênantes et désagréables. C'est pourquoi, afin d'éviter toute confusion avec les autres livres, nous précisons que l'analyse rhétorique des correspondances officielles est faite à partir du livre d'Esdras dans le TM.

Après l'analyse rhétorique, l'étape suivante consiste à mettre en évidence les relations intertextuelles entre les correspondances officielles dans la Bible et les autres livres extrabibliques.

II. Phénomène d'intertextualité des correspondances officielles

Existe-t-il dans l'A.T. des textes qui traitent de la même thématique ou du même genre littéraire que les correspondances officielles ? Et dans le N.T. ? Et dans la littérature extra-canonique ? Et en dehors de la littérature judéo-chrétienne ? Existe-t-il des représentations iconographiques du texte des correspondances officielles dans Esdras ? À quelle période remonte cette représentation ? Répondre à ces questions, c'est traiter le phénomène d'intertextualité en rapport avec les correspondances officielles dans le livre d'Esdras.

Les correspondances officielles ne relèvent pas du génie de l'auteur du livre d'Esdras. Ce sont des lettres administratives que l'auteur d'Esdras a intégrées dans son écrit ; d'où la nécessité de voir le phénomène d'intertextualité pour ces textes. Putter affirme de façon concise qu'il y a trois niveaux dans l'intertextualité : le niveau canonique (dans le corpus biblique), le niveau apocryphe (dans les écrits intertestamentaires ou pseudépigraphes, les livres apocryphes et la littérature patristique, autrement dit la littérature judéo-chrétienne non canonique) et le niveau interreligieux[41].

Nous allons présenter les trois niveaux d'intertextualité de chaque correspondance officielle, car ces trois niveaux méritent d'être évalués au minimum.

---

40. Cf. MICHAELI, *Les livres des Chroniques, d'Esdras et de Néhémie. Commentaire de l'A.T.*, p. 10ss ; Philip A. Noss, Kenneth J. THOMAS, *Ezra and Nehemiah*, New York, United Bible Societies, 1992, p. 1-3 ; Nervin BRENEMAN, *Ezra, Nehemiah, Esther*, Nashville, New American Commentary, 1993, p. 383-385.
41. PUTTER, *La rencontre innocente. Méthodologie en Ancien Testament*, p. 88.

A. L'utilisation des correspondances officielles dans la Bible

Dans la préface de *Intertextualités : la Bible en échos*, D. Marguerat et A. Curtid écrivent : « Le texte biblique vit en effet de relecture de textes anciens, sans cesse repris, réinterprétés, actualisés, en vue d'en redire la pertinence dans le présent[42]. » L'A.T. ou en général la « Bible est une maison aux nombreux appartements[43] ». Dans notre démarche d'intertextualité des correspondances officielles, nous allons voir d'une part les livres bibliques auxquels les correspondances font référence, et d'autre part les textes apocryphes faisant allusion à ces correspondances.

L'édit de Cyrus est rapporté deux fois dans les livres postexiliques. La première, c'est le livre d'Esdras lui-même en 6.3-5. Nous avons déjà souligné qu'à la différence de celui du chapitre un qui est la version hébraïque, celui du chapitre six est écrit en araméen. Michaeli s'interroge en ces termes sur le comportement du roi perse qui signe cet édit :

> ...le contenu de l'édit de Cyrus nous est rapporté deux fois (chap. 1.2-4 et 6.3-5) de manière notablement différente ; de plus, est-il vraisemblable qu'un roi de Perse comme Cyrus [...] ait eu la sollicitude et la largeur d'esprit que lui prête notre texte pour favoriser de façon si étonnante un petit peuple d'exilés, en lui rendant la liberté, en lui remettant les trésors dérobés de Jérusalem par Nebucadnetsar, et en prenant à sa charge les frais de reconstruction du Temple juif (Esd 6.4-5)[44].

Michaeli n'a pas pris en compte la question de la différence stylistique de ces deux versions d'édit dans son analyse. Il s'est interrogé sur l'attitude du roi perse vis-à-vis du peuple juif. Notons que le texte de l'édit en 1.2-4 ne cadre, ni pour la forme, ni entièrement pour le fond, avec le résumé de l'édit de Cyrus donné dans l'écrit de Darius dans 6.3-5. C'est pourquoi Lods pense que « nous nous trouvons pour l'histoire des débuts du judaïsme dans une situation exceptionnellement favorable, en ce sens que nous possédons sur cette période quelques pièces d'archives vraisemblablement authentiques

---

42. Daniel MARGUERAT et Adrian CURTIS, sous dir., *Intertextualités : la Bible en échos*, Genève, Labor et Fides, 2000, p. 9.
43. *Ibid.*, p. 5.
44. MICHAELI, *Les livres des Chroniques, d'Esdras et de Néhémie. Commentaire de l'A.T.*, p. 254.

et assez bien conservées[45] ». Cependant notre insistance sur la rhétorique de l'écrivain ne peut pas occulter la signification du message de l'auteur du livre d'Esdras. C'est pour cette raison que Joseph affirme que : « Le livre n'est pas seulement une collection de documents au centre des communications et des interprétations, il est un objet possédant sa matérialité propre, il n'est jamais désincarné[46]. »

Même si nous pouvons mettre en évidence la différence notable entre les versions de l'édit en 1.2-4 et 6.3-5, beaucoup de commentateurs relèvent plus de similitudes entre l'édit de 1.2-4 et 2 Chroniques 36.22-23. Michaeli souligne que ces deux textes sont « parallèles » et l'un « reproduit textuellement » l'autre, « sauf de très légères nuances »[47]. Nupanga souligne lui aussi ce phénomène de parallélisme entre la fin des Chroniques et le décret de Cyrus autorisant le retour des exilés et la reconstruction du Temple. Même si Nupanga reconnaît le parallélisme entre ces deux décrets dans Chroniques et Esdras, il affirme que dans le livre d'Esdras le décret est plus « précis : il indique même les détails quant aux provisions pour les travaux de reconstruction[48] ».

À part l'édit de Cyrus, qui fait l'objet d'une citation proche dans le livre des Chroniques et une référence dans les correspondances du roi Darius en 6.3-5, les autres correspondances officielles qui font l'objet de notre analyse rhétorique n'ont pas de relation d'intertextualité dans un autre livre biblique. Toutefois, John Martin remarque : « Dieu avait promis aux Juifs rescapés qu'il susciterait Cyrus pour le servir, en rendant à son peuple sa prospérité (Es 44.28 ; 45.1, 13). Sous l'inspiration du Saint-Esprit, le prophète avait mentionné Cyrus par son nom 150 ans avant que le roi n'édicte son décret[49]. » Josèphe a écrit dans les *Antiquités* (XI, 1, 2) qu'on avait montré à Cyrus la prophétie contenue dans Esaïe 44.28 et que celui-ci avait voulu l'accomplir.

---

45. Lods, *Histoire de la littérature hébraïque et juive*, p. 545.
46. Joseph, « Raconter l'Histoire avec les documents. Mise en intrigue de l'écrit dans le livre d'Esdras », p. 542.
47. Michaeli, *Les livres des Chroniques, d'Esdras et de Néhémie. Commentaire de l'A.T.*, p. 252.
48. Nupanga, « 1 Rois », p. 548.
49. Martin, « Esdras », p. 872.

B. Les livres extrabibliques faisant allusion aux correspondances officielles

Le livre apocryphe « I Esdras » fait plusieurs références aux correspondances officielles du livre d'Esdras. Avant de se pencher sur ce phénomène d'intertextualité, il est important de faire la distinction entre le livre biblique Esdras-Néhémie et d'autres livres d'Esdras et Néhémie. Sur la base des travaux de Michaeli, et plus récemment de Fried dans « Ezra's Use of Documents in the Context of Hellenistic Rules of Rhetoric[50] », nous pouvons situer ces différents livres d'Esdras-Néhémie de la manière suivante :

Tableau 14 : différentes versions du livre Esdras-Néhémie

Texte massorétique	Traduction des LXX	Traduction latine	Système anglais
	Esdras A ou I Esdras	III Esdras	I Esdras
Esdras	Esdras B	I Esdras	Ezra
Néhémie		II Esdras	Nehemiah
		IV Esdras	II Esdras

Il n'est pas inutile de faire une brève répétition sur les divers livres d'Esdras-Néhémie, d'autant que leurs appellations respectives sont souvent cause d'ambiguïté. Esdras du TM (10 chap.) est suivi de Néhémie (13 chap.). Les Esdras de la LXX : (Esdras A et Esdras B) représentent Esdras du TM (10 premiers chapitres) + Néhémie du TM (chap. 11 à 23). Mais les Esdras des traductions latines sont : I Esdras (Esdras du TM : 10 chap.), II Esdras (Néhémie du TM : 13 chap.). Et pour la Vulgate, III Esdras (Esdras A) est une traduction de la vieille version latine. À côté de ces livres « connus », il faut encore en ajouter un certain nombre d'accès plus difficile : IV Esdras, apocryphe juif en latin, en syriaque et éthiopien (version grecque perdue). V Esdras, apocryphe chrétien du IIe siècle (chap. 1 et 2 de IV Esdras). VI Esdras, apocryphe chrétien du IIIe ou IVe siècle (= chap. 15 et 16 de IV Esdras). Divers ouvrages sont adaptés de IV Esdras, en grec et en arménien. Deux sont des apocryphes en syriaque et en éthiopien. Divers ouvrages d'astrologie sont attribués à Esdras, en grec,

---

50. Lisbeth S. Fried, « Ezra's Use of Documents in the Context of Hellenistic Rules of Rhetoric », dans Issac Kalimi, sous dir., *New Perspectives on Ezra-Nehemiah*, Winona Lake, EIsenbrauns, 2012, p. 16-17.

latin et éthiopien. Ces diverses appellations créent toutes sortes d'ambiguïtés, gênantes et désagréables, la plus fréquente étant de parler du « Esdras A » ou « I Esdras », sans autre précision, de sorte qu'on ne sait jamais s'il s'agit du livre canonique dans son état hébraïque ou latin, ou bien du premier livre d'Esdras dans la LXX[51].

Nous remarquons que la traduction de la LXX garde l'esprit du TM d'origine, qui n'a pas séparé Esdras-Néhémie en deux livres. Notre objectif en analysant ce tableau est de voir s'il y a des emprunts des correspondances officielles dans ce livre apocryphe « Esdras A » de la LXX (=III Esdras [latine] et I Esdras [anglaise]). Michaeli affirme qu'il y a des parallèles, en particulier dans le contexte des documents officiels, entre Esdras A et celui du TM. Le premier parallèle est celui de l'édit de Cyrus en Esdras 1.1-3 = I Esdras 2.1-3a. À propos de l'édit de Cyrus, il faut signaler quand même la lettre du gouverneur Ruben et la réponse du roi Artaxerxès (Esd 4.7-24 = I Esd 2.12-26), qui ne font pas l'objet de notre analyse, car elles n'ont pas pour but la reconstruction du Second Temple[52].

Mis à part le décret de Cyrus dont Josèphe s'était fait l'écho dans les *Antiquités juives*[53], jusqu'à présent les autres correspondances ne font que rarement l'objet de recherches. C'est pourquoi Grabbe suggère qu'il y a un certain nombre d'autres documents cités dans Esdras 3-7, prétendument de l'administration perse, et ce sont tous, comme nous l'avons vu, des documents officiels. Des recherches ont été faites sur l'existence de ces documents, mais aucun d'entre eux ne fait partie des documents officiels perses disponibles actuellement. Pour Grabbe, cette absence a été en partie à la base de l'argument selon lequel l'auteur d'Esdras a tout simplement créé ces documents quand il a senti le besoin de les utiliser[54]. Nous pensons que la recherche n'a pas encore atteint son apogée. Même si aujourd'hui il est difficile, voire impossible de vérifier les sources perses de ces documents officiels, le livre d'Esdras a tout de même été inclus dans le canon juif et chrétien.

---

51. André CANESSA, « Études sur la Bible grecque des Septante : 1 Esdras », thèse de doctorat à l'Université de Provence, s. d., p. 13.
52. MICHAELI, *Les livres des Chroniques, d'Esdras et de* Néhémie, p. 15-16.
53. JOSÈPHE, *Antiquités Juives*, XI, 1ss.
54. Lester L. GRABBE, *Ezra-Nehemiah*, Londres/New York, Routledge, 1998, p. 125.

Conclusion

Alors que la rhétorique grecque a pris conscience d'elle-même il y a plus de deux millénaires et demi, suivie par les Latins et leurs héritiers du monde occidental sans discontinuité jusqu'à nos jours, la rhétorique biblique n'a commencé à être découverte et décrite dans ses caractéristiques propres que depuis deux siècles et demi. Lowth, professeur de poésie à l'université d'Oxford, est considéré comme le père de l'analyse poétique de la Bible, sur la base de ses *Leçons sur la poésie sacrée des Hébreux*, publiées en 1753. On a retenu sa mise en valeur du parallélisme des membres qu'il classe en parallélisme synonymique, antithétique et synthétique. Quelques années plus tôt en Allemagne, Jean-Albert Bengel signalait l'existence dans le N.T. d'une double figure, le chiasme, direct et inverse, que l'on appelle aussi structure parallèle et concentrique.

La rhétorique biblique, que nous a fait découvrir Meynet, nous met dans le droit fil de l'exégèse moderne, selon laquelle « la forme est la porte du sens ». Elle se détache de l'oral et met l'accent sur l'écrit. La rhétorique biblique sémitique peut être appliquée aux textes prophétiques, aux passages reconnus comme poétiques du N.T., aux épîtres et aux évangiles. Pour notre travail, nous l'avons appliquée aux « textes administratifs » ou aux « correspondances officielles » dans le livre d'Esdras.

L'analyse rhétorique biblique a montré qu'il existe, dans les documents officiels, dans chaque correspondance, une structure de composition, utilisée par l'auteur d'Esdras-Néhémie. Elle est un support que l'auteur de ce livre utilise pour véhiculer l'imaginaire du Temple dans une période où les peuples vivaient dans des circonstances globalisantes (de mondialisation ou d'internationalisation), où la reconstruction du Second Temple influence les relations diplomatiques. Cette relation globalisante se traduit aussi dans la manière d'écrire de l'auteur d'Esdras-Néhémie.

Avec le bilinguisme, l'auteur inaugure une sorte d'« écriture hybride » dans laquelle on peut constater une sorte d'hybridation entre la langue hébraïque et araméenne, entre le sacré et le profane et entre la religion et la politique. C'est pourquoi, au lieu de minimiser la richesse textuelle de l'auteur d'Esdras-Néhémie, il faut reconnaître qu'il a produit un chef-d'œuvre reflétant le monde ambiant de son époque.

Si la forme est la porte du sens, l'analyse rhétorique biblique des correspondances officielles trahit, à travers les figures de style de l'auteur, les fonctions du Second Temple. Ses fonctions peuvent être exprimées en trois points. D'abord le Second Temple était un lieu où l'on entre en contact le plus direct avec le sacré. Ensuite, l'autre fonction du Temple est d'être le lieu du sacrifice. Le peuple espérait, avec la reconstruction de ce Temple, reprendre aussi les sacrifices à YHWH. Enfin, la dernière fonction du Temple que nous pouvons relever dans ces correspondances s'exprime dans le fait que le Temple est un lieu de rivalité politique. Les oppositions au sujet de cette reconstruction en sont révélatrices.

L'apport de l'intertextualité dans cette exégèse n'a pas pour but d'élucider les fonctions du temple, mais plutôt de faire un rapprochement entre ces correspondances et des écrits bibliques et extrabibliques. L'édit de Cyrus est le seul parmi les correspondances à être cité à deux endroits différents de la Bible. Le premier, c'est sous la plume de l'auteur lui-même (Esd 6.3-5), et le second dans 2 Chroniques 36.22-23. L'important à propos de la deuxième citation n'est pas de savoir lequel des auteurs d'Esdras et des Chroniques a cité l'autre ; mais nous avons relevé qu'il n'y a pas de différences majeures entre les deux textes.

Les livres apocryphes ont une grande similarité avec le TM. Cette similitude permet d'avoir accès aux correspondances de ces écrits apocryphes qui sont : III et IV Esdras. Mais seul le décret de Cyrus a été cité par Josèphe dans les *Antiquités*. L'absence de ces correspondances officielles dans les livres extrabibliques n'a rien à voir avec la valeur documentaire de ces pièces administratives.

Les découvertes dans ce chapitre sont doubles. Premièrement ces correspondances officielles sont composées à deux niveaux de l'analyse rhétorique. Au niveau inférieur elles sont composées de plusieurs types de segments. Il existe, bien que rarement, une composition rhétorique à segment « unimembre » ; mais plus souvent elles renferment plusieurs segments « bimembres ». Au niveau supérieur de l'analyse, ces correspondances administratives sont un genre littéraire de circonstance utilisé dans un contexte historique donné ; elles s'adressent à des destinataires bien précis pour répondre à des questions posées ou pour prendre une décision.

Deuxièmement la structure d'ensemble d'un décret comporte trois parties. D'abord une formule d'introduction présentant le cadre historique du décret, ensuite la décision proprement dite et enfin les dispositions finales concernant le non-respect du texte. Dans les correspondances circonstancielles, il y a aussi trois niveaux de structure de composition : une formule de politesse contenant l'adresse et un vœu suivi généralement du motif de la correspondance, puis vient le corps de la correspondance, qui varie selon les sujets, et enfin la conclusion où l'on peut trouver des salutations, des vœux, parfois des recommandations.

Dans le prochain chapitre, le quatrième, il s'agira de faire ressortir les fonctions du Temple pour chaque émetteur des correspondances officielles. Ces fonctions auront des implications pour la vie chrétienne.

CHAPITRE 4

Représentation du Second Temple à l'époque perse et application pour le christianisme

Introduction

Dans ce dernier chapitre, l'imaginaire du Second Temple sera analysé en rapport avec les fonctions du Temple dans les correspondances officielles. Quelle fut l'influence de la représentation du Temple dans les écrits de l'administration perse, des Juifs et des Samaritains ? La réponse à cette question fournira certains éléments de base pour vérifier l'hypothèse au sujet de la composition rhétorique des correspondances dans le livre d'Esdras, qui traduit la fonction du Second Temple à l'époque perse. Cette fonction diffère selon l'émetteur et les destinataires de ces correspondances, qui sont : l'administration perse, les Samaritains et les Juifs. L'imaginaire du Temple aura aussi une implication pour l'ère chrétienne.

La lecture des six premiers chapitres du livre d'Esdras suscite plusieurs questions : en quoi la reconstruction du Second Temple peut-elle être bénéfique pour Cyrus, un roi perse ? Dans son édit pour la reconstruction de ce Temple, le roi Cyrus affirme que c'est YHWH qui l'a chargé de lui construire un temple. Lecoq écrit : « Cyrus II le Grand, est sans aucun doute le plus prestigieux des souverains perses. Son souvenir ne s'est jamais perdu en Europe grâce à la Bible, qui l'appelle l'"Oint de Iahvé" (Isaïe 45.1)[1]. » YHWH peut-il réellement confier la construction de sa sainte maison à un roi qui ne l'adore pas ? Pourquoi les Juifs acceptent-ils le soutien du roi pour la construction de ce Temple et rejettent-ils le soutien des Samaritains ? Quelles sont les motivations de ces derniers pour proposer leur contribution à ce projet de reconstruction ? Ces questions nous font entrer dans l'imaginaire du Temple à l'époque perse.

Nous avons souligné dans l'introduction que pendant les trente dernières années une littérature abondante a été publiée dans ce domaine. J. Elayi et J. Sapin ont proposé un premier bilan de la recherche sur la Transeuphratène à l'époque perse pendant les quinze années de la fin du siècle dernier, entre 1985 et 2000. Ils présentent, dans le supplément n°8 à *Transeuphratène*, une analyse synthétique des résultats obtenus dans ce domaine, afin d'évaluer la validité de leur programme et de l'incitation à la recherche sur la Transeuphratène.

Après cet ouvrage bilan, les n°21, 22 et 23 de *Transeuphratène* (2001-2002) se sont appuyés sur les actes du 5ᵉ colloque international sur le thème : « La Transeuphratène à l'époque perse : Religions, croyances, rites et images », colloque organisé par J. Briend, Elayi, Römer et Sapin à l'Institut Catholique de Paris en 2000. Dans ces publications, plusieurs titres mettent en évidence la représentation du Second Temple[2]. L'étude du Second Temple fait aussi l'objet en 1991 et 1994 d'une publication en deux volumes par *JSOT* (suppléments n°117 et 175), sous la direction de Clines et Davies. Dans ces volumes, plusieurs titres aident à identifier l'imaginaire du Second Temple à l'époque perse. Il faut aussi signaler l'œuvre collective publiée sous la direction de Trigano et intitulée *La société juive à travers l'histoire* en 1993. Ces publications nous permettent de chercher à comprendre comment les contemporains d'Esdras s'investissaient dans la question du Temple.

---

1. VINCENT, *La religion des judéo-araméens d'Éléphantine*, p. 73.
2. Dans *Transeuphratène* n°21 (2001), nous pouvons citer les titres importants suivants : P. ABADIE, « Le symbolisme du Temple dans l'œuvre du chroniste » ; M.-F. BASLEZ, « Le temple de Jérusalem comme lieu de mémoire : à propos de la bibliothèque de Néhémie » ; J. BLEKINSOPP, « Did the second Jerusalemite temple possess land ? » ; D. BOBI, « La clémence des Perses envers Néhémie et ses compatriotes : faveur ou opportunisme politique ? » ; B. GOSSE, « Le gouverneur et le grand prêtre, et quelques problèmes de fonctionnement de la communauté postexilique » ; C. T. RÖMER, « Tendance dualiste dans quelques écrits bibliques de l'époque perse ».

Bien comprendre la signification des correspondances officielles à travers l'analyse rhétorique, cela n'est pas une fin en soi. Dans le cadre de l'Église, il faut aussi en tirer les implications qui s'imposent. Raison pour laquelle le dernier point de ce chapitre est consacré aux implications de l'imaginaire du Second Temple pour l'ère chrétienne. La Bible, la *Théologie de l'A.T.* de Waltke et *L'éthique de l'A.T.* de Christopher Wright sont les œuvres de référence pour cette application dans la vie chrétienne.

I. Imaginaire du Second Temple dans l'administration perse

A. Le contexte historique d'Esdras 1-6 et la structure politique de l'Empire perse

1. Contexte historique d'Esdras 1-6

L'Empire achéménide est le premier des Empires perses à régner sur une grande partie du Moyen-Orient durant le Ier millénaire av. J.-C. Il s'étend alors « du nord et à l'ouest en Asie-Mineure, en Thrace et sur la plupart des régions côtières du Pont Euxin ; à l'est jusqu'en Afghanistan et sur une partie du Pakistan actuel, et au sud et au sud-ouest sur l'actuel Irak, sur la Syrie, l'Égypte, le nord de l'Arabie Saoudite, la Jordanie, Israël et la Palestine, le Liban et jusqu'au nord de la Lybie[3] ». Le nom « achéménide » se rapporte au clan fondateur qui se libère vers 550 av. J.-C. de la tutelle des Mèdes, auparavant leurs suzerains, ainsi qu'au grand Empire qui résulte ensuite de leur fusion[4]. Le libérateur de la tutelle des Mèdes est généralement identifié à Cyrus le Grand, dont le règne est fixé entre 539-530 av. J.-C.[5]. Pour l'édit de Cyrus, Michaeli[6] et même Yamauchi proposent une datation en l'an 538 av. J.-C.[7]. Si

---

3. Francis Joannès, *La Mésopotamie au 1er millénaire av. J.-C.*, Paris, Arnauld Colin, 2000, p. 144.
4. *Ibid.*, p. 146.
5. Edwin M. Yamauchi, « Ezra-Nehemiah », dans Frank E. Gaebelein, sous dir., *The Expositor's Bible Commentary*, vol. 4, Grand Rapids, Zondervan, 1988, p. 572. Cf. H. L. Willmington, *Le grand guide de la Bible*, Abidjan, CPE, 2004, p. 282.
6. Michaeli, *Les livres des Chroniques, d'Esdras et de* Néhémie, p. 35.
7. Yamauchi, « Ezra-Nehemiah », p. 572.

Cyrus commença à régner sur Babylone en 539 av. J.-C., le retour commença moins d'une année après cela, soit en 538 av. J.-C. Cela implique que la date du début de l'Empire achéménide vers 550 av. J.-C donnée par Joannès est purement spéculative. Toutefois il faut reconnaître que l'étude de l'Empire achéménide présente de sérieuses difficultés et la question de la datation est l'un de ces problèmes. Évoquant ces difficultés, Lecoq suggère que :

> La civilisation achéménide est encore mal connue, faute de documents en nombre suffisant, et notre interprétation des données historiques et culturelles repose souvent sur des hypothèses. Le lecteur devra se rappeler sans cesse que notre vision de la religion achéménide, par exemple, est encore un domaine fortement soumis à la controverse[8].

Selon le prophète Jérémie, Dieu avait provoqué la destruction de Juda et la déportation du peuple par les Babyloniens à cause de son péché. La destruction de Jérusalem et de son Temple eut lieu en 586 av. J.-C. et la déportation du peuple entre 586 et 581 av. J.-C. (Jr 52.28-30). Les Juifs restèrent sans Temple pendant sept décennies. Bien que ce fût une période difficile, il s'y produisit des changements importants qui eurent un impact profond sur la religion israélite. Parmi ces changements, il y eut apparemment la création des synagogues avec l'adoration qui s'y déroulait et l'association du peuple à la loi plutôt qu'à un lieu précis. Pendant la captivité des Juifs, Babylone tomba aux mains des Perses. L'Empire perse devint le plus grand Empire qui ait existé jusqu'à cette date. Cyrus, qui accomplissait la volonté de YHWH sans le savoir, permit aux Juifs de retourner dans leur patrie en 538 av. J.-C. environ. Ce geste correspondait à la politique perse, tout comme la déportation des Juifs correspondait à la politique babylonienne. Ce premier retour des Juifs est décrit en Esdras 1-2.

Il semble qu'à cette époque en Canaan les Juifs étaient peu nombreux, pauvres et faibles. Ils restèrent sous la domination des Perses. De plus, ils subirent l'opposition de ceux qui habitaient déjà le pays. Ces opposants sont les descendants des peuples que les Assyriens avaient déplacés et des Juifs restés dans le pays après les déportations des royaumes du nord et du sud. Cependant les Juifs entamèrent leur premier projet d'envergure : la

---

8. Lecoq, *Les inscriptions de la Perse achéménide*, p. 134.

reconstruction du Temple. Ils posèrent les fondations du Temple (Esd 3), mais l'opposition des habitants du pays s'avéra efficace, puisque le travail de reconstruction s'arrêta pendant une quinzaine d'années (Esd 4). En 520 av. J.-C., Dieu appela les prophètes Aggée et Zacharie pour encourager le peuple à terminer la construction du Temple (Esd 5). Le travail reprit et le Second Temple fut finalement achevé et dédié en 515 av. J.-C. (Esd 6).

2. *La structure administrative perse*

L'Empire perse achéménide est un État multinational hiérarchisé ; il contrôle bien la plupart de ses territoires, grâce à une administration dirigée par « l'ethno-classe dominante », qui avait la main sur les institutions et les ressources locales. Les anciens découpages territoriaux servent de base à un nouveau découpage administratif dont l'innovation la plus marquante est la constitution des vastes provinces, les satrapies, dont les gouverneurs sont chargés du maintien de l'ordre et du prélèvement des tributs[9]. Il s'agit donc avant tout d'assurer la sécurité de l'Empire et sa mise en valeur tout en prenant en compte la contrainte de son immensité et de la diversité de ses populations. Joannès souligne que la sécurité et la mise en valeur de l'Empire se fait par différents moyens, qui sont le système fiscal et la communication, l'armée, les projets de mise en valeur agricole, parfois la mise en place d'un système monétaire[10].

L'extension de l'Empire achéménide posait un problème de découpage territorial. Les entités politiques précédant les conquêtes de Cyrus et de ses successeurs disposaient déjà de cadres administratifs qui pouvaient être intégrés à l'administration perse, mais leur extension géographique était différente et en général trop réduite par rapport au nouvel Empire. Il a donc fallu constituer des unités territoriales entre les échelons déjà existants et celui du roi et de sa cour : ce furent les vastes provinces que les Grecs appelaient « satrapies », du vieux perse *xšaçapāvan*, sans doute dérivé du mède[11]. Cet échelon, mis en place dès les règnes de Cyrus II et de Cambyse II, est un élément essentiel de la cohésion de l'Empire, qui reprend parfois les limites des royaumes conquis (celui de Babylone au début puis celui d'Égypte) et dans

---

9. Joannès, *La Mésopotamie au 1ᵉʳ millénaire av. J.-C.*, p. 146.
10. *Ibid.*
11. *Ibid.*, p. 144-146.

la plupart des cas sont créés ex nihilo[12]. Cela est intégré dans une stratégie visant à asseoir la domination sur une idéologie qui fait appel à la collaboration avec les structures de pouvoir locales. Les conquérants cherchaient ainsi à apparaître plus comme protégeant les traditions et les sanctuaires que comme les bouleversant. Les élites locales sont ainsi associées à la bonne marche du nouvel Empire[13].

Les satrapies, qui sont une vingtaine à partir du règne de Darius, sont gouvernées par des satrapes, nommés par le roi, sans limitation de durée. Comme le signifie leur titre, les satrapes étaient en quelque sorte des « protecteurs du royaume », et non des rois tributaires. Cependant, ils étaient directement responsables envers le roi en le représentant dans les provinces. Leurs attributions étaient vastes. Ils étaient avant tout responsables du maintien de l'ordre dans leur province, disposant pour cela d'une force armée stationnée dans des garnisons. Ils devaient assurer la paix entre les différentes composantes politiques du territoire de leur ressort[14]. Il leur incombe également de collecter du tribut et des taxes, et de rendre la justice. Ils ont en outre le pouvoir de négocier avec les États voisins et de faire la guerre. Les satrapes sont généralement choisis parmi l'aristocratie perse et mède, voire parmi des princes royaux, et sont un instrument clé de la mainmise sur l'Empire. Hystapes, père de Darius, était satrape de Parthie ; Masistès, frère de Xerxès, était satrape de Bactriane[15]. Les satrapes eux-mêmes subissaient des inspections de la part des inspecteurs royaux, appelés les « yeux » ou les « oreilles du roi »[16]. Ces inspecteurs voyageaient dans tout l'Empire, accompagnés de troupes suffisantes, lorsqu'une action immédiate était nécessaire. Ils faisaient des visites non annoncées, afin d'inspecter l'administration des satrapes ou d'autres membres de l'administration royale, et rapportaient ce qu'ils voyaient directement au roi. Comparable à celui d'un roi, le pouvoir des satrapes s'exerçait à une échelle plus petite, comme le montre bien le rôle des satrapes d'Asie Mineure dans les affaires grecques. Cependant, nous notons qu'au fur et à

---

12. Pierre BRIANT, *Darius : les Perses et l'Empire*, Paris, Gallimard, 1992, p. 75-76.
13. Pierre BRIANT, *Histoire de l'Empire perse, de Cyrus à Alexandre*, Paris, Fayard, 1996, p. 91.
14. R. MEADOWS, « The Administration of the Achaemenid Empire », dans John E. CURTIS et Nigel TALLIS, sous dir., *Forgotten Empire: The World of Ancient Persia*, Londres, The British Museum, 2005, p. 182-183.
15. NEHER, *Histoire biblique du peuple d'Israël*, p. 594.
16. BRIANT, *Darius : les Perses et l'Empire*, p. 77.

mesure certains satrapes ont fait preuve de désobéissance au pouvoir royal, se comportant comme de véritables rois. Avec le temps, le pouvoir au sein de l'Empire achéménide s'est en effet déplacé vers les satrapes.

Dans la deuxième partie des *Inscriptions hébraïques*, Lemaire présente les textes administratifs perses en Égypte. Pour lui, « la satrapie d'Égypte est divisée en districts, qui correspondent probablement à ce que les historiens grecs ont appelé les nomes[17] ». Ces documents araméens d'Égypte révèlent qu'outre un satrape, il y a aussi un officiel au niveau du tribunal désigné par le terme *frataraka*, le chef de la garnison, *vidranga*. À côté de ces responsables travaillaient de nombreux scribes, chargés de toutes les opérations administratives[18]. Dans le cas de l'Égypte, par exemple, « si l'administration locale tenait ainsi ses comptes à jour, c'est qu'à tous les échelons les fonctionnaires étaient responsables de leur gestion et devaient en rendre compte au satrape qui résidait à Memphis. Celui-ci était renseigné par des inspecteurs qui surveillaient les choses sur place, et il entretenait avec ses subordonnés toute une correspondance au sujet des affaires courantes[19] ». En traitant la question des Samaritains du mont Garizim, Schmidt précise qu'en 332 av. J.-C., le satrape de Samarie était Sanaballétes, tandis qu'en Judée, il parle des anciens de Jérusalem. De même, dans les inscriptions d'Éléphantine se trouve une supplication au gouverneur de Judée pour la reconstruction de leur temple à Éléphantine. La lettre fait suite à un autre écrit adressé au grand prêtre de Jérusalem[20]. Ces correspondances d'Éléphantine révèlent qu'il existait des satrapes en Samarie et en Égypte, tandis que la Judée était administrée par le gouverneur et le grand prêtre. Le gouverneur et le grand prêtre de Jérusalem étaient respectivement Zorobabel et Josué (2.2 ; 4.3) ; Aggée donne les mêmes précisions de responsabilités de Zorobabel et Josué dans sa prophétie (Ag 1.1, 14).

Il serait trop simpliste de dire que le gouverneur s'occupait des affaires politiques et civiles, tandis que le grand prêtre était chargé d'organiser la vie religieuse. B. Gosse cherche, dans son article « Le gouverneur et le grand

---

17. Lemaire, *Inscriptions hébraïques*, p. 265.
18. *Ibid.*
19. *Ibid.*, p. 280.
20. *Ibid.*, p. 406-417.

prêtre, et quelques problèmes de fonctionnement de la communauté postexilique[21] », à mettre en évidence les dysfonctionnements au sujet des rapports entre les prophètes et l'autorité religieuse et civile dans le cadre de l'Empire perse. Nous reviendrons sur cette question quand nous traiterons l'imaginaire du Second Temple parmi les Juifs. Mais d'abord, quelle était la politique religieuse des rois achéménides ?

B. Représentation du Second Temple chez les rois perses

La religion de la Perse à l'époque achéménide est connue par des documents provenant du pouvoir royal et des élites perses. Regardons en premier lieu les inscriptions officielles des rois. Pour ce qui est des croyances, elles indiquent que le grand dieu des habitants de la région était « Ahura Mazda » (le « Seigneur-Sagesse »), qui est resté le grand dieu des Perses jusqu'à la conquête islamique[22]. Selon les inscriptions de Darius, Mazda « a créé la terre, le ciel, l'homme, le bonheur pour l'homme[23] ». Il est considéré comme un dieu créateur. Il est surtout mentionné comme la divinité souveraine, celle qui a créé le roi, l'a doté de qualités surpassant celles des autres hommes pour ensuite lui accorder la victoire et le placer à la tête de son Empire. Cette forme de religion est un hénothéisme, puisque dans cette vision du monde d'autres dieux existent, mais d'un rang inférieur[24]. Les inscriptions de Darius invoquent d'« autres dieux qui existent », sans plus de précisions. Celles d'Artaxerxès II ou III montrent que ce roi Darius a élevé le rang d'Anahita et Mithra, deux autres divinités perses majeures[25]. Les tablettes de Persépolis indiquent qu'au cœur de la Perse, le palais royal pourvoyait au culte de diverses divinités, dont certaines ont pu être identifiées comme perses et d'autres comme des

---

21. B. Gosse, « Le gouverneur et le grand prêtre, et quelques problèmes de fonctionnement de la communauté postexilique », dans *Transeuphratène* n°21, 2001, p. 69-86.
22. Pierre Lecoq, *Les inscriptions de la Perse achéménide*, Paris, Gallimard, 1997, p. 57.
23. *Ibid.*
24. L'hénothéisme est une forme de croyance à une pluralité de dieux dans laquelle chacun d'eux joue un rôle prépondérant par rapport aux autres et reçoit un culte préférentiel. Cf. Michiko Yusa, « Henotheism », dans Mircea Eliade, sous dir., *The Encyclopedia of Religion*, vol. 6, New York, Macmillan, 1987, p. 226-227.
25. *Ibid.*

divinités élamites qui continuent à être vénérées aux mêmes endroits où elles étaient depuis plusieurs siècles avant l'arrivée des Perses[26].

La question de savoir si les Achéménides étaient ou non des zoroastriens est très controversée. D'un côté leur dieu suprême était bien Ahura Mazda et le nom du prophète Zarathoustra était bien parvenu aux auteurs grecs contemporains. Mais d'un autre côté il ne figure pas dans les sources perses connues, ni dans les textes sacrés zoroastriens, et plusieurs actes de culte connus des rois perses ne sont pas en accord avec les réformes attribuées à Zarathoustra, en particulier à propos des funérailles (les rois se font enterrer, alors que cela est proscrit par le zoroastrisme)[27]. Des concepts présents dans le zoroastrisme transparaissent dans des inscriptions royales, comme l'opposition entre « vérité » (*hašiya*) et « mensonge » (*drauga*), relevant d'une conception dualiste du bien et du mal. Le bien devait triompher sous les auspices d'Ahura Mazda. Alors le mal était toujours présent. Par exemple les « menteurs » étant les rebelles, le triomphe de la « vérité » était alors la victoire du roi. Cela ne représente pas vraiment un dualisme radical[28]. Lecoq conclut que l'idée d'assimiler Ahura Mazda au zoroastrisme reste donc incertaine[29]. L'objectif ici n'est cependant pas d'analyser la religion achéménide, mais d'évaluer l'attitude de cette puissance mondiale à l'époque face aux autres cultes de leurs vassaux.

Dans ses différents aspects, le modèle impérial achéménide témoigne d'une approche pragmatique et peu centralisatrice de la domination. Il laisse avant tout la place à l'adaptation aux structures et habitudes des provinces, associant leurs élites à l'exercice du pouvoir et leur conférant une relative autonomie (mais dans une position généralement subalterne). Il ne s'agit donc pas de régner par la terreur, comme les Assyriens et dans une moindre mesure les Babyloniens, ou de bouleverser les habitudes en cherchant à répandre une culture homogène accompagnant le projet impérial[30]. Le fait que la religion et la langue des Perses n'ont pas fait l'objet d'une tentative d'exportation vers les peuples soumis en témoigne, alors que par réalisme les temples locaux étaient

---

26. H. KOCH, « Theology and Worship in Elam and Achaemenid Iran », dans J. M. SASSON, sous dir., *Civilizations of the Ancient Near East*, New York, Scribner, 1995, p. 1967-1969.
27. LECOQ, *Les inscriptions de la Perse achéménide*, p. 156-157.
28. *Ibid.*, p. 163-164.
29. *Ibid.*
30. BRIANT, *Darius : les Perses et l'Empire*, p. 185-186.

soutenus et que l'araméen d'Empire était utilisé comme langue véhiculaire, parce qu'il en était déjà ainsi sous les Empires assyrien et babylonien. Dans le domaine du droit, cette même approche ressort : les traditions juridiques locales semblent préservées, comme le prouve le fait que Darius Ier patronnait une codification de lois égyptiennes[31]. Mais la suprématie juridique appartient aux représentants du pouvoir et en dernier lieu au roi.

Il est néanmoins exagéré de considérer les Achéménides, et en particulier Cyrus II, comme les seuls précurseurs de la tolérance religieuse. Tant que son autorité et ses demandes en ressources sont respectées, le pouvoir achéménide était peu intrusif et laissait une marge appréciable d'autonomie. Seuls les rebelles faisaient l'objet de mesures réellement coercitives et punitives ; on recourait notamment à des pratiques de terreur et de destruction comme les prédécesseurs, ainsi que le montre le témoignage des répressions des révoltes en Ionie, en Babylonie ou en Égypte[32]. Cela ne remet donc en aucun cas en cause sa capacité de contrôler les territoires qu'il dominait. En fin de compte, sa domination a été plus solide que l'historiographie ne l'a longtemps reconnu, et la volonté et la capacité de l'administration perse à modifier progressivement certains aspects des institutions des pays dominés ont réussi.

Plusieurs historiens ont exposé la politique de liberté religieuse des Achéménides. André et Renée Neher, par exemple, affirment au sujet de Cyrus qu'« il mène une politique religieuse respectueuse du culte de tous ses sujets : c'est ainsi qu'il fait rapatrier dans leurs villes d'origine les dieux d'Akkad, de Sumer et d'ailleurs, que Nabonide avait transportés à Babylone[33] ». En se référant à Hérodote, Neher écrit :

> Le prestige de Cyrus, pendant les dernières années de sa vie, fut extraordinaire. Dans sa résidence d'hiver, à Babylone, dans ses résidences d'été à Suse et Ecbatane il rassemblait des trésors inouïs, totalisant les richesses de plusieurs Empires, et en particulier celles de l'Empire lydien de Crésus, qui étaient, à elles seules, déjà exorbitantes. Il confie l'administration de ses

---

31. Diodore de Sicile, *Bibliothèque historique*, http://remacle.org/bloodwolf/historiens/diodore/index.htm, consulté le 3 décembre 2017.
32. M. W. Stolper, « Une "vision dure" de l'histoire achéménide (note critique) », dans *Annales* 54/5, sept.-oct. 1999, p. 1109-1126.
33. Neher, *Histoire biblique du peuple d'Israël*, p. 586.

provinces à ses généraux, et, s'il faut en croire une étonnante affirmation d'Hérodote, « sous les règnes de Cyrus et Cambyse, il n'y avait rien d'établi pour l'impôt ; le peuple offrait des présents », ce qui est évidemment le comble du libéralisme[34].

De même, Abadie soutient cette idée de tolérance religieuse chez les rois achéménides. Pour lui :

> Le décret de Cyrus qui permet la reconstruction du temple n'a en soi rien d'invraisemblable. Un tel respect des divinités autochtones se retrouve dans le Cylindre de Cyrus (trouvé par Rassam) : après avoir présenté sa victoire comme le fait de « Mardouk, le grand Seigneur » qui « le fit entrer à Babylone sans bataille ni combat » et ainsi « délivra sa ville Babylone de l'oppression », Cyrus se présente. Parmi ses hauts faits, il signale le rapatriement des divinités enlevées à leur temple par Nabonide : « Depuis les villes de Ninive, d'Assur et de Suse, d'Akkadé, […] localités saintes au-delà du Tigre dont le siège était fondé depuis toujours, je ramenai à leur place les dieux qui y avaient habité et je les fis résider en une demeure perpétuelle ; je rassemblai tous leurs gens et je les ramenai à leurs localités. Quant aux dieux du pays de Sumer et d'Akkad que Nabonide avait introduits à Babylone, à la colère du Seigneur des dieux, sur l'ordre de Mardouk, le grand Seigneur, je leur fis aménager dans leurs logis une demeure agréable dans le bien-être »[35].

De telles mesures du roi trouvent leur parallèle dans l'ordre royal permettant la construction du Second Temple de Jérusalem par les exilés (Esd 1.3) et la restitution des objets de la maison de YHWH que Nabuchodonosor avait ramenés de Jérusalem et placés dans la maison de son dieu (Esd 1.7). De ce fait, la politique religieuse des souverains achéménides fut assez généralement tolérante.

Cyrus ne fut pas le seul souverain perse à adopter une politique religieuse bienveillante. Si son fils et successeur Cambyse laissa le souvenir d'un roi brutal, qui, en Égypte, fit abattre le bœuf Apis dans un excès de colère, tel ne

---

34. *Ibid.*
35. ABADIE, *Le livre d'Esdras et de Néhémie*, p. 12.

fut pas le cas de Darius I, dont Diodore de Sicile trace un portrait fortement idéalisé :

> Le sixième à s'intéresser aux lois des Égyptiens fut Darius, le père de Xerxès ; haïssant la violation des lois dont s'était rendu coupable Cambyse, son prédécesseur au trône, envers les sanctuaires d'Égypte, il aspira à mener une existence modérée et pleine de piété. De fait, il fréquenta les prêtres d'Égypte et fut introduit dans la connaissance de la théologie et des actions consignées dans les livres sacrés. Il releva la magnanimité des rois antiques et leur dévouement à leurs sujets, et il imita leur conduite ; cela lui valut une telle considération qu'il fut le seul de tous les rois à être appelé dieu de son vivant par les Égyptiens et qu'à sa mort, il obtient les honneurs qui l'égalaient aux rois qui avaient gouverné dans l'Antiquité l'Égypte en parfait accord avec les règles[36].

Cette bienveillance royale ne se limita pas aux Égyptiens. Les Juifs d'Éléphantine avaient, eux aussi, bénéficié de cette bienveillance. Grelot se fait l'écho du soutien de Darius II à cette communauté des exilés juifs dans le *Papyrus pascal* en ces termes :

> À mes frères Yédonyah et à ses collègues, la garnison juive, votre frère Hananyah. Que les dieux accordent la prospérité de mes frères ! Et maintenant, cette année-ci, l'an 5 du roi Darius, il a été mandé par le roi à Arsama : [...] « Maintenant, vous, comptez ainsi quatorze jours depuis le 1er jour de Nisan, et faites la Pâque. Et depuis le 15e jour jusqu'au 21e jour de Nisan, ce sera pour vous la fête des Azymes. Maintenant, vous, soyez purs, et prenez garde : ne faites pas de travail le 15e ni le 21e jour. En outre, ne buvez pas de bière, et ne mangez rien de fermenté. Mangez des azymes depuis le 14e jour de Nisan au coucher du soleil jusqu'au 21e jour de Nisan au coucher du soleil. Pendant sept jours, n'introduisez pas de levain dans vos chambres, et

---

36. Diodore de Sicile, *Bibliothèque historique*, vol. 7, Livre XII, trad. du grec ancien par M. Casevitz, Paris, Les Belles Lettres, 1991, p. 114.

tenez-vous à l'écart pendant ces jours-là. Qu'il soit fait ainsi chez vous, selon ce qu'a dit le roi Darius »[37].

Cette correspondance est proche de la loi mosaïque de la Pâque. Afin de mettre en évidence les éléments de la Pâque, voici ce que prescrit Exode 12.15-20 :

> [15] Pendant sept jours, vous mangerez des pains sans levain. Dès le premier jour, vous supprimerez le levain de vos maisons ; quiconque mangera quelque chose de levé, du premier jour au septième jour, sera retranché d'Israël. [16] Le premier jour il y aura convocation sacrée ; le septième jour il y aura pour vous convocation sacrée. On ne fera aucun travail ces jours-là – si ce n'est de préparer la nourriture pour chacun. [17] Vous observerez la fête des Pains sans levain, car c'est en ce jour même que j'ai fait sortir vos armées d'Égypte ; vous observerez ce jour comme une prescription perpétuelle pour toutes vos générations. [18] Le quatorzième jour du premier mois, au soir, vous mangerez des pains sans levain ; vous en mangerez jusqu'au soir du vingt et unième jour. [19] Pendant sept jours on ne devra pas trouver de levain chez vous ; quiconque mangera quelque chose de levé sera retranché de la communauté d'Israël, que ce soit un immigré ou un autochtone du pays. [20] Vous ne mangerez rien de levé ; dans tous vos lieux d'habitation, vous mangerez des pains sans levain. (Ex 12.15-20)

Cette tolérance religieuse est considérée par certains chercheurs comme une « opportunité politique » des rois perses. Nous pouvons citer l'avis de Bodi dans son article intitulé : « La clémence des Perses envers Néhémie et ses compatriotes : faveur ou opportunisme politique[38] ? » Pour lui :

> Les biblistes actuels perçoivent les livres d'Esdras-Néhémie comme ayant un but apologétique avec une tendance théologique à présenter les rois et le gouvernement perse agissant sous l'égide de YHWH, pour soutenir la restauration de la

---

37. Grelot, *Documents araméens d'Égypte*, p. 383-384.
38. Daniel Bodi, « La clémence des Perses envers Néhémie et ses compatriotes : faveur ou opportunisme politique ? », dans *Transeuphratène*, n°21, 2001, p. 69-86.

communauté juive postexilique. En effet l'attitude réelle des Perses envers les Judéens devrait être appréciée différemment […] il semblerait qu'un savoir-faire politique, voire de l'opportunisme, convienne davantage pour décrire leur attitude[39].

Bodi soutient l'argument selon lequel l'opportunité politique perse se traduit par le choix des hommes en mission. Pour lui, « Néhémie a été formé à la cour perse […] ce qui indique qu'il connaissait bien les rouages du pouvoir et le fonctionnement de l'administration perse. On imagine mal qu'un échanson, au sens propre du terme, ait été investi brusquement du titre de gouverneur d'une province[40] ». C'est du centre du pouvoir perse que Néhémie partait pour Jérusalem effectuer une mission pour le compte de l'Empire. Bodi rapproche cette mission de Néhémie de celle d'un haut-fonctionnaire en Égypte. « Il s'agit d'un Égyptien du nom d'Oudjahorresne, haut-fonctionnaire (pacha ou gouverneur) de la cour perse en Égypte. Comme Néhémie, ce personnage a laissé un témoignage écrit de sa mission. À l'époque où l'Égypte fut envahie par Cambyse, Oudjahorresne devint médecin-chef, compagnon du roi et directeur du palais […] En plusieurs points sa mission ressemble à celle de Néhémie et ce fait a été dûment relevé[41]… ». Cet auteur conclut son analyse en affirmant : « Il ressort de notre analyse que le traitement particulier accordé aux Juifs par les Perses n'a rien à voir avec le point de vue naïf d'un Flavius Josèphe ou d'un saint Jérôme. En effet, derrière ces formulations se cachent des intérêts politiques perses bien précis[42]. » Bodi résume l'intérêt politique des Perses vis-à-vis des Judéens à travers Néhémie en trois points. D'abord les Perses sont au centre du pouvoir, et cela est facilité par l'utilisation de l'araméen qui supplanta l'hébreu. Ensuite Jérusalem représentait un endroit « géographique stratégique et potentiellement important » pour les Perses. Et enfin la religion des Judéens semble avoir quelques affinités avec la religion des Achéménides[43].

Les arguments de Bodi pour justifier un intérêt politique dans l'attitude des Perses vis-à-vis des Juifs ne nous convainquent pas ; même s'ils sont

---

39. *Ibid.*, p. 70.
40. *Ibid.*
41. *Ibid.*
42. *Ibid.*, p. 86.
43. *Ibid.*

soutenus par l'article de Grabbe intitulé « What was Ezra's Mission » (Quelle était la mission d'Esdras ?). Il écrit que la faveur des autorités perses doit être étudiée avec soin, car elle constitue un aspect élémentaire dans la politique de l'époque[44].

Pour chaque argument de Bodi, nous pouvons avancer trois autres arguments qui mettent en difficulté la position de ce dernier.

Premièrement, dans le cas des Juifs, les autorités locales ne sont pas Esdras et Néhémie ; les textes bibliques reconnaissent Josué et Zorobabel (Esd 2 et Ag 1). Même si à un certain moment Néhémie et Esdras, qui ont des affinités avec l'administration perse, sont envoyés en mission dans la région, c'est pourtant Josué et Zorobabel qui avaient la responsabilité politique et religieuse de la Judée.

Deuxièmement, l'araméen était la « langue de relation » de cette époque, la langue de l'éducation et du commerce. Au VIIIe siècle av. J.-C., on parlait couramment l'araméen, de l'Égypte à l'Asie majeure, jusqu'au Pakistan, et c'était la langue principale des grands empires d'Assyrie, de Babylone et, plus tard, de l'Empire chaldéen ainsi que du gouvernement impérial de la Mésopotamie[45]. À ce stade, on ne peut penser que ce sont les Perses qui sont les seuls souverains à faire de cette langue une langue populaire et administrative.

Troisièmement, la tolérance religieuse n'est pas la particularité des Juifs de Jérusalem. Nous avons déjà souligné qu'à la communauté d'Éléphantine les Égyptiens ainsi que les Babyloniens avaient aussi bénéficié de cette largesse dans le cadre du culte. En plus, la religion juive n'est ni « hénothéisme » ni « zoroastrisme »[46]. Ce serait la méconnaître que de la rapprocher de celle des Achéménides.

Nous pouvons conclure que l'attitude de tolérance religieuse a dominé la représentation du Second Temple chez les rois perses. Pour eux, ce ne sont pas les formes de l'institution du Second Temple qui sont primordiales et qui influencent leur politique de « liberté religieuse ».

---

44. Lester L. GRABBE, « What was Ezra's Mission », dans *Second Temple Studies vol. 2. Temple Community in the Persan Period*, sous dir. T. C. Eskenazi et H. Richards, Sheffield, JSOT Press, 1994, p. 289.
45. R. A. BOWMAN, *Aramaic Ritual Texts from Persepolis*, Oriental Institute Publications, volume XCI, Chicago, University of Chicago Press, 1970, p. 9.
46. Cf. LECOQ, *Les inscriptions de la Perse achéménide*, p. 158-159 et 135-139.

Yom Tov Assis, dans la deuxième partie du livre *La société juive à travers l'histoire*, s'est penché sur « les formes de l'institution » chez les Juifs. Pour lui, le Second Temple est comme une institution économique, sociale et politique.

II. Imaginaire du Second Temple chez les Samaritains

Le terme « Samaritain » apparaît pour la première fois dans la Bible après la conquête du royaume des dix tribus de Samarie. Il s'appliquait à ceux qui vivaient dans le royaume du nord avant cette conquête, afin de les distinguer des étrangers qu'on y a amenés par la suite d'autres parties de l'Empire assyrien (2 R 17.29). Il semble que les Assyriens n'avaient pas déporté tous les habitants israélites. Car le récit de 2 Chroniques 34.6-9 laisse entendre que durant le règne du roi Yoshiya il y en avait encore dans le pays.

Pour Jean-Daniel Macchi, Juifs et Samaritains donnent en effet des interprétations historiques divergentes de l'antagonisme qui les oppose, interprétations qui ne rendent pas compte de la profonde convergence objective de leurs traditions religieuses respectives. Si, d'après les chroniques samaritaines médiévales, la séparation d'avec le judaïsme remonte à un schisme imputé au prêtre Éli de Silo, à la fin de l'époque des Juges, la tradition juive rapportée par 2 Rois 17 la situe après la destruction du royaume d'Israël par les Assyriens[47].

Avec le temps, le terme « Samaritains » désigna les descendants de ceux qui étaient restés en Samarie et de ceux que les Assyriens y avaient amenés. Par conséquent, certains étaient sans doute le produit de mariages mixtes. Plus tard encore le nom prit une connotation plus religieuse que raciale ou politique. Un « Samaritain » était un membre de la secte religieuse qui prospérait dans le voisinage de la Shikèm et de la Samarie antique, et adhérait à certaines doctrines différentes de celles du judaïsme[48].

La question des origines du mouvement samaritain est très difficile à apprécier, d'autant que les sources qui le documentent sont d'un traitement critique peu évident, à cause de leurs orientations respectives. Selon les sources

---

47. J. D. Macchi, *Les Samaritains : histoire d'une légende. Israël et la province de Samarie*, Le Monde de la Bible 30, Genève, Labor et Fides, 1994, p. 11.
48. J. Bowman, *The Samaritan Problem. Studies in the Relationships of Samaritanism, Judaism, and Early Christianity*, trad. de l'allemand par Alfred M. Johnson, Eugene, Pickwick Publications, 1975, p. xii.

samaritaines, le mouvement remonterait au IXe siècle av. J.-C., à l'époque du prophète Éli, considéré comme un prêtre hérétique pour avoir fondé un sanctuaire à Silo, afin de faire concurrence à celui du mont Garizim. Selon les sources judéennes, il remonterait au VIIIe siècle av. J.-C., à l'époque de la destruction de la ville de Samarie par les Assyriens et du repeuplement de cette région par les étrangers déportés, formant ainsi une population mixte dont la religiosité est syncrétique (2 R 17). Certains critiques situent le schisme entre les Judéens et les Samaritains à l'époque perse, tandis que d'autres le datent de l'époque grecque. Toutefois les investigations les plus récentes conduisent à penser que la relation entre les Judéens et les Samaritains s'est progressivement dégradée et la formation du « judaïsme », comme celle du « samaritanisme », pourraient être datées entre le IVe siècle av. J.-C., et les Ier et IIe siècles ap. J.-C.[49].

Notre objectif ici n'est pas d'écrire un traité sur les Samaritains ; nous cherchons à comprendre leur imaginaire du Temple, car ils ont souhaité soutenir la reconstruction du Second Temple. Et devant le refus des Juifs, ils se sont opposés à cette reconstruction. Comprendre leur relation avec les Juifs à cette époque permet de comprendre aussi leur conception du Temple.

A. Relation entre Samaritains et Juifs à l'époque perse

En 537 avant notre ère, les exilés de Babylone revinrent à Jérusalem, prêts à rebâtir le Temple de YHWH. C'est alors que les Samaritains, qui étaient déjà dans le pays à l'arrivée des Juifs et qui étaient qualifiés dans le texte d'Esdras d'« adversaires de Juda et de Benjamin », allèrent trouver Zorobabel et les anciens et leur dirent : « Laissez-nous bâtir avec vous ; car, comme vous, nous recherchons votre Dieu et nous lui sacrifions depuis les jours d'Ésar-Haddôn, le roi d'Assyrie, qui nous a fait monter ici » (Esd 4.1-2).

Toutefois ce prétendu attachement à YHWH s'avéra n'être qu'un service de parole, car, lorsque Zorobabel eut décliné leur offre, les Samaritains firent tout ce qu'ils purent pour empêcher la reconstruction du Temple. Quand tous leurs efforts concertés pour harceler et intimider les Juifs eurent échoué, ils adressèrent au roi perse une lettre contenant de fausses accusations et

---

49. S. C. Mimouni, *Le judaïsme ancien : du VIe siècle avant notre ère au IIIe siècle de notre ère. Des prêtres aux rabbins*, Paris, PUF, 2012, p. 575.

réussirent à faire promulguer un décret gouvernemental qui mit fin à la reconstruction pendant un certain nombre d'années (Esd 4.3-24).

Étant donné un tel comportement, il est clair que les Samaritains et les Juifs vivaient une relation difficile, une relation de tension, voire d'inimitié. Cela se confirme encore dans le livre de Néhémie. Quand Néhémie commença à réparer les murailles de Jérusalem, Sânballat (gouverneur de la Samarie, selon des papyri d'Éléphantine que nous avons évoqués dans le chapitre deux) fit à plusieurs reprises de vigoureux mais vains efforts pour arrêter les travaux (Né 2.19-20 ; 4.1-12 ; 6.1-15). Plus tard, après une longue absence, Néhémie retourna à Jérusalem, où il apprit que le petit-fils du grand prêtre Éliashib avait épousé la fille de Sânballat. Immédiatement, Néhémie le chassa (Né 13.6-7, 28). Nodet, dans son article intitulé « Sânballat de Samarie », présente les difficultés à propos de l'identification de Sânballat en ces termes :

> Le livre de Néhémie mentionne « Sânballat le Horonite » (סנבלט החרני Σαναβαλλατ ὁ Αρωνι) en deux circonstances : d'abord Sânballat fait partie d'un groupe d'adversaires de Néhémie lorsqu'il a été autorisé par le roi Artaxerxès à redresser les murailles de Jérusalem (Né 2.10, etc.). Ces adversaires proviennent de diverses directions (4.1) : les Ammonites à l'est, les Arabes au sud, et même les Ashdodites sur la côte. Sânballat n'est pas qualifié de gouverneur, mais il intervient « devant ses frères et l'aristocratie de Samarie » (3.34 ; le grec omet « et »), ce qui le rattache clairement aux autorités de Samarie. En fait, tous ces adversaires se bornent à des menaces et finalement se résignent, lorsque les travaux sont achevés (6.16) ; il s'agit donc d'un bruitage littéraire, mais Néhémie a aussi des adversaires dans Jérusalem et en Judée. Puis on apprend que Néhémie a été gouverneur de Jérusalem de la 20e à la 32e année du roi Artaxerxès, et qu'il a procédé à des réformes (Né 5.14). Enfin, lors d'un séjour ultérieur, le mandat de Néhémie n'est pas précisé, mais il chasse « un des fils de Yoyada, fils d'Elyašib, le grand prêtre », parce qu'il a épousé une fille de « Sânballat le Horonite » (Né 13.28 ; rendu différemment en grec : τοῦ Σαναβαλλατ τοῦ Ωρωνίτου). On ignore de qui Néhémie tient une telle autorité :

ce ne peut être Artaxerxès, et ses adversaires des débuts sont devenus invisibles[50].

Même si l'identification de Sânballat reste imprécise, il faut reconnaître que les villes de Harrân et de Samarie étaient dans la même satrapie de Transeuphratène (et Abraham est parti de Harrân, selon Genèse 12.4). Dans ces conditions, il y a un lien réel entre Sânballat et Harrân, mais en même temps il a fait de Sânballat un individu samaritain, de manière à en faire un adversaire précis[51]. Il est à remarquer aussi que la construction du temple samaritain sur le mont Garazim, que nous avons évoqué au deuxième chapitre, avait pour but de rivaliser avec celui de Jérusalem, et cela marqua la séparation définitive des Juifs et des Samaritains. Cette rupture dans la relation Juifs/Samaritains à l'époque perse continuait même à l'époque de Jésus, et la brèche entre les deux peuples n'était pas comblée, bien que le temple de Garizim ait été détruit (Jn 4.9). Si les villes de Samarie et de Jérusalem vivaient en tension entre elles, quelle serait l'imaginaire du Second Temple pour les Samaritains, quand ils souhaitaient en soutenir la reconstruction ?

B. Représentation du Temple parmi les Samaritains

Lors des déportations du VIIIe siècle, de nombreux ressortissants du royaume de Samarie avaient été emmenés vers différentes régions de l'Empire assyrien (2 R 17.6). Cette politique de dispersion géographique semble avoir produit assez rapidement l'effet escompté (exil de force). Ils s'assimilent à la population et perdent donc leur identité ethnique.

Les Samaritains accordaient une grande importance au fait qu'ils descendaient des patriarches juifs. Dans les *Antiquités* (IX, 14, 3 §291 ; XI, 8, 6, §341, 344), Josèphe insiste sur le fait que par opportunisme, les Samaritains tantôt affirmaient leur parenté avec les Juifs, tantôt la niaient. Mais pour les Juifs, les Samaritains étaient des « Kutéens », des descendants de colons perso-mèdes étrangers au peuple. Cette appellation « Kutéens » pour les Samaritains est étrangère à l'A.T. Josèphe écrit que les gens de « Kut » étaient l'une des tribus installées comme colons en Samarie par les Assyriens au VIIIe siècle av. J.-C. (*Antiquités* XII, 5, 5, § 257).

---

50. É. Nodet, « Sânballat de Samarie », dans *RB* n°122, 2015, p. 346.
51. *Ibid.*, p. 354.

Les Juifs refusaient aux Samaritains tout lien de sang avec le judaïsme. Même le fait qu'ils reconnaissaient la loi mosaïque et en observaient les prescriptions avec un soin assez méticuleux ne changea rien à leur exclusion de la communauté juive. Car ils étaient soupçonnés de pratiquer un culte idolâtrique à cause de leur vénération du Garizim comme montagne sacrée[52]. Grabbe reconnaît que « [l]a raison fondamentale de l'exclusion des Samaritains était toutefois leur origine et non le culte au Garizim ; il n'y a pas eu de rupture avec la communauté juive d'Égypte malgré l'existence du temple de Léontopolis, car il n'y avait pas là d'empêchements analogues[53] ».

Cette attitude hostile des Juifs envers les Samaritains nous amène à dire que pour ces derniers, contribuer à la reconstruction du Second Temple était leur façon d'essayer de revendiquer leur appartenance à la descendance d'Abraham. L'imaginaire du Temple serait pour eux une revendication ethnique. Le refus des Juifs expliquait l'opposition à la reconstruction et cette situation a continué jusqu'au Ier siècle, auquel le N.T. fait écho. Il serait difficile pour nous ici d'apprécier l'attitude des Juifs vis-à-vis des Samaritains et l'inverse ; mais nous constatons que la reconstruction du Second Temple a renforcé la méfiance entre ces deux peuples au lieu que le Temple devienne un facteur d'unité et de réconciliation.

Nous faisons ici référence à la division en deux royaumes : le royaume du nord et celui du sud. Qu'en est-il de la fonction du Temple chez les Juifs ?

III. Imaginaire du Second Temple parmi les Juifs

A. Composition de la communauté juive

Le substantif « Judée » (hébreu « Yehûdah » ou araméen « Yehûd »), un toponyme, a donné naissance à l'adjectif substantif « Judéen » (hébreu « Yehûdi » ou araméen « Yehûday »). C'est le nom du pays habité par ceux qui se réclament du Dieu d'Israël. Selon Mimouni, « [i]l est employé par des étrangers au peuple judéen, mais rarement par les membres de ce peuple[54] ». Durant l'occupation perse, la Judée (attestée sous le nom araméen

---

52. Lister L. Grabbe, *Ancient Israel*, New York, T&T Clark, 2007, p. 161.
53. *Ibid.*, p. 165.
54. Mimouni, p. 27.

de « Yehûd ») constituait l'une des provinces de la cinquième satrapie, dont la capitale administrative était Damas (Esd 4.15 ; 7.14). Beaucoup de Juifs étaient issus de la diaspora.

Par ce terme « diaspora » on désigne les lieux où résidaient les Judéens en dehors de Jérusalem et de la Judée. En hébreu, les mots « *golah* » et « *galout* » ainsi que le mot araméen « *galouta* » exprimaient aussi bien la notion d'exil que celle de diaspora ou de dispersion. Le centre du peuple juif, c'était bien sûr Jérusalem et la Judée, constituant la terre d'Israël dans des limites géographiques variables selon les époques.

Le judaïsme de la diaspora a créé une nouvelle communauté politique et sociale. Vu les hautes charges auxquelles les déportés pouvaient accéder (entre autres Daniel, Néhémie, Mardochée et Esther), il n'est pas surprenant que les exilés disposés à regagner la terre de leurs ancêtres sous la bannière de Zorobabel aient été minoritaires. La diaspora représente désormais la majeure partie du judaïsme, installée surtout en Élam et en Médie sous les Perses[55]. On trouve parmi les exilés des hommes qui y trouvent leur bonheur : l'exhortation de Jérémie de reconnaître le jugement bien fondé de Dieu sur Israël et de changer d'attitude (Jr 29.4-7) était prise au sérieux par les exilés. Ils s'enrichissaient ; c'est peut-être pour se donner bonne conscience qu'ils subventionnaient le voyage de retour des plus zélés en terre promise (Esd 1.4-6). Pour Tidiman : « Quoi qu'il en soit, la menace de la persécution plane de temps en temps, telle que celle qu'a fait peser contre les Juifs Haman (Est 3), même le retour en Palestine ne met personne à l'abri (Esd 9.9)[56]. »

L'éclatement de la nation remet en question son unité nationale ; les Juifs étaient désormais composés des habitants de Jérusalem et de la Judée, ainsi que de la diaspora. En Judée cohabitaient des rapatriés et des descendants des Israélites laissés sur place par les Babyloniens. Il faut reconnaître que cette situation nuisait à l'homogénéité de la nation juive. À cela s'ajoutait que la multiplication des grands centres de la diaspora en Mésopotamie et dans la ville d'Alexandrie ne facilitait pas non plus un développement national unitaire.

De ce fait, les Juifs manquaient d'autonomie politique. Même lorsque Zorobabel et Néhémie ont été placés par leurs maîtres païens à la tête du

---

55. *Ibid.*
56. Tidiman, *Précis d'histoire biblique d'Israël*, p. 356.

peuple juif, la nation n'avait ni roi ni armée propre. Il fallait l'autorisation d'un pouvoir étranger pour rebâtir le Temple ou les murailles de Jérusalem. La terre de Judée était réduite par l'extension de la province samaritaine au Nord et par les poussées opérées au Sud par les Édomites, qui progressaient jusqu'à Hébron. Le faible nombre des Juifs revenus au pays suffit à peine à réoccuper leur province. Il fallut attendre l'essor démographique du IIIe siècle av. J.-C. pour que la population de la Judée doive chercher un territoire nouveau en Galilée[57].

L'exil babylonien provoqua aussi un changement linguistique. Les Juifs utilisaient pour la communication quotidienne l'araméen plus que l'hébreu. Il y avait à cette époque une nécessité de faire comprendre les Écritures, alors on a fait traduire l'A.T. en araméen, oralement d'abord, les textes qui étaient initialement en hébreu. Cette évolution linguistique a donné plus tard naissance aux Targums, qui sont une traduction libre et orale (mise par écrit encore plus tard) du texte sacré qui a vu le jour dans le cadre de la synagogue.

Pour avoir une vue générale sur cette nouvelle communauté juive, nous présentons ici brièvement leur niveau de vie économique. Il n'y avait pas de différence radicale entre le statut politique des Juifs de Palestine et celui de la diaspora, mais tel n'était pas le cas dans le domaine économique. Tant par les possibilités de promotion politique déjà notées que par leur compétence en agriculture et en commerce, les expatriés atteignaient un niveau de bien-être matériel élevé. Malgré l'aide reçue de leurs compatriotes, les rapatriés n'ont pu rivaliser, pour l'inauguration du Second Temple, avec la splendeur des cérémonies qui avaient accompagné la dédicace du premier (Esd 6.17 et 1 R 8.62-64). Dans la capitale, la vie était si précaire qu'il fallait recourir au tirage au sort et à un appel au volontariat pour peupler la ville (Né 11.1-2). Face à cette situation de vie précaire à Jérusalem, quelle était l'imaginaire du Second Temple parmi les Juifs ?

B. Représentation du Second Temple chez les Juifs

Dans le livre d'Esdras (4.1-3), les Juifs affirment sans ambiguïté leur identité nationale et reconnaissent leur vocation de « nation sainte », comme le souligne Exode 19.6 ; c'est-à-dire séparée des autres peuples pour le service exclusif de YHWH et appelée à avoir une conduite exemplaire (cf. Est 3.8).

---

57. *Ibid.*

Ses chefs s'opposaient donc vigoureusement aux mariages avec des femmes païennes (Esd 9-10 ; Né 10.31 ; 13.23-28). Mais la disparition d'une frontière politique a eu pour conséquence de mettre les Juifs en prise directe avec le monde païen. Ils ont alors cherché à se protéger par une frontière religieuse, d'où l'accent mis sur leur spécificité.

La fin de l'exil a marqué le début d'une ère réellement nouvelle chez les Juifs. Les rapatriés se sont détournés résolument de l'idolâtrie, problème spirituel caractéristique des siècles qui avaient précédé l'exil. Tidiman affirme que cette « fidélité à l'alliance résistera même à l'hellénisation rampante du IIIe siècle et à la persécution violente d'Antiochus IV au IIe siècle[58] ».

Le premier acte collectif des Juifs rapatriés a été de rétablir le sacrifice perpétuel (Esd 3.3). Ils ont observé les fêtes mosaïques (Esd 4.1-3), nullement découragés par l'opposition extérieure (Esd 4.4-5 ; Né 2.19-20). Les Juifs de retour de leur exil ne se sont pas écartés de cette ligne dure, s'opposant à tout syncrétisme religieux et culturel. Pour eux, reconstruire le Second Temple faciliterait la pratique du sacrifice pour YHWH. Le roi Darius promettait, dans sa correspondance aux ennemis des Juifs, de prendre en charge sur le budget de l'Empire les frais supplémentaires du sacrifice dans ce Temple (Esd 6.9-10). C'est ainsi que Assis écrit : « La fonction rituelle première du Temple était le culte sacrificiel[59]. » Mais, à côté des sacrifices, le Second Temple abritait un large échantillon d'activités rituelles et religieuses.

Dans la Bible, le sacrifice n'était pas uniquement fait dans le Temple. À sa sortie de l'arche, Noé, le chef de la famille, offrit à YHWH un sacrifice d'action de grâce ; après quoi YHWH conclut avec Noé et sa descendance une alliance (Gn 8.18-22 ; 9.8-16). On lit plus loin dans les Écritures que les patriarches fidèles offraient des sacrifices à Dieu (Gn 8.20 ; 31.54). En tant que chef de famille, Job faisait fonction de prêtre pour sa famille, offrant des holocaustes à Dieu en faveur des siens (Jb 1.5). Le sacrifice le plus remarquable et le plus significatif fut celui d'Abraham qui tenta d'offrir Isaac, sur les instructions de YHWH. Après avoir constaté la foi et l'obéissance d'Abraham, Dieu eut la bonté de fournir un bélier en substitution (Gn 22.1-14).

Après cette étape initiale, les sacrifices se sont poursuivis tout au long de l'époque des patriarches et ont servi de base à la prière, à l'invocation du nom

---

58. *Ibid.*, p. 358.
59. Assis, « Les formes de l'institution », p. 167.

de YHWH. Beckwith souligne que « [l]e lien avec la prière se prolonge dans tout l'A. T. ; lors de la dédicace du Temple, Salomon demande qu'il soit le lieu de l'exaucement de la prière (1 R 8) ; Ésaïe le décrit comme une maison de prière pour tous les peuples[60] ».

Nous avons indiqué qu'en plus de la fonction de Temple comme lieu de sacrifices, le Second Temple abritait aussi d'autres activités. Esdras avait institué trois lectures hebdomadaires publiques de la Tora sur le parvis du Temple. Les rouleaux de l'A.T. étaient conservés dans le Temple. Les traducteurs et les scribes venaient, parfois de loin, pour procéder à des vérifications. On tenait un registre central de la généalogie sacerdotale, souvent consulté par les prêtres avant un mariage[61].

À côté du Temple, centré sur les sacrifices, apparurent des synagogues. Elles répondaient en tout premier lieu aux besoins de la diaspora, privée de temple. Il n'était pas question d'offrir des sacrifices dans les synagogues. On y chantait des Psaumes selon la liturgie, conçus par David pour le Temple. L'activité principale y était la lecture des livres de Moïse et des prophètes que les fidèles écoutaient debout (cf. Né 8.5). Les rencontres étaient présidées par les docteurs de la loi et des scribes (Cf Esd 7.6-10), qui se consacraient à l'étude des Écritures, afin d'en être des interprètes[62].

À l'issue de l'analyse rhétorique que nous avons faite, les différentes fonctions du Temple ressortent pour les auteurs des correspondances officielles dans le livre d'Esdras. D'abord, par une politique de tolérance religieuse, l'administration a facilité cette reconstruction. Ensuite, pour les Samaritains, l'enjeu du Temple était une revendication d'identité ethnique. Ils voulaient à travers le Second Temple que les Juifs reconnaissent leur appartenance aux patriarches de l'A.T., au lieu de les considérer comme des païens. Enfin, le Second Temple, comme lieu d'adoration de Dieu par le sacrifice, pouvait toutefois avoir une application dans la vie chrétienne, même si le sacrifice de Jésus a eu lieu « une fois pour toutes ». La tolérance comme défi face à l'intégrisme religieux et la nécessité de rendre grâce à Dieu dans la louange

---

60. R. T. BECKWITH, « Sacrifice », dans T. Desmond ALEXANDER et B. S. ROSNER, sous dir., *Dictionnaire de la théologie biblique*, Charols, Excelsis, 2006, p. 893.

61. ASSIS, « Les formes de l'institution », p. 167.

62. TIDIMAN, *Précis d'histoire biblique d'Israël*, p. 359.

et l'adoration seront notre préoccupation dans le dernier sous-point sur l'implication chrétienne de l'imaginaire du Second Temple.

IV. Application de l'imaginaire du Second Temple pour le christianisme

Au commencement de son ministère, Jésus s'adressait aux Juifs et appelait tout Israël à la repentance (Mc 1.14ss). Malgré une opposition croissante, il persista à interpeller Jérusalem (Mc 11.1ss). Il purifia le Temple avec le désir de réformer l'ordre existant. Mais les implications de son acte ont attisé l'hostilité des responsables religieux qui, persévérant dans leur refus, finirent par être exclus de la présence divine (Mc 12.1-12). Jésus, qui avait commencé par le respect, annonce finalement que son rejet et sa mort conduiront à la destruction du Temple. Au cours de son procès, Jésus a été accusé d'avoir enseigné : « Je démolirai ce Temple fait de main d'homme et, en trois jours, j'en reconstruirai un autre, qui ne sera pas fait par des mains humaines » (Mc 14.58 ; 15.29).

C'est dans les épîtres pauliniennes que l'Église est le plus explicitement présentée comme l'accomplissement de la figure du Temple eschatologique des textes vétérotestamentaires et intertestamentaires (cf. 1 Co 3.16-17 ; 6.19 ; 2 Co 6.16-7.1 ; Ep 2.19-22). Puisque la communauté chrétienne représente l'accomplissement de l'espérance du Temple, les croyants doivent mener une vie sainte (2 Co 7.1 ; 1 Co 6.18ss). Ils doivent de plus vivre dans l'unité : Dieu est un, il ne peut donc habiter qu'une demeure. Les divisions sont des profanations du Temple, passibles de la même terrible peine capitale (1 Co 3.5-17). Dans l'épître aux Éphésiens, la figure du Temple est mise au service de l'instruction doctrinale. L'auteur souligne le caractère judéo-païen de l'Église.

Le mot « temple » apparaît en 1 Pierre 2.4-10. Le caractère sacerdotal et sacrificiel de la vie chrétienne s'appuie sur une certaine conception de l'Église qui est le sanctuaire de Dieu et qui se présente également comme « maison » en Hébreux 3.1-6.

L'exégèse est une démarche scientifique. C'est ce que nous avons tenté de faire pour les correspondances officielles dans le livre d'Esdras à travers la démarche de l'analyse rhétorique biblique. Cependant, l'Église se sert de l'exégèse pour fonder sa foi, d'où l'intérêt de voir les implications de l'imaginaire du Temple dans la vie du chrétien. Le chrétien face au défi de l'extrémisme religieux et l'action de grâce, la louange et l'adoration sont les deux parties de l'imaginaire du Temple dans l'administration perse et chez les Juifs.

A. Extrémisme religieux israélite à l'opposé de la tolérance perse

L'extrémisme religieux a toujours inquiété l'opinion publique et les États. À la fin du XXe siècle, ce sont les sectes qui défrayaient la chronique, poussant le gouvernement à influencer parfois le peuple. L'extrémisme religieux existe plus ou moins dans toutes les religions. Mais actuellement c'est l'islamisme radical qui fait les gros titres et favorise la montée d'une autre forme d'extrémisme, l'extrémisme politique. Malgré les appels répétés à ne pas faire l'amalgame entre le terrorisme et l'islam, beaucoup se demandent s'il n'y a pas tout de même un rapport entre les deux. Il importe donc que l'Église réfléchisse à la nature de l'extrémisme religieux, à ses liens avec les religions dites traditionnelles et à la réponse à lui apporter. La tolérance religieuse perse dans le contexte d'un Empire à caractère multiforme et international est une base de défi pour l'Église à l'heure des extrémismes. Pour une cohérence dans le travail, nous nous préoccuperons plus de la violence envers les incroyants dans l'A.T.

Avant de présenter quelques exemples de cette violence du temps de l'A.T., il convient de donner une définition de l'extrémisme. Le sociologue des religions Schlegel propose celle-ci : « Des idées ou des mouvances qui marquent ouvertement leur distance avec la modernité ou même la rejettent ouvertement[63]. » Cette définition a l'inconvénient de prendre la modernité comme centre par rapport auquel on situe les extrêmes. Les religions prennent plutôt pour centre une application équilibrée de leurs propres principes. Pour la plupart d'entre elles, il est tout aussi problématique de se conformer sans aucune restriction à la modernité que de prendre ses distances avec elle. Le *Grand Larousse encyclopédique* donne une définition plus neutre de l'extrémiste : « Partisan d'une doctrine poussée jusqu'à ses limites, ses conséquences extrêmes [...] par opposition au modéré qui fait preuve de mesure, qui se tient éloigné de tout excès[64]. » Dans le N.T., la tolérance et la non-violence

---

63. Jean-Louis SCHLEGEL, *La loi de Dieu contre la liberté des hommes. Intégrismes et fondamentalismes*, Paris, Seuil, 2003, p. 8-9.
64. *Grand Larousse encyclopédique*, Paris, Libraire Larousse, 1964, p. 368.

envers les adeptes d'autres religions sont considérées comme une norme. La religion doit être pratiquée sans aucune violence. Or la situation était, de certains points de vue, différente dans l'A.T. Il y a des passages de l'A.T. dans lesquels le jugement violent de Dieu frappe des gens qui n'ont pas commis de crimes. Nous nous posons la question de savoir si oui ou non les violences évoquées dans les textes de 1 Rois 18.20-40 et de 2 Rois 1.9-15 justifient la violence contre « les autres ».

1. L'extermination des prophètes de Baal

L'extermination des prophètes de Baal sur l'ordre d'Élie se trouve dans 1 Rois 18. À l'époque de ce prophète, le peuple d'Israël ne se comportait pas du tout de manière fidèle à l'Éternel. Son infidélité avait eu des conséquences désastreuses : pendant trois ans, il n'y avait plus eu de rosée ni de pluie (1 R 17.1, 7 ; 18.1). Tout le pays en souffrait. Le roi Achab était même sur le point d'abattre les chevaux et les mulets de sa cour ou de son armée, parce qu'il n'y avait plus d'herbe pour les nourrir (1 R 18.5). Au moment où Achab rencontra Élie, ce dernier lui en révéla la raison : « Je ne trouble pas Israël. Au contraire, c'est toi et ta famille qui le faites, puisque vous avez abandonné les commandements de l'Éternel et que tu as suivi les Baals » (1 R 18.18).

Il va sans dire que les prophètes de Baal, qui étaient employés et entretenus par la reine Jézabel (1 R 18.19), avaient joué un rôle majeur dans l'idolâtrie du peuple de Dieu. Ils avaient certainement fait de la propagande pour leur dieu, propagande qui n'avait pas manqué d'avoir du succès. Il s'ensuit que s'ils ont été tués, ce n'est pas seulement parce qu'ils avaient rendu un culte à un autre dieu. C'est plutôt parce qu'ils représentaient une grande menace pour le peuple d'Israël, son bien-être et l'alliance avec son Dieu.

Nous pouvons donc conclure que l'intolérance et la violence d'Élie ne visaient pas l'extermination des incroyants en tant que tels. Ce qu'il ne voulait pas tolérer, c'était qu'Israël fût infidèle à Dieu qui lui donnait la vie, ou qu'Israël fût tenté de pratiquer l'idolâtrie. La preuve en est qu'Élie ne s'est préoccupé que des prophètes de Baal. Tous les autres incroyants pouvaient rester en vie. Toutefois, cette situation est contraire à l'attitude des Perses, qui adoraient un autre dieu, mais qui ont soutenu politiquement et financièrement la reconstruction du Second Temple.

2. L'extermination des militaires du roi dans 2 Rois 1.9-15

À la différence des prophètes de Baal exterminés sur l'ordre du prophète Élie, les cent deux militaires israélites tués à la suite de l'invocation du « feu du ciel » ne l'ont pas été parce qu'ils avaient essayé de tenter d'autres personnes. Ils l'ont été pour la seule raison qu'ils avaient exécuté l'ordre du roi d'arrêter Élie. Le texte de 2 Rois 1.9-15 met en scène le prophète Élie invoquant le feu du ciel. Il ne s'agit pas de déterminer si la « violence » dont ce prophète fait preuve dans ce passage peut être donnée en exemple au chrétien. Cette discussion n'a pas besoin d'avoir lieu, puisque Jésus coupe court à cette possibilité en Luc 9.51-55, lorsque ses disciples font précisément allusion à cet épisode du feu qui descend du ciel pour dévorer les impies. Nous reviendrons sur cette question dans la perspective néotestamentaire sur les cas de violence.

3. Les zélotes sont des exemples du temps du Nouveau Testament qui optent pour la violence

Les trois à quatre siècles qui avaient séparé l'action d'Esdras et Néhémie (458-433) ou les prophéties de Malachie (entre 460 et 430) de l'annonce de la naissance de Jean-Baptiste (Lc 1.5-22) ne sont pour maints lecteurs de la Bible qu'un grand vide. Ils sont mal connus. C'était un temps où Israël se tenait dans l'attente du message promis par le prophète Malachie (3.1). En réalité, le Proche-Orient était traversé de courants politiques et religieux nouveaux, des Empires s'élevaient et disparaissaient. Le judaïsme s'y adaptait ou y résistait. L'hellénisation du monde, qui touchait le judaïsme à partir des conquêtes d'Alexandre « le Grand » en particulier, contribuait à diviser les Juifs suivant leurs positions fort contrastées : les options pharisienne, hasmonéenne, sadducéenne, essénienne et zélote.

Au deuxième siècle, à l'époque de l'apogée des Hasmonéens, les partisans de l'action politique optaient pour une réaction forte contre toute tutelle étrangère. Les zélotes sont de plus en plus disposés à prendre les armes, à l'instar des fils de Mattathias, pour s'opposer à tout oppresseur païen. Ils ont largement contribué au déclenchement, en l'an 66 de notre ère, de la grande révolte, lourde de conséquences politiques et religieuses[65]. Ben Witherington

---

65. TIDIMAN, *Précis d'histoire biblique d'Israël*, p. 377.

qualifie les zélotes de « bandits »[66]. Il dépeint leurs traits caractéristiques de la manière suivante :

> (1) le refus du recensement, car pour Judas, la soumission au recensement était une forme d'asservissement ; (2) l'instauration d'une théocratie avec Dieu pour seul chef suprême d'Israël (le Juif ne pouvait à la fois servir Dieu et Rome) ; (3) l'usage de la violence pour conquérir la liberté et l'indépendance, surtout s'il s'agissait d'une juste vengeance ; (4) l'acceptation de la souffrance et du martyre pour rendre sa liberté à la nation[67].

Nous pouvons rapprocher l'action zélée et violente des zélotes de celle défendue par Saul de Tarse, prêt à prendre des mesures radicales contre des compatriotes juifs pour préserver le judaïsme de toute souillure. Jésus exerça donc son ministère dans un environnement explosif où l'idéologie des Maccabées, celle de la liberté et de la théocratie, était bien vivante. La tâche de Jésus était d'autant plus délicate qu'il accueillait dans son cercle intime un nationaliste tel que « Simon le zélote » (Lc 6.15). Ce groupe faisait partie de l'extrémisme religieux juif, à la différence des sadducéens qui optaient pour la ligne politique diplomatique dans le judaïsme. La question reste de savoir si Jésus, qui est le centre du christianisme, cautionnait la violence religieuse.

4. Perspective néotestamentaire sur les cas de violence

L'objectif de cette section n'est pas de déterminer si, oui ou non, dans le christianisme (qui n'est pas, à notre avis, une religion comme le judaïsme, mais plutôt une relation avec Jésus) le chrétien devrait imiter Élie dans sa violence. L'objectif est plutôt de répondre à la question de savoir pourquoi le chrétien ne devrait pas imiter Élie dans la violence.

Une première attitude, qui vient assez spontanément à l'esprit, consiste à rejeter l'Ancien Testament. La violence de l'A.T. ne concerne pas les chrétiens, parce qu'ils vivent sous une nouvelle alliance. C'est une façon de se débarrasser du problème, qui a l'avantage d'être simple. C'est en fait la vieille solution de Marcion de Sinope, un hérétique du IIe siècle ap. J.-C., qui ne reconnaissait pas le Dieu de Jésus-Christ dans le Dieu de l'A.T., et qui a donc tout

---

66. Ben WITHERINGTON, *Histoire du Nouveau Testament et de son siècle*, Cléon d'Andran, Excelsis, 2003, p. 93.
67. *Ibid.*, p. 94.

simplement proposé de se débarrasser de l'ensemble de la première partie du canon biblique[68]. Dans une telle optique, la violence d'Élie n'embarrasse plus.

C'est pourtant une solution simpliste qui ne satisfait pas, car celui qui lit le N.T. se rend vite compte que l'A.T. est considéré comme recelant de nombreux enseignements et exemples pour le chrétien. Et c'est particulièrement vrai de la personne du prophète Élie, cité par l'apôtre Jacques comme un exemple de prière (Jc 5.13, 17-18). Élie nous est présenté ici comme un exemple en ce qui concerne la prière. Jésus nous défend d'imiter Élie en ce qui concerne le feu qui descend du ciel et qui dévore ses ennemis, mais le frère de Jésus nous exhorte à imiter Élie en ce qui concerne la prière. Ainsi, Élie est un exemple dans certains domaines, comme la prière, mais pas pour d'autres, comme la violence. Comment comprendre cela ? Trois pistes complémentaires seront abordées pour répondre à cette question : l'articulation biblique entre continuité et rupture des alliances ; l'articulation biblique entre histoire et eschatologie et l'articulation biblique entre profane et sacré.

La première piste, c'est que le chrétien ne devrait pas imiter Élie dans la violence en raison de l'articulation biblique entre « continuité et rupture »[69]. Le reproche de Jésus en Luc 9.55-56 à l'égard des disciples Jacques et Jean indique une rupture. Tout ce qui est écrit dans l'A.T. n'est pas donné comme exemple au chrétien. L'exhortation de la lettre de Jacques indique à l'inverse une continuité. Certaines choses dans l'A.T. sont proposées comme exemples au chrétien. Il y a rupture et continuité et tout le problème de l'interprétation consiste à bien saisir où passent les ruptures et où se situent les continuités. Il faut du discernement pour percevoir justement les continuités et les ruptures. Et c'est en acquérant ce discernement que le chrétien comprend mieux pourquoi tout, dans la vie d'Élie, ne doit pas faire l'objet d'une imitation.

Pour la deuxième piste, le chrétien ne devrait pas imiter Élie dans la violence en raison de l'œuvre du Christ pour le salut de l'humanité. Il y a un autre passage du N.T. qui réemploie l'image du feu qui descend du ciel pour dévorer les ennemis d'Élie. Il s'agit d'Apocalypse 20.7-8. Ainsi, si Jésus réprimande ses disciples parce qu'ils veulent faire descendre le feu du ciel sur

---

68. J. Pelikan, *La tradition chrétienne. L'émergence de la tradition catholique 100-600*, Paris, PUF, 1994, p. 18.
69. Cette idée de « continuité et discontinuité » entre A.T. et N.T. a fait l'objet d'une étude par M. W. Karlberg, « Legitimate Discontinuities Between the Testaments », *Journal of the Evangelical Theological Society*, 1985, p. 9-20.

les Samaritains afin qu'il les dévore, ce n'est pas parce que cela serait absolument contradictoire avec sa mission, mais parce que le temps du feu du ciel n'est pas encore venu. Ce jour viendra (Ap 20.10) et l'utilisation du langage de 2 Rois 1 en Apocalypse 20 nous renseigne sur la fonction de la violence d'Élie dans le cadre de l'histoire de la révélation et de la rédemption : elle anticipe le jugement dernier. Alors Élie, en faisant descendre le feu du ciel, était le précurseur du jugement dernier. Tandis que le chrétien, quant à lui, doit faire briller une lumière qui est celle du salut (Mt 5.14). C'est pourquoi il n'est pas appelé à imiter Élie sur ce point. Aujourd'hui, c'est encore le jour du salut. Le jugement de Dieu viendra après.

La troisième et dernière piste, c'est que le chrétien ne devrait pas imiter Élie dans la violence en raison de la réalité de la grâce commune. En effet, l'histoire de l'humanité aurait très bien pu se terminer lorsque Dieu traversa le jardin d'Éden pour venir en jugement. Mais au lieu de faire advenir alors le jugement dernier, le Seigneur s'est contenté d'imposer une malédiction commune à l'humanité adamique. Cette malédiction commune a pour contrepartie immédiate une grâce commune. Les bienfaits que tire l'homme de l'ordre de la grâce commune sont temporels et destinés à tous les hommes. Par exemple Dieu donne soleil et pluie aussi bien aux justes qu'aux méchants. Le temps qui s'écoule entre le jugement du jardin d'Éden et le jugement dernier est donc caractérisé par la grâce commune. Un jour viendra la fin de l'ère de la grâce commune.

Dans l'A.T., la violence envers les incroyants est vue comme une irruption dans le présent d'une anticipation eschatologique du jugement dernier. L'éthique qui prévaut dans le N.T. diffère de celle qui prévalait à l'époque de l'A.T. Dans la perspective de l'éthique du N.T., l'incroyant (le non-chrétien) possède un statut d'humain qui interdit que le chrétien demande que le feu du ciel descende sur celui-ci. Le non chrétien ne doit pas être attaqué ou persécuté pour son absence de foi au Dieu vivant et vrai, mais il doit être toléré et accueilli tel qu'il est, parce qu'il plaît à Dieu de ne pas mettre un terme à l'ordre de la grâce commune. Le temps de l'Église, comme celui des patriarches, est un temps de pèlerinage dans le monde où le chrétien se soumet aux autorités établies par Dieu, même lorsqu'elles sont aussi peu chrétiennes que les tribus cananéennes ou les empereurs romains. Une raison pour nous de ne pas « anticiper » au sens de « précipiter » le jugement dernier est que cela va à l'encontre de la patience de Dieu qui veut « que tous arrivent à la repentance » (2 P 3.9).

De toute évidence, les explications présentées ci-dessus sur la violence envers les incroyants sont loin d'apporter la réponse à toutes les questions relatives aux interventions violentes de Dieu dont témoignent les écrits de l'A.T. Certes, elles ne suffisent pas non plus pour justifier les actes de Dieu aux yeux d'un incroyant parmi nos contemporains. Cela serait une démarche risquée, puisqu'il est hors de notre portée de comprendre celui qui nous a créés et qui dépasse toutes nos pensées (Rm 11.33-36).

Cependant le point que nous soulevons ici, c'est le fait que le judaïsme est considéré par certains comme une religion extrémiste et que les textes de l'A.T. sont cités comme des exemples de cette violence. Le christianisme est la fille historique du judaïsme. L'A.T. est une autorité en matière de foi, lorsqu'il est lu à travers Jésus-Christ. Le chrétien doit être tolérant vis-à-vis des personnes qui ne partagent pas la même foi que lui. Du fait que le christianisme est tolérant, on ne peut accuser le Dieu de l'A.T. d'être un Dieu extrémiste.

B. L'action de grâce, la louange et l'adoration comme principes du sacrifice

Le but du sacrifice dans le Second Temple était de rendre grâce à Dieu, de le louer, de lui offrir des sacrifices pour le péché et de l'adorer. Après le retour de l'exil babylonien et la reconstruction du Second Temple, le respect de la loi de Moïse fut rétabli à Jérusalem, avec généralement moins de laxisme que dans le passé. De même, pendant la vie de Jésus, la loi demeura en vigueur. On offrit pour lui un sacrifice lors de sa présentation au Temple ; il offrit un sacrifice lors de sa dernière Pâque. Après sa mort et sa résurrection, les apôtres continuèrent à fréquenter le Temple, y compris Paul qui monta à Jérusalem pour la fête de la Pentecôte et offrit des sacrifices à l'occasion de la rupture du vœu de naziréat de quelques Juifs (Ac 18.18 ; 21.23-26).

Mais l'auteur du livre aux Hébreux (10.5-10), en citant le texte du Psaume 40.6-8, déclare accompli l'acte sacrificiel de Christ. Son sacrifice ne fut donc pas un acte de pure forme, encore moins un acte simplement cérémoniel, mais un acte de consécration intérieure (Hé 4.15 ; 9.14). Comme Jésus le dit à la veille de sa mort : « Ceci est mon sang, par lequel est scellée l'alliance. Il va être versé pour beaucoup d'hommes, afin que leurs péchés soient pardonnés » (Mt 26.28). Dans le N.T., le sacrifice du Christ est présenté comme celui qui accomplit la véritable expiation, qui rend caducs les sacrifices rituels. C'est par son sacrifice d'expiation que les chrétiens peuvent aussi offrir des sacrifices qui plaisent à Dieu (Hé 13.15 ; 1 P 2.5).

Beckwith écrit : « Dans la vie d'Israël, le langage sacrificiel fut réinterprété sous l'angle d'attitudes et d'actes de consécration. Cette conception du sacrifice s'imposait naturellement à ceux du Temple, comme à ceux qui étaient séparés dans la communauté de Qoumrân ; après la destruction du Temple, elle prit la première place dans la liturgie rabbinique[70]. » Le sacrifice du Christ a inauguré le temps de l'Esprit, où toute adoration doit être spirituelle (Jn 4.23-24 ; Ph 3.3) et les sacrifices spirituels des chrétiens comprennent des actes cultuels comme les actions de grâce, la louange et l'adoration.

1. Les actions de grâces

Un bon départ pour l'étude de la première de ces activités, les actions de grâce, est donné en Hébreux 12.28. Il est écrit : « c'est pourquoi, recevant un royaume inébranlable, retenons la grâce par laquelle nous servons Dieu d'une manière qui lui soit agréable, avec révérence et avec crainte. » Il y a une différence significative entre la version de Darby et celle de Segond. Là où Darby dit « retenons la grâce », Segond écrit « ayons de la reconnaissance ». Chacune de ces versions est néanmoins correcte, parce qu'en grec avoir de la grâce signifie remercier (*charis*). Il y a donc un rapport direct entre la grâce et la reconnaissance. Une personne qui n'est pas reconnaissante se place en dehors de la grâce de Dieu.

L'apôtre Paul présente dans les épîtres quatre exigences à propos de la reconnaissance. La première, l'action de grâce, n'est pas une suggestion, mais un impératif. Dans Colossiens 3.15, il utilise l'expression « soyez reconnaissants ». Remercier n'est donc pas une option, c'est un commandement. La deuxième, dans Éphésiens 5.18, demande d'être continuellement rempli du Saint-Esprit. Quand le chrétien est rempli du Saint-Esprit, il rend continuellement grâce à Dieu. La plénitude du Saint-Esprit peut être mesurée à la reconnaissance envers Dieu. La troisième affirmation de Paul à propos de la reconnaissance de Dieu se trouve dans 1 Thessaloniciens 5.16-18. Les expressions « Réjouissez-vous toujours » et « priez continuellement » sont des conséquences de « rendre grâce à Dieu en toute circonstance » au verset 18.

---

70. BECKWITH, « Sacrifice », p. 900.

Le fait de « rendre grâce en toute circonstance » (1 Th 5.17) est la quatrième et dernière exigence de Paul. La deuxième signification du sacrifice spirituel du chrétien est la louange.

2. La louange

Comme cela a été dit précédemment, par les remerciements pour toutes les bonnes choses que Dieu accorde au chrétien, celui-ci reconnaît la bonté de Dieu. Par la louange, il reconnaît en revanche la grandeur de Dieu. Dans Psaumes 48.1, le mot louange se mesure à la grandeur de Dieu ; ce qui veut dire qu'elle devrait être incommensurable. Il est difficile d'épuiser la puissance de la louange ou toutes les occasions pour louer Dieu. Plus le chrétien le loue, plus il reconnaît sa grandeur. Kuen écrit :

> Notre Seigneur Jésus a chanté des psaumes avec ses disciples, des chants écrits environ mille ans avant sa naissance, et l'apôtre Paul encourageait les Églises à entonner également des psaumes, des hymnes, des cantiques spirituels. Il y avait là certainement un harmonieux mélange fait d'ancien et de nouveau[71].

La reconnaissance, comme la louange, est un acte constructif pour le chrétien. Quand il s'approche de Dieu, il commence par le remercier pour ce qu'il a fait. Mais quand il vient à Dieu avec la louange et la reconnaissance, cela devient comme un catalyseur de la foi chrétienne.

Nous terminons brièvement la louange par trois questions et leurs réponses. D'abord, quand le chrétien doit-il louer Dieu ? La réponse est : tous les jours, à tout jamais et en toute circonstance. Ensuite, comment doit-il louer Dieu ? Les réponses sont : de tout son cœur (Ps 111.1), avec son intelligence (Ps 47.7, version Darby), en levant les mains, avec des lèvres joyeuses, une bouche qui glorifie Dieu (Ps 63.4-5), en étendant les mains, comme une offrande du soir (Ps 141.2), avec des danses (Ps 149.3), avec le tabourin et avec des danses (Ps 150.4). Enfin, qui est censé louer Dieu ? Le Psaume 148 donne la liste de catégories de personnes qui doivent louer Dieu. Le Psaume 150 spécifie : « Tout ce qui respire. » Il n'y a donc personne qui puisse s'en passer. Seuls les morts ne louent pas Dieu (Ps 115.17).

---

71. Alfred KUEN, *Le Chant des siècles. De l'origine de nos cantiques*, Charols, Excelsis, 2016, p. 8.

La venue de Jésus dans le monde était accompagnée de la restauration de la joie et de la louange du peuple de Dieu et de l'ensemble de la création (Es 9.2 ; Ps 96.11-13 ; Ap 5.9-14 ; Lc 2.13-14). Le rite et le culte du Temple, où la louange naît de la joie suscitée par la présence rédemptrice de Dieu, en donnaient un avant-goût (Dt 27.7 ; Nb 10.10 ; Lv 23.40). La louange de Dieu est célébrée sur la terre à cause de ses œuvres ; elle est l'écho terrestre de la louange céleste (Ap 4.11 ; 5.9-10). La louange est donc une marque du chrétien (1 P 2.9 ; Ep 1.3-14 ; Ph 1.11).

Il faut également souligner le rapport étroit qui existait entre louange et sacrifice. Le système sacrificiel de l'A.T. comprenait non seulement des sacrifices d'expiation, mais aussi des sacrifices de reconnaissance (Lv 7.11-21). La reconnaissance était la motivation fondamentale de l'offrande des prémices (Dt 26.1-11). La louange sincère contenait en elle-même un sacrifice agréable à Dieu (Hé 13.15 ; Os 14.3). Dans l'offrande sacrificielle de Jésus, la reconnaissance a aussi sa place (Mc 14.22-23, 26 ; Jn 17.1-2 ; Mt 11.25-26). De même, la vie du chrétien devrait être un sacrifice de soi motivé par la reconnaissance (Rm 12.1), en accord avec le sacerdoce royal du croyant (Ap 1.5-6 ; 1 P 2.9).

3. *L'adoration*

La reconnaissance et la louange sont des réactions par rapport à la bonté de Dieu. Par l'adoration, le chrétien reconnaît la sainteté de Dieu. Elle implique le corps entier, et pas seulement les cordes vocales. Selon la Bible, l'homme est composé de trois dimensions : l'esprit, l'âme et le corps. L'âme est très active dans la louange et la reconnaissance. Mais en ce qui concerne l'adoration, c'est l'esprit qui est en communion directe avec l'Esprit de Dieu. Le Saint-Esprit met le chrétien en communion directe avec Dieu. Être rempli du Saint-Esprit ne rend pas un chrétien parfait ou supérieur aux autres chrétiens, mais cela libère quelque chose en lui qui lui permet d'apprécier ce que l'adoration devrait être.

Le chrétien doit aussi adorer Dieu en vérité. La vérité fait appel à la sincérité. Pour Ladd, « adorer en vérité signifie adorer selon la réalité, par opposition à la non-réalité en forme vide […] "Vérité" a fondamentalement le sens qu'on trouve dans l'Ancien Testament : la fidélité de Dieu envers lui-même. On est donc renvoyé à ce que Dieu fait au travers de la venue de Jésus-Christ[72] ».

---

72. G. E. LADD, *Théologie du Nouveau Testament*, Cléon d'Andran, Excelsis, 1999, p. 333.

Ainsi, adorer Dieu en vérité est synonyme d'adorer dans l'Esprit. C'est donc une adoration vécue au travers de la personne de Jésus et inspirée par le Saint-Esprit. La forme et le lieu de cette adoration sont sans importance.

Les sacrifices étaient composés d'éléments différents, comme la farine ou l'huile qui sont un symbole du Saint-Esprit. Une partie seulement était brûlée, le reste étant pour le sacrificateur. Mais l'encens était brûlé en entier. Dans l'A.T., l'encens est le symbole de l'adoration. Cette partie de l'offrande est réservée à Dieu seul ; elle n'est pour personne d'autre. Il est extrêmement important de ne jamais offrir l'adoration aux hommes, mais à Dieu seul. Paya reconnaît que la louange, « quelle que soit la forme qu'on lui donne, est une constante de l'expérience des croyants de la Bible et de l'histoire de l'Église, jusqu'à aujourd'hui[73] ».

Les actions de grâce, la louange et l'adoration, qui faisaient partie du sacrifice dans le Temple à l'époque perse, ont une importance dans la vie chrétienne. Le fait le plus significatif du retour des exilés judéens est le renouveau de la vie religieuse à Jérusalem et en Judée. Dans le livre d'Esdras-Néhémie, cette situation est décrite comme se produisant en plusieurs étapes : la rénovation de l'autel et le rétablissement d'un culte sacrificiel régulier (Esd 3.2-6), la reconstruction du Temple et le rétablissement de ses institutions sacerdotales (Esd 3.7-6.18), les questions d'entretien et de prospérité du Temple et la subvention aux besoins des prêtres et des Lévites (Esd 6.9-10 ; 7.17-24 ; 8.25-27 ; Né 10.33-40 ; 12.44-45 ; 13.10-13, 30-31), la lecture de la Loi et l'établissement de son autorité dans la vie des Juifs (Né 8.1-9.4 ; 10.30 ; 13.1-3), la célébration des fêtes (Esd 3.4-5 ; 6.19-22 ; Né 8.13-18), l'observance stricte du sabbat (Né 10.32 ; 13.15-22). Le renouveau de la vie religieuse constitue l'axe central d'Esdras-Néhémie. C'est le sujet important de la première section du livre d'Esdras (1-6). Ce renouveau de la vie religieuse a une implication dans la vie chrétienne à travers les actions de grâce, la louange et l'adoration.

Conclusion

Ce dernier chapitre nous a permis de faire ressortir les aspects de l'imaginaire du Second Temple pout l'administration perse, parmi les Samaritains

---

73. Christophe PAYA, *Au cœur de la louange*, Charols/Vaux-sur-Seine, Excelsis/Édifac, 2014, p. 15.

et chez les Juifs, ainsi que pour une implication chrétienne. L'administration perse, bien qu'elle n'adorât pas le même dieu que les Juifs, a opté pour une politique de tolérance et soutenu la construction du Temple par les textes officiels des ordonnances, ainsi qu'à travers des dons. Cette politique a donné envie aux Juifs de retourner en Judée et d'être au service de YHWH. Même si, à cause des Samaritains, l'administration a interrompu la construction pendant un certain temps, cette administration s'est corrigée et a ordonné ensuite la poursuite de la reconstruction jusqu'à la finition.

Les Samaritains, quant à eux, pensaient que s'ils participaient à cette reconstruction, les Juifs reconnaîtraient qu'ils sont, eux aussi, des descendants des patriarches de l'A.T. Attacher leur origine aux colons assyriens et les considérer comme des « païens » est pour eux une frustration. Mais devant le refus des Juifs, les Samaritains se constituent en opposition et se proposent de faire échouer l'entreprise. Ce projet n'a pas réussi, car les travaux de la reconstruction du Temple ont repris. Le résultat est l'inimitié entre les Juifs et les Samaritains, qui avait facilité à l'époque perse la construction du temple rival sur le mont Garizim.

L'imaginaire du Temple parmi les Juifs était le renouvellement de la vie religieuse par la reprise du rituel sacrificiel, le rétablissement de ses institutions sacerdotales et la lecture publique de la Torah. Cet imaginaire du Temple a motivé les Juifs pour la reconstruction et les a encouragés à résister à l'opposition de leurs ennemis.

Nous avons tiré dans ce même chapitre les implications chrétiennes de l'imaginaire du Second Temple qui sont la tolérance religieuse, qui s'oppose à l'extrémisme religieux de l'A.T., les actions de grâce, la louange et l'adoration, qui sont des éléments importants de la vie chrétienne.

Ce chapitre nous a permis de relever deux fonctions du Second Temple. D'une part le Temple comme centre d'unité et de réconciliation pour le Samaritain ; d'autre part le Temple comme lieu d'adoration et de sacrifice. Certains chercheurs voulaient ajouter une troisième fonction, économique. Même si dans l'histoire du Second Temple cette fonction économique pouvait être vérifiée, rien, dans les correspondances officielles, ne confirme cette fonction économique du Second Temple.

Le peuple d'Israël ainsi libéré de l'esclavage doit être structuré par la loi de Dieu. Et au cœur de la loi, il y a le culte. Ce n'est pas surprenant, car les Juifs sont « un royaume de prêtres » (Ex 19.6), chargés d'adorer et de servir Dieu. La louange trouve donc logiquement sa place dans le culte juif. Les sacrifices occupent une place essentielle dans la relation du peuple avec Dieu. Ils sont porteurs d'un message de repentance et de pardon, mais aussi de reconnaissance.

Les Samaritains firent tout ce qu'ils purent pour empêcher la reconstruction de ce Temple. Quand tous leurs efforts concertés pour harceler et intimider les Juifs eurent échoué, ils adressèrent au roi perse une lettre contenant de fausses accusations et réussirent à faire promulguer un décret gouvernemental qui mit fin à la reconstruction pendant un certain nombre d'années (Esd 4.3-24). Pour les Samaritains, l'imaginaire du Temple concerne une revendication ethnique. À leurs yeux le Second Temple a une fonction d'unité, de réconciliation et d'intégration.

Face à de tels comportements, il est clair que les Samaritains et les Juifs vivaient une relation difficile, une relation de tension, voire d'inimitié.

Il nous reste maintenant à donner une conclusion générale, dans laquelle nous allons vérifier l'hypothèse de départ de ce travail à travers les résultats obtenus dans la recherche.

Conclusion

Ce travail comporte quatre chapitres. L'introduction présente les grands axes du travail. Le premier chapitre s'intéresse aux temples juifs à l'époque perse dans les contextes du Proche-Orient et de l'Afrique. Le deuxième chapitre fait le survol des positions des critiques vis-à-vis des correspondances officielles dans le livre d'Esdras. Ce survol historique montre qu'on a commencé par rejeter ces correspondances et qu'on a finalement partiellement accepté ces textes officiels de l'administration perse. Cependant, avec les travaux sur le bilinguisme dans le Proche-Orient de cette époque, l'acceptation de ces correspondances ne pose plus de problème pour la majorité des critiques contemporains de la Bible. Mais nous démontrons que la relation entre les langues « hébreu-araméen » dans le texte d'Esdras est une relation « hybride », et nous la qualifions d'« écriture hybride ». Le troisième chapitre insiste sur l'analyse rhétorique biblique de ces correspondances officielles. Dans cette analyse rhétorique, nous mettons en relief les fonctions du Second Temple selon l'administration perse, les Samaritains et les Juifs. Le quatrième chapitre fait ressortir l'imaginaire du Temple pour ces communautés et son implication pour la vie chrétienne.

Les livres d'Esdras et de Néhémie formaient un seul livre. L'auteur est traditionnellement considéré comme étant Esdras lui-même, et certains critiques proposent de dater le livre à environ 330 av. J.-C. Qu'Esdras en soit ou non l'auteur, les chapitres 7-9 semblent être de sa main, une grande partie de cette section étant à la première personne du singulier. Le récit des chapitres 1-6 provient de différentes sources, dont des décrets (1.2-4 ; 6.3-12), des généalogies et des listes de noms au chapitre 2, et des lettres (4.7-22 ; 5.6-17). Deux sections ont été conservées en araméen (4.8-6.18 ; 7.12-26). L'araméen était la langue diplomatique de l'époque, et donc adaptée aux sections traitant des lettres et décrets échangés entre la Palestine et la Perse. L'Empire perse, sous Cyrus et les rois qui lui ont succédé, constitue le cadre historique des livres d'Esdras et de Néhémie ; de toute évidence, les Chroniques sont rédigées approximativement à la même époque (2 Ch 36.21ss). Ce même Empire fournit aussi la toile de fond du livre d'Esther et, en partie, de Daniel.

La politique des Achéménides à l'égard des pays vassaux ou occupés est très différente de celle des anciens Empires mésopotamiens. Les Assyriens, puis les Babyloniens, avaient procédé à des déplacements de population. Cyrus, au contraire, permet aux prisonniers de guerre de retourner chez eux, avec les images des dieux que les Babyloniens avaient emportées à Babylone, et de reconstruire leurs temples. C'est dans le cadre de cette politique que, dès 538, les Juifs sont autorisés à retourner dans leur pays, emportant avec eux les trésors du Temple de Jérusalem, en vue de sa reconstruction.

Nous annonçons que notre contribution à la recherche se trouve dans l'élaboration d'une structure rhétorique des correspondances officielles, que nous estimons importante et susceptible de conduire à traduire les fonctions du Second Temple pour les émetteurs et les récepteurs de ces correspondances. Ces correspondances officielles au sujet de la reconstruction du Second Temple dans le livre d'Esdras (1.2-4 ; 5.6-17 ; 6.3-5 ; 6.6-12) n'ont pas fait l'objet d'une étude approfondie sur le plan morphosyntaxique et théologique. Même si, dans le cadre de l'analyse rhétorique et de la structure du texte, Eskenazi, Dorsey et Matzal ont proposé et analysé la structure de quelques textes des correspondances officielles dans Esdras, ces études n'ont pas encore élucidé l'art de la composition et les aspects esthétiques des lettres officielles.

L'analyse rhétorique biblique est pour nous un moyen de présenter la structure de composition de ces correspondances officielles. Cette nouvelle méthode, qui a tout de même une histoire de deux siècles, est d'abord réservée aux textes poétiques et prophétiques de l'A.T., selon Lowth. Ensuite elle a été appliquée aux textes poétiques du N.T. par Jebb, aux épîtres par Boys, puis aux évangiles par Meynet. Elle est aussi applicable aux textes administratifs dans le livre d'Esdras, car « …l'analyse rhétorique n'est pas limitée à quelques textes bien précis, mais elle est *déployée sur l'ensemble* de la littérature biblique[1] ».

---

1. BOVATI, « Roland Meynet : sa contribution à l'analyse rhétorique comme nouvelle méthode », p. 4.

Au niveau inférieur de l'analyse rhétorique des correspondances officielles, celles-ci sont composées de plusieurs types de segments. Il arrive, bien que rarement, qu'une composition rhétorique ait un segment « unimembre ». Logiquement, pour qu'il y ait composition, il faut qu'il y ait une symétrie, et il ne saurait y avoir de symétrie sans une dualité ou pluralité. Dans l'édit de Cyrus de la version hébraïque, « Ainsi parle Cyrus roi de Perse » est l'exemple d'un segment « unimembre », dans le v. 2. Ce segment n'a aucune symétrie avec d'autres segments qui suivent. Cependant, les correspondances renferment plusieurs segments « bimembres ». Ces segments ont une symétrie parallèle. Dans cette symétrie parallèle, l'ordre des deux termes du second membre est le même que dans le premier (a b / a' b').

Au niveau supérieur de l'analyse rhétorique, le premier niveau a permis de proposer une structure de composition des correspondances. Chaque structure des correspondances suivait la composition au niveau des membres. Chaque passage était la première unité détachable, qui pouvait être autonome. C'est en quelque sorte l'unité minimale de lecture. Nous sommes allés plus loin dans l'analyse rhétorique des correspondances pour voir les « séquences » de la composition. Or, cette étape de « passage » nous a permis de proposer une structure d'ensemble des correspondances officielles dans le livre d'Esdras. Ces correspondances administratives étaient un genre littéraire de circonstance, né dans un contexte historique donné ; elles s'adressent à des destinataires bien précis pour répondre à des questions posées ou pour prendre une décision.

En plus, nous avons distingué dans le livre d'Esdras deux sortes de correspondances officielles. D'une part l'édit, qui est particulièrement court et traduit une décision royale irrévocable. D'autre part des lettres administratives à l'initiative d'une ou de plusieurs autorités, s'adressant dans un cadre administratif à l'autorité hiérarchique, pour informer ou demander conseil. À ce niveau de l'analyse, ce n'étaient ni les circonstances ni les motivations de ces correspondances qui nous préoccupaient, mais la structure de la rédaction d'une correspondance par les autorités perses.

La structure d'ensemble de ces correspondances se présente sous deux formes. Premièrement, dans le cas d'un décret, la structure d'ensemble pouvait comporter trois parties : d'abord une formule d'introduction présentant le cadre historique du décret, ensuite la décision proprement dite, et enfin les dispositions finales en rapport avec le non-respect du texte.

Deuxièmement les correspondances administratives « circonstancielles » sont aussi structurées à trois niveaux : d'abord la formule de politesse contenant l'adresse et le vœu, suivie généralement du motif de la correspondance. Ensuite le corps des correspondances, qui varie selon les sujets, mais la première partie a souvent un caractère interrogatif avec le désir d'une réponse du chef hiérarchique. La seconde partie du corps de la lettre présente surtout les motivations de l'expéditeur. Enfin, après le corps de la lettre, c'est la conclusion, où l'on peut trouver des salutations, des vœux, parfois d'ultimes recommandations.

Les Perses firent irruption dans l'histoire biblique quand Cyrus II le Grand (556-530), petit-fils de Cyrus Ier, entra triomphalement à Babylone, sans combattre. Selon les historiens grecs, Cyrus aurait détourné le cours de l'Euphrate pour s'introduire dans la ville par le lit du fleuve, au cours d'une nuit de fête. Jusqu'à Cyrus le Grand, les Perses étaient soumis aux Mèdes, qui occupaient le nord-ouest de l'Iran. En 612 av. J.-C., sous le roi Cyaxare, les Mèdes s'étaient alliés aux Babyloniens pour vaincre l'Assyrie. Vers 550, Cyrus le Grand s'est révolté contre le roi mède Astyage, il a pris Ecbatane et est entré de ce fait en possession de tout l'Empire mède. Il s'empara ensuite, à l'ouest, de l'ensemble des régions couvertes par la Turquie moderne, puis, à l'est, d'un territoire immense s'étendant jusqu'au nord-ouest de l'Inde. Sa puissance et sa réputation de tolérance, notamment sur le plan religieux, sont telles qu'en 539 av. J.-C., le clergé du dieu babylonien Mardouk, en conflit avec la dynastie néo-babylonienne sur le déclin, lui facilite probablement la prise de Babylone[2].

Cyrus avait désormais accès au sud-ouest de l'Asie (la Transeuphratène, qui comprend le territoire d'Israël). Cambyse (530-522) étendit sa domination en Afrique (Égypte et Libye). Darius Ier (522-486 av. J.-C.) conquit la Macédoine, au nord de la Grèce, avant d'être battu à Marathon (490 av. J.-C.). Son successeur Xerxès Ier (486-465) reprit les conquêtes en direction d'Athènes, mais il fut lui-même défait à la bataille navale de Salamine en 480, avant que le reste de sa flotte fût incendiée à Mycale, en Ionie (479 av. J.-C.). Malgré les attaques de l'Égypte et de la Grèce, la puissance perse réussit à conserver pendant deux siècles un Empire d'une étendue sans précédent dans l'histoire. C'est seulement en 333 av. J.-C. qu'Alexandre le Grand franchit

---

2. TIDIMAN, *Précis d'histoire biblique d'Israël*, p. 349-350.

l'Hellespont pour faire de la Grèce, en quelques années seulement, la nouvelle puissance mondiale[3].

Si la Perse a pu maintenir aussi longtemps sous sa domination un tel territoire, c'est tout d'abord grâce à une administration particulièrement efficace. Cyrus le Grand divisa son Empire en provinces ou satrapes. Les gouverneurs de ces provinces (satrapes) étaient en général des nobles perses ou mèdes, mais sous leur autorité les nationaux conservaient un certain pouvoir. On encourageait les peuples à vivre selon leurs propres coutumes, à parler leurs propres langues et à pratiquer leurs propres cultes, ce qui évitait les sujets de mécontentement inutiles. Darius Ier améliora encore le système gouvernemental. Il introduisit l'usage d'une monnaie commune et harmonisa les lois. Il mit en place un système de communications postales très efficace dans l'ensemble de l'Empire. Celui-ci fut également uni, au moins dans sa partie occidentale, par l'usage de l'araméen, qui était déjà commun à toute la région depuis les temps de l'hégémonie mésopotamienne.

Notre hypothèse était d'examiner si la composition rhétorique des correspondances dans le livre d'Esdras traduisait la fonction du Second Temple à l'époque perse. Cette fonction diffère en fonction de l'émetteur et des destinataires de ces correspondances : l'administration perse, les Samaritains et les Juifs. Cette hypothèse a été partiellement vérifiée dans cette étude.

Le livre d'Esdras-Néhémie couvre deux périodes distinctes. La première, inaugurée par l'édit autorisant la reconstruction du temple, s'est achevée sous le règne de Darius Ier. Des manœuvres d'intimidation et des intrigues auprès de l'administration perse, de la part des habitants de Samarie et d'autres voisins, avaient abouti à l'interruption du chantier (Esd 4.1-5). Mais sous la direction du grand prêtre Josué et du gouverneur Zorobabel, encouragés par la prédication des prophètes Aggée et Zacharie (Esd 5.1), les travaux ont repris et le projet fut finalement mené à bien. La seconde période, couverte par le reste du livre (Esd 7 ; Né 1-13), correspond à une nouvelle étape de la restauration : réforme religieuse et reconstruction de l'enceinte fortifiée. Sous ces deux aspects, cette nouvelle étape correspond au souci et au projet de deux hommes, venus tout exprès à Jérusalem et investis de pouvoirs spéciaux par l'empereur perse. L'un, Esdras le scribe, arrivait de Babylone, lieu de forte concentration des exilés de Juda ; l'autre, Néhémie, un homme de cour,

---

3. *Ibid*, p. 350.

venait de la capitale, Suse. L'un venait pour organiser la justice à Jérusalem (Esd 7.25), l'autre pour relever les murailles de la ville (Né 2.7s).

Les correspondances officielles font partie de la première section du livre d'Esdras (1-6). Le thème central en est la reconstruction du Second Temple. Il fut construit par les exilés qui revinrent à Jérusalem en rapportant avec eux un grand nombre des ustensiles qui avaient été pillés (Esd 1 ; 3.1ss). Il fut plus petit que celui de Salomon et sa splendeur ne rivalisa guère avec le premier. L'arche de l'alliance avait disparu et ne fut jamais remplacée. Sa construction a impliqué trois groupes, selon les correspondances officielles : l'administration perse, les Samaritains et les Juifs. Dans l'hypothèse de départ, nous avions pensé que chaque groupe s'impliquait dans la reconstruction en fonction du rôle qu'a le Temple dans son imaginaire. Cette hypothèse s'est vérifiée pour les Samaritains et les Juifs, qui ont respectivement comme fonction du Second Temple la revendication d'une identité ethnique et l'instauration d'un culte de YHWH à travers le rite sacrificiel.

L'administration perse, elle, n'était pas motivée par une quelconque représentation du Temple. La politique achéménide à l'égard des pays vassaux ou occupés était très différente de celle des anciens Empires mésopotamiens. Les Assyriens puis les Babyloniens avaient procédé à des déplacements de population. Cyrus, au contraire, permet aux prisonniers de guerre de retourner chez eux, avec les images des dieux que les Babyloniens avaient emportées à Babylone, et de reconstruire leurs temples. C'est dans le cadre de cette politique de tolérance religieuse et de maintien de la paix dans le royaume que les Juifs ont été autorisés à retourner dans leur pays, emportant avec eux les trésors du Temple de Jérusalem, en vue de sa reconstruction. Cette tolérance religieuse a permis à certains Juifs de construire des sanctuaires en Égypte, précisément à Éléphantine et à Léontopolis, en dépit du désaccord des prêtres de Jérusalem. Cette même politique de tolérance religieuse a permis aux Samaritains de construire au mont Garizim un temple qui rivalisa avec celui de Jérusalem.

La religion des Achéménides fait encore l'objet de nombreux débats ; mais il est généralement admis que Cyrus et ses successeurs étaient déjà zoroastriens ou mazdéens. Bien qu'Ahura-Mazdâ, « le maître de la sagesse », soit une ancienne divinité perse, le mazdéisme n'était pas une religion ancestrale. Il a été fondé par un prophète, Zoroastre, qui aurait vécu entre 628 et 551 av. J.-C. Celui-ci aurait reçu une révélation d'Ahura-Mazdâ, qui n'était pas le seul dieu, mais apparaît, entre tous les dieux, comme seul digne d'adoration. Le mazdéisme, au moins dans son développement ultérieur, se caractérise par un dualisme radical, qui souligne l'opposition entre le bien et le mal, entre la lumière et les ténèbres, etc.

La tolérance religieuse perse et l'aspect spirituel du sacrifice font partie des points que nous avons traités dans l'implication chrétienne de l'imaginaire du Second Temple. Cette tolérance s'oppose par exemple à l'intégrisme religieux dans l'A.T. et a des implications pour la vie chrétienne aujourd'hui. Le chrétien et le non-chrétien vivent dans l'ère de la grâce commune. Dans cette ère, l'incroyant (le non-chrétien) possède un statut qui interdit que le chrétien demande au « feu du ciel » de descendre sur lui. Le non-chrétien ne doit pas être attaqué ou persécuté pour son absence de foi au Dieu vivant et vrai, il doit être toléré et accueilli tel quel, parce qu'il plaît à Dieu de ne pas encore mettre un terme à l'ordre de la grâce commune. Le temps de l'Église, dans lequel nous vivons, est un temps de pèlerinage au milieu du monde où le chrétien se soumet en principe aux autorités établies par Dieu, même lorsqu'elles sont, elles aussi, non chrétiennes.

La vie chrétienne ne devrait pourtant pas avoir pour seule base la tolérance religieuse. Elle s'épanouit, lorsque le chrétien rend grâce à Dieu, l'adore et le loue en Esprit et en vérité (Jn 4.23). L'action de grâce, l'adoration et la louange font partie d'une dimension relationnelle verticale entre le chrétien et Dieu. Cependant sur le plan horizontal, dans la relation interhumaine, le chrétien devrait considérer les autres personnes, qui ne partagent pas avec lui la foi chrétienne, comme des personnes créées à l'image de Dieu (Gn 1.27). Ces personnes ont besoin de rencontrer l'amour de Dieu à travers la Bonne Nouvelle. Car Dieu veut « que tous arrivent à la repentance » (2 P 3.9).

Cette thèse ouvre la possibilité de pousser plus loin la recherche sur la structure ou la composition des autres correspondances dans l'A.T. Cette analyse de la structure des lettres dans l'A.T. pourra se faire soit à travers l'analyse rhétorique, soit à travers d'autres méthodes pouvant révéler la structure d'un texte. Notre thèse fournit aussi une réponse à la question de savoir en quoi la rhétorique des correspondances officielles permet d'envisager la représentation du Second Temple à la fois pour les autorités perses, les Samaritains et les Juifs. En réponse à cette question, nous avons montré que l'analyse rhétorique biblique des correspondances officielles traduit les fonctions du Second Temple à l'époque perse à savoir : une revendication identitaire parmi les Samaritains et le lieu du rite sacrificiel chez les Juifs. L'administration perse a soutenu cette reconstruction grâce à sa politique de tolérance religieuse parmi tous les peuples de l'Empire.

D'une manière succincte, cette recherche nous a permis de découvrir :

a) qu'il existait d'autres temples juifs, dont la Bible ne fait pas mention. Même si le N.T. fait parfois allusion au temple du mont Garizim, rien n'est dit dans la Bible concernant les temples d'Éléphantine et de Léontopolis ;

b) que la communauté de Qumram expérimentait déjà une vie sans temple. Accusant le Second Temple d'être un lieu « souillé », les Qumrâniens mènent une vie religieuse indépendante des activités du Second Temple ;

c) qu'il existe une espérance parmi les Israélites modernes de la construction d'un troisième Temple à Jérusalem. La nostalgie du Second Temple reste vivante parmi eux. Une préparation de cette éventuelle construction s'active et influence les relations diplomatiques aujourd'hui ;

d) que dans un contexte de bilinguisme, le style d'écriture de l'auteur du livre d'Esdras est hybride ;

e) que ces correspondances officielles sont composées de deux niveaux d'analyse rhétorique. Au niveau inférieur, elles comportent plusieurs types de segments. Il existe, bien que rarement, une composition rhétorique à segment « unimembre » ; mais plus souvent elles renferment plusieurs segments « bimembres ». Au niveau supérieur de l'analyse, ces correspondances administratives étaient un genre littéraire de circonstance né dans un contexte historique donné ; elles s'adressent à des destinataires bien précis pour répondre à des questions posées ou prendre une décision ;

f) que la structure d'ensemble d'un décret est composée de trois parties : premièrement une formule d'introduction présentant le cadre historique du décret, deuxièmement la décision proprement dite et troisièmement les dispositions finales en rapport avec le non-respect du texte ;

g) que les correspondances circonstancielles ont trois niveaux de structure de composition : une formule de politesse incluant l'adresse et le vœu, suivi généralement du motif de la correspondance, le corps de la correspondance, qui varie selon les sujets, et la conclusion où l'on peut trouver des salutations, des vœux, parfois des recommandations ;

h) que ces correspondances officielles mettent en évidence deux fonctions du Second Temple : d'une part, pour les Samaritains, le Temple est centre d'unité et de réconciliation et d'autre part, pour les Juifs, le Temple est lieu du culte sacrificiel en l'honneur de YHWH ;

i) enfin que l'administration perse n'était pas motivée par une quelconque fonction du Temple. Pour elle, c'était dans le cadre d'une politique de tolérance religieuse que les Juifs étaient autorisés à retourner dans leur pays, emportant avec eux les trésors du Temple de Jérusalem, en vue de sa reconstruction.

Bibliographie

I. Bibles

Bible d'étude Semeur nouvelle, Charols, Excelsis, 2018.
DARBY J. N., *La Sainte Bible*, Valence, Bibles et Publications Chrétiennes, 1999.
ELLIGER K., RUDOLPH W., sous dir., *Biblia Hebraica Stuttgartensia.*, 4ᵉ éd., Stuttgart, Deutsche Bibelgesellchaft, 1997.
La Bible, Nouvelle traduction, Montrouge, Bayard édition, 2015.
La Sainte Bible, version Louis Segond ; Édition revue avec références, Paris, Alliance Biblique Universelle, 2003.

II. Dictionnaires

ALEXANDER T. D., ROSNER B. S., sous dir., *Dictionnaire de la théologie biblique*, Charols, Excelsis, 2006.
ANDERSEN F. I., DEAN FORBES A., *The Vocabulary of the Old Testament*, Rome, Editrice Pontificio Istituto Biblico, 1992.
ANTOINE P., « Garizim », dans *Dictionnaire de la Bible, Supplément*, tome 3, 1928.
BAILLET M., « Samaritains », dans *Dictionnaire de la Bible*, vol. 11, Paris, Cerf, 1991.
BECKWITH R. T., « Sacrifice », dans *Dictionnaire de la théologie biblique*, sous dir. T. D. Alexander et B. S. Rosner, Charols, Excelsis, 2006.
Dictionnaire de l'Antiquité, sous dir. J. Leclant, Paris, PUF, 2005.
DUCROCQ A., *Grand Larousse encyclopédique*, Paris, Libraire Larousse, 1964.
JENNI E., « בַּיִת/bayit/ house », dans *TLOT*, Massachusetts, Hendrickson Publishers, 1997.
LACOSTE J.-Y., *Dictionnaire critique de Théologie*, Paris, PUF, 2003.
Le grand dictionnaire de la Bible, Charols, Excelsis, 2010.
LÉON-DUFOUR X., sous dir., *Vocabulaire de théologie biblique*, Paris, Cerf, 1970.

Le Nouveau Petit Robert, sous dir. J. Debove-Rey et A. Rey, Paris, Le Robert, 1993.

LIPINSKI É., « Lettre », dans *Dictionnaire encyclopédique de la Bible*, sous dir. P.-M. Bogarert *et al.*, 3ᵉ éd., Turnhout, Brepols, 2002.

MÖLLER K., « Rhetoric », dans *Dictionary for Theological Interpretation of the Bible*, sous dir. K. J. Vanhoozer, Grand Rapids, Baker Academic, 2005.

NARKISS B., « Temple », dans *Encyclopaedia Judaica*, sous dir. C. Roth, Jérusalem, Keter Publishing House, 1971.

STINESPRING W. F., « Temple, Jerusalem », dans *The Interpreter's Dictionary of the Bible. An Illustrated Encyclopedia*, sous dir. G. A. Buttick, Nashville, Abingdon Press, 1969.

YUSA M., « Henotheism », dans *The Encyclopedia of Religion*, sous dir. M. Eliade, vol. 6, New York, Macmillan, 1987.

III. Ouvrages

ABADIE P., *Le livre d'Esdras et de Néhémie*, coll. Cahiers Évangile n°95, Paris, Cerf, 1997.

ABADIE P., « Les retours d'Exil et la reconstruction du Temple », dans *La Bible et sa culture*, sous dir. Michel Quesnel, vol. 1 Ancien Testament, Paris, Desclée de Brouwer, 2000.

ABADIE P., « Le temple de Jérusalem au retour d'exil : entre histoire et symbolique », dans *Quelle maison pour Dieu ?*, Paris, Éditions du Cerf, 2003.

ABADIE P., « Esdras-Néhémie », dans *Introduction à l'Ancien Testament*, sous dir. Thomas Römer *et al.*, Genève, Labor et Fides, 2009.

ALETTI J.-N., *et al*, *Vocabulaire raisonné de l'exégèse biblique*, Paris, Cerf, 2005.

ARIEL Y., RICHMAN C., *The Odyssey of the Third Temple*, Jérusalem, Ad libris, 1993.

ARISTOTE, *Poétique*, coll. Les belles lettres, trad. du grec par B. Garnez, Paris, Les Belles Lettres, 1997.

BEAUCHAMP, « Préface », dans MEYNET, R., *L'analyse rhétorique*, coll. Initiations, Paris, Cerf, 1989.

BESNARD A. M., *Le mystère du nom. Quiconque invoquera le nom du Seigneur sera sauvé*, Paris, Cerf, 1962.

BLACK C. C., « Rhetorical Criticism », dans *Hearing the New Testament. Strategies for Interpretation*, sous dir. J. B. Green, Grand Rapids, Eerdmans, 1995.

BLENKINSOPP J., « The Second Temple as House of Prayer », dans « *Où demeures-tu ? » (Jn 1,38)*, Montréal, Éditions Fides, 1994.

BLENKINSOPP J., « Temple and Society in Achaemenid Judah », dans *Second Temple Studies*, sous dir. P. R. Davies, Sheffield, Sheffield Academic Press, 1991.

BERGEY R., « Le credo de Jonas dans le récit de la tempête en mer. Une analyse structurelle de 1.4-16 », dans *Texte et historicité. Récit biblique et histoire*, Actes de colloque universitaire, sous dir. P. Berthoud et P. Wells, Cléon d'Andran, Excelsis, 2006.

BEAUREGARD O., *Les divinités égyptiennes, leur origine, leur culte et son expansion dans le monde*, Paris, Hachette, 2018 [1863].

BLACHETIERE F., *Enquête sur les racines juives du mouvement chrétien*, Paris, Cerf, 2001.

BOHAK G., *Joseph and Aseneth and the Jewish Temple in Heliopolis*, Atlanta, Scholars Press, 1996.

BOTHA P. J. J., VORSTER J. N., « Introduction », dans *Rhetoric Scripture and Theology*, sous dir. S. E. Porter et T. H. Olbricht, Sheffield, Academic Press, 1996.

BOWMAN R. A., *Aramaic Ritual Texts from Persepolis*, Oriental Institute Publications, volume XCI, Chicago, University of Chicago Press, 1970.

BOWMAN R. A., *The Samaritan Problem. Studies in the Relationships of Samaritanism, Judaism, and Early Christianity*, trad. de l'allemand par A. M. Johnson, Chicago, Pickwick Publications, 1975.

BRENEMAN N., *Ezra, Nehemiah, Esther*, Nashville, New American Commentary, 1993.

BRIANT P., *Darius : les Perses et l'Empire*, Paris, Gallimard, 1992.

BRIANT P., *Histoire de l'Empire perse. De Cyrus à Alexandre*, Paris, Fayard, 1996.

BICKERMAN E. J., « The Edict of Cyrus in Ezra », dans *Studies in Jewish and Christian History*, tome 1, Leyde, Brill, 1976.

BRUNIER J.-M., *La Stèle. Histoire de la colonie juive d'Égypte*, Toulouse, Éditions Athor, 2011.

BURKES S., *God, Self, and Death. The Shape of Religious Transformation in the Second Temple Period*, Leiden/Boston, Brill, 2003.

COHN R., *The Sacred Mountain in Ancient Israel*, Michigan, Ann Arbor, 1974.

CONSTABLE T. L., « 1 ROIS », dans *Commentaire biblique du chercheur*, sous dir. J. F. Walvoord et R. B. Zuck, Québec, Impact, 2015 [1985].

COWLEY A., *Aramaic Papyri of the Fifth Century*, Oxford, Clarendon Press, 1923.

DIOGÈNE DE SICILE, *Bibliothèque historique*, vol. 7, Livre XII, trad. du grec par M. Casevitz, Paris, Les Belles Lettres, 1991.

DORSEY D., *The Literary Structure of the Old Testament*, Grand Rapids, Baker Academic, 1999.

Edelman D., *The Origins of the « Second » Temple. Persian Imperial Policy and the Rebuilding of Jerusalem*, Londres, Equinox Publishing, 2005.

ELAYI J., SAPIN J., *Quinze ans de recherche (1985-2000) sur la Transeuphratène à l'époque perse*, Paris, Gabalda, 2000.

ENCEL S., *Temple et temples dans le judaïsme antique*, Paris, Éditions Champion, 2012.

Fee G., Stuart D., *Un Nouveau regard sur la Bible. Un guide pour comprendre la Bible*, trad. de l'anglais par Solveig Flammanc, Deerfield, VIDA, 1990.

Fried L. S., « Ezra's Use of Documents in the Context of Hellenistic Rules of Rhetoric », dans *New Perspectives on Ezra-Nehemiah*, sous dir. I. Kalimi, Winona Lake, Eisenbrauns, 2012.

Gertoux G., *Un historique du nom divin*, Paris, L'Harmattan, 1999.

Grabbe L. L., *Judaism from Cyrus to Hadriam*, Londres, SCM Press, 1994.

Grabbe L. L., « What was Ezra's Mission », dans *Second Temple Studies vol. 2. Temple Community in the Persan Period*, sous dir. T. C. Eskenazi et H. Richards, Sheffield, JSOT Press, 1994.

Grabbe L. L., *Ancient Israel*, New York, T&T Clark, 2007.

Graham D., « The Presence of God in the Second Temple and Rabbinic Doctrine », dans *Templum Amicitiae*, sous dir. Horbury William, Sheffield, JSOT Press, 1991.

Grelot P., *Documents araméens d'Égypte*, Paris, Cerf, 1972.

Grevisse M., *Précis de la grammaire française*, Gembloux, J. Duculot, s. d.

Hachez T., « Analyse littéraire et analyse de contenu », dans *Méthodes d'analyse de contenu et sociologie*, sous dir. Jean Remy et Danielle Ruquoy, coll. Publications des Facultés universitaires Saint-Louis, Bruxelles, Publications des Facultés universitaires Saint-Louis, 1999.

Hadas-Lebel M., « Le second Temple, lieu de conflits », dans *Le Temple, lieu de conflit*, Leuven, Peeters, 1994.

Herrenschmidt C., *Les trois écritures. Langue, nombre, code*, Paris, Gallimard, 2007.

Houtart F., « La méthode de l'analyse textuelle de Jules Gritti », dans *Méthodes d'analyse de contenu et sociologie*, sous dir. Jean Remy et Danielle Ruquoy, coll. Publications des Facultés universitaires Saint-Louis à Bruxelles, Bruxelles, Publications des Facultés Universitaires Saint-Louis, 1999.

Howard D. M., « Ezra-Nehemiah » dans *An Introduction to the Old Testament Historical Books*, Chicago, Moody, 1993.

Ice T., Pince J. R., *Prêts à rebâtir. Les plans pour la reconstruction imminente du Temple des derniers jours*, Lausanne, CBE, 1994.

Jeremias J., *Jérusalem aux temps de Jésus. Recherche d'histoire économique et sociale pour la période néo-testamentaire*, trad. de l'allemand par J. le Moyne, Paris, Cerf, 1967.

Joannes F., *La Mésopotamie au 1er millénaire av. J.-C.*, Paris, Arnauld Colin, 2000.

Josèphe F., *Les Antiquités juives*, trad. et commenté par É. Nodet *et al.*, sous dir., Paris, Cerf, 1990-2010.

Kennedy G. A., *New Testament Interpretation Through Rhetorical Criticism*, coll. Studies in Religion, Chapel Hill, The University of North Carolina Press, 1984.

Kessler J., « Temple building in Haggai », dans *From the foundations to the crenellations: essays on Temple building in the ancient Near East and Hebrew Bible*, sous dir. M. J. Boda et J. Novotny, Münster, Ugarit-Verlag, 2010.

Klein R. W., « The Books of Ezra and Nehemiah », dans *The New Interpreter's Bible: A Commentary in Twelve Volumes*, vol. 3, Nashville, Abingdon Press, 1999.

Klinkenberg J.-M., *Précis de sémiotique générale*, coll. Culture et communication, Bruxelles, Université de Bœck, 1996.

Knauf E. A., « Les milieux producteurs de la Bible hébraïque », dans *Introduction à l'Ancien Testament*, sous dir. T. Römer, J.-D. Macchi et C. Nihan, Genève, Labor et Fides, 2004.

Koch H., « Theology and Worship in Elam and Achaemenid Iran », dans *Civilizations of the Ancient Near East*, sous dir. J. M. Sasson, New York, Scribner, 1995.

Kuen A., *Encyclopédie des difficultés bibliques, vol. 2 : les livres historiques*, Saint-Légier, Emmaüs, 2009.

Kuen A., *Le Chant des siècles. De l'origine de nos cantiques*. Charols, Excelsis, 2016.

Kuenen A., *Les origines du texte massorétique de l'Ancien Testament. Examen critique d'une récente hypothèse*, trad. du néerlandais par A. Carrière, Paris, Ernest Leroux, 1975.

Kratz R. G., « The Second Temple of Jeb and of Jerusalem », dans *Judah and Judeans in the Persian Period*, Lipschits Oded – Winona Lake, Eisenbrauns, 2006.

Krentz E., *The Historical-Critical Method*, Philadelphia, Fortress Press, 1975.

Ladd G. E., *Théologie du Nouveau Testament*, Cléon d'Andran, Excelsis, 1999.

Lecoq P., *Les inscriptions de la Perse achéménide*, Paris, Gallimard, 1997.

Lemaire A., *Inscriptions hébraïques*, Paris, Cerf, 1977.

Lessing G. E., *Dramaturge de Hambourg*, Paris, Didier et cie, 1873.

Lettinga J. P., *Grammaire de l'hébreu biblique*, Leiden, Brill, 1980.

Lods A., *Histoire de la littérature hébraïque et juive. Depuis les origines jusqu'à la ruine de l'État juif*, Paris, Slatkine, 1982 [1950].

Longman T., Dillard R. B., *Introduction à l'Ancien Testament*, trad. de l'anglais par C. Paya, Cléon d'Andran, Excelsis, 2008.

Liebi R., *Jérusalem : le drame du Temple*, Paris, La Maison de la Bible, 1996.

Liverani M., *La Bible et l'intervention de l'histoire*, trad. de l'italien par V. Durant, Montrouge, Bayard, 2008.

Lund N. W., *Chiasmus in the New Testament. A Study in the Form and Function of Chiastic Structures*, Peabody, Hendrickson, 1992.

Macchi J.-D., *Les Samaritains : histoire d'une légende. Israël et la province de Samarie*, Genève, Le Monde de la Bible 30, Labor et Fides, 1994.

Marguerat D., Curtis A., sous dir., *Intertextualités. La Bible en échos*, Genève, Labor et Fides, 2000.

Meleze-Modrzejewski J., *Les Juifs d'Égypte, de Ramsès II à Hadrien*, Paris, Édition Errance, 1991.

Marty S. E., *Temples, Tithes, and Taxes. The Temple and the Economic Life of the Ancient Israel*, Peabody, Massachusetts, Hendrickson Publishers, 2006.

Meadows R., « The administration of the achaemenid Empire », dans *Forgotten Empire. the World of Ancient Persia*, sous dir. John E. Curtis et Nigel Tallis, Londres, The British Museum, 2005.

Meeks D., Favard-Meeks, C., *La vie quotidienne des dieux égyptiens*, coll. Revue de l'Histoire des Religions, tome 212, Paris, Hachette, 1993.

Meynet R., *Initiation à la rhétorique biblique*, coll. Initiations, Paris, Cerf, 1982.

Meynet R., *L'analyse rhétorique*, Paris, Cerf, 1989.

Meynet R., *Lire la Bible*, Paris, Flammarion, 1996.

Meynet R., « Composition et genre littéraire de la première section de l'Épître aux Galates », dans *Paul de Tarse*, sous dir. J. Schlosser, coll. Lectio Divina 165, Paris, Cerf, 1996.

Meynet R., *Rhétorique sémitique*, Paris, Cerf, 1998.

Meynet R., *Traité de la rhétorique biblique*, Pandé, Gabalda, 2013.

Meynet R., Regis S., et al., « Propriétés fractales des structures issues de la rhétorique biblique et sémitique : premiers exemples », dans *JADT 2014. 12e Journées internationales d'analyse statistique des données textuelles*, sous dir. É. Nee, M. Daube, M. Valette et S. Fleury, Paris, Cerf, 2014.

Meynet R., Oniszczuk J., *Exercices d'analyse rhétorique biblique*, Péndé, Gabalda, 2013.

Meyer B., *Synecdoques. Étude d'une figure de rhétorique*, tome 1, coll. Poétiques, Paris, Harmattan, 1993.

Michaeli F., *Les livres des Chroniques et d'Esdras et de Néhémie*, Paris, Delachaux et Niestlé, 1967.

Millet O., Robert P. (de), *Culture biblique*, Paris, PUF, 2001.

Mimouni S. C., *Le Judaïsme Ancien du vie siècle avant notre ère au IIIe siècle de notre ère. Des prêtres aux rabbins*, Paris, PUF, 2012.

Mounin G., « Préface », dans *Quelle est donc cette parole ? Lecture rhétorique de Luc (1-9, 22-24)*, sous dir. R. Meynet, coll. Divina 99 A, Paris, Cerf, 1979.

Neher A., Neher R., *Histoire biblique du peuple d'Israël*, Paris, Jean Maisonneuve, 1988.

Nöldeke T., *Histoire littéraire de l'Ancien Testament*, trad. de l'allemand par H. Derenbourg et J. Soury, Paris, Sandor et Fischbacher, 1973 [1873].

Noss P. A., Thomas K. J., *Ezra and Nehemiah*, New York, United Bible Societies, 1992.

NOTH M., *The Chronicler's History*, trad. de l'allemand par H. G. M. Williamson, vol. 50, Sheffield, JSOT Press, 1987.

Œuvres complètes de Flavius Josèphe, trad. sous la direction de T. Reinach, tome 1-7, Paris, Librairie Ernest Leroux, 1900-1932.

OWENS J. J., *Analytical Key to the Old Testament vol. 3 Ezra-Song of Salomon*, Grand Rapids, Baker Book House, 1991.

PATRICH J., « The Structure of the Second Temple. A New Reconstruction », dans *Ancient Jerusalem Revealed*, Jérusalem, Israel Exploration Society, 1994.

PARROT A., *Le Temple de Jérusalem*, Neuchatel, Delachaux & Niestlé, 1964.

PAYA C., *Au cœur de la louange*, Charols/Vaux-sur-Seine, Excelsis/Édifac, 2014.

PELIKAN J., *La tradition chrétienne. L'émergence de la tradition catholique 100-600*, Paris, PUF, 1994.

PUTTER É. (de), *La rencontre innocente. Méthodologie en Ancien Testament*, Yaoundé, Clé, 2012.

RICCIOTTI G., *Histoire d'Israël*, tome 2, Paris, Hachette, 1948.

RICHELLE M., *La Bible et l'archéologie*, Vaux-sur-Seine, Édifac, 2011.

ROSENTAHL F., *Grammaire d'araméen biblique*, Paris, Beauchesne, 1988.

SÉRANDOUR A., « Remarques sur le bilinguisme dans le livre d'Esdras », dans *Mosaïque de langues, mosaïque culturelle : le bilinguisme dans le Proche-Orient ancien*, sous dir. F. Briquel-Chatonnet, Paris, J. Maisonneuve, 1996.

SCHÄFER, *Histoire des juifs dans l'Antiquité*, Paris, Cerf, 1989.

SCHLEGEL J.-L., *La loi de Dieu contre la liberté des hommes. Intégrismes et fondamentalismes*, Paris, Seuil, 2003.

SCHMID K., « The Persian Imperial Authorization as a Historical Problem and as a Biblical Construct: A Plea for Distinctions in the Current Debate », dans *The Pentateuch as Torah New Models for Understanding Its Promulgation and Acceptance*, sous dir. G. N. Knoppers et B. M. Levinson, Winona Lake, Eisenbrauns, 2007.

SCHIMIDT F., *La pensée du Temple de Jérusalem à Qoumrâm*, Paris, Seuil, 1994.

SLUTSKY Y., « Pogroms », dans *Encyclopaedia Judaïca*, vol. 16, MacMillan, 2007.

SOGGIN J. A., *Israel in the Biblical Period*, trad. de l'italien par J. Bowden, New York, T & T Clark International, 2001.

TCHERIKOVER A. V., *Hellenistic Civilisation and the Jews*, trad. du russe par S. Applebaum, Philadelphie, Magnes Press, 1966 [1959].

TIDIMAN B., *Précis d'histoire biblique d'Israël*, Nogent-sur-Marne, Éd. de l'Institut biblique, 2006.

VAN HOONACKER, A., *Zorobabel et le second temple : étude sur la chronologie des six premiers chapitres du livre d'Esdras*, Louvain, H. Engelcke, 1892.

VAUX R. (de), *Histoire ancienne d'Israël, la période des Juges*, Paris, Gabalda & Cie, 1987.

VERNES M., *Précis d'histoire juive*, Paris, 1889.

Vincent A. (de), *La religion des judéo-araméens d'Éléphantine*, Paris, Librairie Orientaliste Paul Geuthner, 1937.
Waltke B., *Théologie de l'Ancien Testament*, Charols, Excelsis, 2012.
Weanzana Wa Weanzana N., « 1 Rois », dans *Commentaire biblique contemporain*, Marne-la-Vallée, Farel, 2008.
Williamson H. G. M., « Ezra, Nehemiah », dans *World Biblical Commentary*, Waco, Texas, Word Books, 1985.
Willimington H. L., *Bible Handbook*, Wheaton, Tyndale House Publishers, 1997.
Willimington H. L., *Le grand guide de la Bible*, Abidjan, CPE, 2004.
Witherington B., *Histoire du Nouveau Testament et de son siècle*, Cléon d'Andran, Excelsis, 2003.
Wright C. J. H., *L'éthique de l'Ancien Testament*, trad. de l'anglais par J. Buchhold, R. Doulière et C. Paya, Charols, Excelsis, 2007.
Yamauchi E. M., « Ezra-Nehemiah », dans *The Expositor's Bible Commentary*, sous dir. F. E. Gaebelein, vol. 4, Grand Rapids, Zondervan, 1988.
Yousef H. A., Barghouti, L., « The Socio-politics of the Samaritains in the Palestinian Occupied Territories », dans *Samaritans Caste. vcxw A History of Thousands of Years*, Jérusalem, Al-Taher Library, 1987.

IV. Articles

Abadie P., « La symbolique du temple dans l'œuvre du chronique », *Transeuphratène* vol. 21, 2001, pp. 13-29.
Baslez M.-F., « Le Temple de Jérusalem comme lieu de mémoire : à propos de la bibliothèque de Néhémie », *Transeuphratène* vol. 21, 2001, pp. 31-42.
Baltzer K. R., « The Polemic against the God and its Relevance for Second Isaiah's Conception of the New Jerusalem », *OTS* vol. 2, 1994, pp. 54-59.
Beale G. K., « Eden, the Temple, and the Church's Mission in the New Creation », *JETS* 48/1, 2005, pp. 7-21.
Bodi D., « La clémence des Perses envers Néhémie et ses compatriotes : faveur ou opportunisme politique ? », *Transeuphratène*, n°21, 2001, pp. 69-86.
Bovati P., « Roland Meynet : sa contribution à l'analyse rhétorique comme nouvelle méthode », *StRh* 26c, 2007, pp. 17-42.
Blenkinsopp J., « Did the second Jerusalemite temple possess land? », *Transeuphratène* vol 21, 2001, pp. 61-68.
Blenkinsopp J., « Temple and Society in Acheamenid Judah », *JSOT* vol. 1, 1991, pp. 22-53.
Buisson C. R. du M., « Le temple d'Onias et le camp Hyksôs à Tell el-Yahoudiyu (avec 1 planche) », *BIFAO*, Caire, n°35, 1935, pp. 7-34.
Carroll R. P., « Textual Strategies and Ideology in the Second Temple Period », *JSOT* vol. 1, 1991, pp. 108-124.

Carroll R. P., « So What Do We *Know* about the Temple? The Temple in the Prophets », *JSOT* vol. 2, 1994, pp. 34-51.
Clines D. J. A., « Haggai's Temple Construction, Deconstruction and Reconstruction », *JSOT* vol. 2, 1994, pp. 60-87.
Decoppet A., « Le midrash : une source de la rhétorique biblique », *Ḥokhma* 101, 2012, pp. 26-41.
Decoppet A., « L'analyse rhétorique de Roland Meynet », *Ḥokhma* 91, 2007, pp. 2-19.
Davies P. R., « Sociology and the Second Temple », *JSOT* vol. 1, 1991, pp. 11-19.
Davies P. R., « The Society of Biblical Israel », *JSOT* vol. 2, 1994, pp. 22-33.
Dion M.-F., « Le second temple : un nouveau départ », *Scriptura* vol. 1, 1998, pp. 70-80.
Eskenazi T. C., « The structure of Ezra-Nehemiah and the Integrity of the Book », *JBL* 107, 1988, pp. 641-656.
Evans P. S., « The function of the Chronicler's Temple despoliation notices in light of imperial realities in Yehud », *Journal of Biblical Literature* vol. 129, 2010, n°1, pp. 31-47.
Greenwood D., « Rhetorical Criticism and Formgeschichte: some Methodological Considerations », *JBL* vol. 89/1970, pp. 418-426.
Gosse B., « Le gouverneur et le grand prêtre, et quelques problèmes de fonctionnement de la communauté postexilique », dans *Transeuphratène*, n°21, 2001, pp. 69-86.
Gruen E. S., « The Origins and Objectives of Onias'Temple », *Scripta Classica Israelica*, n°16, 1997.
Hellerman J., « Purity and Nationalism in Second Temple Literature: 1-2 Maccabees and Jubilees », *JETS* 46/3, 2003, pp. 401-421.
Helyer L. R., « The Necessity, Problems, and Promise of Second Temple Judaism for Discussions of New Testament Eschatology », *JETS* 47/4, 2004, pp. 597-615.
Hinze B. E., « Reclaiming Rhetoric in the Christian Tradition », *Theological Studies* 57, 1996, pp. 486-487.
Horsley R. A., « Empire, Temple and Community-but no Bourgeoisie! A Response to Blenkinsopp and Petersen », *JSOT* vol. 1, 1991, pp. 163-174.
JADT 2014, *12e Journées internationales d'analyse statistique des données textuelles. Actes*, sous dir. M. Daube et al., Paris, Cerf, 2014.
Joseph D., « Raconter l'Histoire avec les documents. Mise en intrigue de l'écrit dans le livre d'Esdras », *Nouvelle revue théologique* 134/4, 2012.
Joosten J., « La non-mention de la fille au Lévitique 18. Exercice sur la rhétorique du code de sainteté », *Études théologiques et religieuses* 3/75, 2000, pp. 145-420.

KARLBERG M. W., « Legitimate Discontinuities Between the Testaments », dans *Journal of the Evangelical Theological Society*, 1985, pp. 9-43.

LIPSCHITZ O., « Judah, Jerusalem and the Temple 586-539 B. C. », *Transeuphratène* vol. 22, 2001, pp. 7-23.

MATZAL S. C., « The Structure of Ezra 4-6 », *Vestus Testamentum*, 2000, pp. 566-578.

MEYNET R., « Pourquoi un *Traité de rhétorique biblique* », *Studia Rhétorica*, 2007, StRh 25f.

MEYNET R., « L'analyse rhétorique, une nouvelle méthode pour comprendre la Bible », *Nouvelle Revue Théologique* 116, 1994, p. 599-642.

PARENTE F., « Le témoignage de Théodore de Mopsueste sur le sort d'Onias III et la fondation du temple de Léontopolis », *Revue des Études Juives*, n°154, 1995, pp. 71-86.

PETERSEN D. L., « The Temple in Persian Period Prophetic Texts », *JSOT* vol. 1, 1991, pp. 125-144.

SCHÄFFER C., « Sanballat. "The Horonite" », *JBL*, n°47, 1928.

SILVA D. A. (de), « Out of our Minds? Appeals to Reason (Logos) in the Seven Oracles of Revelation 2-3 », *JSNT* 31/2, 2008, pp. 126-191.

STOLPER M. W., « Une "vision dure" de l'histoire achéménide (note critique) », *Annales* 54/5, sept.-oct. 1999), pp. 1109-1126.

WATSON D. F., « Vernon Robbins's Socio-Rhetorical Criticism: A Review », *JSNT* 70, 1998, pp. 69-101.

V. Sources électroniques

AMOSSY R., « Introduction : pour une analyse rhétorique des textes politique », *Argumentation et analyse du discours*, 6/2011, mis en ligne le 15 avril 2011, http://aad.revues.org/1081, consulté le 11 janvier 2014.

ASSIS E., « The Temple in the Book of Haggai », *The JHS* vol.8/19, 2008, http://www.jhsonline.org, consulté le 11 janvier 2014.

CANESSA A., « Études sur la Bible grecque des Septante : 1 Esdras », thèse de doctorat à l'Université de Provence, s. d.

Dictionnaire le Robert électronique, 1992, https://www.lerobert.fr, consulté le 23 août 2017.

DIODORE DE SICILE, *Bibliothèque historique*, http://remacle.org/bloodwolf/historiens/diodore/index.htm, consulté le 03 décembre 2017.

FREY J., « Temple and Rival Temple, The Cases of Elephantine, Mt. Garizim, and Leontopolis », dans *Gemeinde ohne Temple Community without Temple*, www.aleph.uli.@org.il, consulté le 17 mai 2017.

Jewish Encyclopedia, www.jewishencyclopedia.com, publié entre 1901-1906, consulté le 11 avril 2014.

LISBETH F. S., « Did Second Temple High Priests Possess the *Urim* and *Thummin* ? », *The Journal of Hebrew Scripture*, http://www.jhsonline.org, consulté le 11 janvier 2014.

MARCUS D., « Aramaic Mnemonics in Codex Leningradensis », *A Journal of Biblical Textual Criticism* 4, 1999, http://purl.org/tc, consulté le 15 janvier 2016.

MOLINET E., « L'hybridation : un processus décisif dans le champ des arts plastiques », *Le Portique*, n°2, 2006, https://www.lepotique.revue.org/851, consulté le 23 août 2017.

NICOLE N., « Le Club des hébraïsants », col. 16/1999, Polycopié de cours de la Faculté libre de la théologie évangélique de Vaux-sur-Seine.

PAUL A., *Les mouvements baptistes*, http://www.clio.fr, consulté le 18 août 2017.

Table des matières

Remerciements vii
Sigles et abréviations ix
Avant-propos xi
Introduction 1
   I. Arrière-plan du sujet 1
   II. Problème d'étude 4
   III. Définition des termes 5
      A. Représentation 5
      B. Correspondances officielles 5
      C. Analyse rhétorique 6
   IV. Cadre théorique et revue de littérature 7
      A. Publications sur l'analyse rhétorique biblique 7
      B. Publications sur le Second Temple 29
   V. Question de recherche 32
   VI. Hypothèse de travail 32
   VII. Méthodologie 33
   VIII. Plan du travail 34
   Conclusion 34

Chapitre 1 37
Temples juifs dans les contextes du Proche-Orient et de l'Afrique
   Introduction 37
   I. Temples de Jérusalem 38
      A. Le Temple de Salomon selon les livres des Rois et des
         Chroniques 40
      B. Temple de Zorobabel 43
      C. Vers une possible reconstruction d'un troisième Temple 48
   II. Temples d'Éléphantine, de Léontopolis, du mont Garizim
   et la vie sans temple à Qumran 50
      A. Temple d'Éléphantine 52
      B. Temple de Léontopolis 67
      C. Temple du mont Garizim 78
      D. Vivre sans temple à Qumran 85
   Conclusion 92

Chapitre 2 95
Correspondances officielles dans Esdras : du bilinguisme à une « écriture hybride »
    Introduction 95
    I. Positions des critiques de la Bible vis-à-vis des
       correspondances officielles dans le livre d'Esdras-Néhémie 97
        A. Positions des critiques au XIXe siècle sur le livre
           d'Esdras-Néhémie 97
        B. Travaux d'Édouard Meyer 103
        C. Présupposés de l'analyse rhétorique en rapport avec
           les textes officiels dans Esdras 104
    II. « Écriture hybride » dans le texte bilingue d'Esdras-Néhémie 109
        A. Origine du substantif « hybride » 110
        B. Extension du sens hors de la biologie 111
        C. Peut-on parler d'une « écriture hybride » ? 111
    III. Essor des correspondances officielles à l'époque postexilique ...116
        A. Utilisation des documents d'archives préexiliques dans
           les écrits de l'A.T. 116
        B. Emploi des documents officiels dans les livres
           postexiliques de l'A.T. 118
        C. Importance des correspondances officielles dans
           l'administration perse 122
    IV. Correspondances au sujet du Second Temple dans Esdras.........124
    Conclusion 126

Chapitre 3 129
Analyse rhétorique des correspondances officielles dans Esdras 1-6
    Introduction 129
    I. Figures de composition des correspondances officielles dans
       Esdras 1-6 133
        A. Niveau « inférieur » (ou non autonome) 133
        B. Niveau « supérieur » (ou autonome) 161
    II. Phénomène d'intertextualité des correspondances officielles 167
        A. L'utilisation des correspondances officielles dans la Bible....168
        B. Les livres extrabibliques faisant allusion aux
           correspondances officielles...170
    Conclusion 172

Chapitre 4 175
*Représentation du Second Temple à l'époque perse et application
pour le christianisme*
    Introduction 175
    I. Imaginaire du Second Temple dans l'administration perse 177
        A. Le contexte historique d'Esdras 1-6 et la structure
           politique de l'Empire perse..177
        B. Représentation du Second Temple chez les rois perses..........182
    II. Imaginaire du Second Temple chez les Samaritains 190
        A. Relation entre Samaritains et Juifs à l'époque perse 191
        B. Représentation du Temple parmi les Samaritains..................193
    III. Imaginaire du Second Temple parmi les Juifs............................194
        A. Composition de la communauté juive....................................194
        B. Représentation du Second Temple chez les Juifs...................196
    IV. Application de l'imaginaire du Second Temple pour le
    christianisme 199
        A. Extrémisme religieux israélite à l'opposé de la
           tolérance perse 200
        B. L'action de grâce, la louange et l'adoration comme
           principes du sacrifice 206
    Conclusion 210
Conclusion 213
Bibliographie..223

Liste des tableaux

Tableau 1 : Morphologie d'Esdras 1.2-4 135

Tableau 2 : Version hébraïque de l'édit de Cyrus (Esd 1.2-4) 139

Tableau 3 : Version araméenne de l'édit de Cyrus (Esd 6.3-5) 140

Tableau 4 : Lettre du gouverneur Thathnaï (Esd 5.7-17) 140

Tableau 5 : Réponse du roi Darius (Esd 6.6-12) 142

Tableau 6 : Version hébraïque de l'édit de Cyrus (Esd 1.2-4) 145

Tableau 7 : Version araméenne de l'édit de Cyrus (Esd 6.3-5) 146

Tableau 8 : Lettre du gouverneur Thathnaï (Esd 5.7-17) 146

Tableau 9 : Réponse du roi Darius (Esd 6.6-12) 147

Tableau 10 : Version hébraïque de l'édit de Cyrus (Esd 1.2-4) 154

Tableau 11 : Version araméenne de l'édit de Cyrus (Esd 6.3-5) 155

Tableau 12 : Lettre du gouverneur Thathnaï (Esd 5.7-17) 157

Tableau 13 : Réponse du roi Darius (Esd 6.6-12)- 159

Tableau 14 : différentes versions du livres Esdras-Néhémie 170

Langham Literature, et sa branche éditoriale, est un ministère de Langham Partnership.

Langham Partnership est un organisme chrétien international et interdénominationnel qui poursuit la vision reçue de Dieu par son fondateur, John Stott :

> *promouvoir la croissance de l'église vers la maturité en Christ en relevant la qualité de la prédication et de l'enseignement de la Parole de Dieu.*

Notre vision est de voir des églises équipées pour la mission, croissant en maturité en Christ, par le ministère de pasteurs et de responsables qui croient, qui enseignent et qui vivent la Parole de Dieu.

Notre mission est de renforcer le ministère de la Parole de Dieu de trois manières :
- par la mise en place de mouvements nationaux de formation à la prédication biblique
- par la rédaction et la distribution de livres évangéliques
- par la formation d'enseignants théologiques évangéliques qualifiés qui formeront ensuite des pasteurs et responsables d'églises dans leurs pays respectifs

Notre ministère

Langham Preaching collabore avec des responsables nationaux en vue de la création de mouvements de prédication biblique dirigés par les nationaux eux-mêmes. Ces mouvements, qui naissent progressivement un peu partout dans le monde, rassemblent non seulement des pasteurs mais aussi des laïcs. Nos équipes de formateurs venus de beaucoup de pays différents proposent une formation pratique qui comporte plusieurs niveaux, suivie d'une formation de facilitateurs locaux. La continuité est assurée par des groupes de prédicateurs locaux et par des réseaux régionaux et nationaux. Ainsi nous espérons bâtir des mouvements solides et dynamiques, constitués de prédicateurs entièrement consacrés à la prédication biblique.

Langham Literature fournit des livres évangéliques et des ressources électroniques par la publication et la distribution, par des subventions et des réductions à des leaders et futurs leaders, à des étudiants et bibliothèques de séminaires dans le monde majoritaire. Nous encourageons aussi la rédaction de livres évangéliques originaux dans de nombreuses langues nationales par le biais de bourses pour des écrivains, en soutenant des maisons d'éditions évangéliques locales, et en investissant dans quelques projets majeurs comme *le Commentaire Biblique Contemporain* qui est un commentaire de la Bible en un seul volume rédigé par des auteurs africains pour l'Afrique.

Langham Scholars soutient financièrement des doctorants évangéliques du monde majoritaire dans le but de les voir retourner dans leurs pays d'origine pour former des pasteurs et d'autres chrétiens nationaux en leur proposant un enseignement biblique et théologique solide. Cette branche de Langham cherche donc à équiper ceux qui en équiperont d'autres. Langham Scholars travaille aussi en partenariat avec des séminaires dans le monde majoritaire afin de renforcer l'éducation théologique évangélique sur place. De ce fait, un nombre croissant de « Langham Scholars » (le nom « Scholars » signifie « boursiers ») peut aujourd'hui suivre des programmes doctoraux de haut niveau au cœur même du monde majoritaire. Une fois leurs études terminées, ces « Langham Scholars » vont non seulement former à leur tour une nouvelle génération de pasteurs mais exercer une grande influence par leurs écrits et par leur leadership.

Pour plus d'informations, consultez notre site : langham.org

Le livre d'Esdras n'attire pas beaucoup les chercheurs. Et pourtant il contient des documents officiels du temps de la restauration d'Israël, avec l'édit de Cyrus, concernant la reconstruction des remparts de Jérusalem et surtout de son temple. Ce texte et les documents qu'il contient sont d'un intérêt majeur pour l'historien. Et cela, même si d'aucuns ont mis en doute leur authenticité. Outre les questions proprement historiques, l'auteur a voulu analyser les textes selon la méthodologie de l'analyse rhétorique biblique et sémitique. C'était une très bonne idée, mais aussi et surtout un défi. C'est que l'exégèse n'est pas un métier, mais une panoplie de métiers, à commencer par celui de la critique textuelle. Un exégète ne peut pas maitriser tous ces métiers, d'autant plus que les écoles qui les enseignent ne sont pas légion et sont souvent peu accessibles. C'est un des mérites de cette étude que d'avoir tenté de relever ce défi.

Roland Meynet sj
Professeur émérite de théologie biblique de l'Université
Pontificale Grégorienne (Rome)
Président de la Société internationale pour l'étude de
la Rhétorique Biblique et Sémitique

Cet ouvrage de Symphorien Bouassi met en lumière un sujet marginalisé jusqu'ici dans les études sur le Proche-Orient ancien. L'approche des « correspondances officielles » dans la première moitié du livre d'Esdras par la méthode rhétorique biblique est originale et novatrice. Ces passages écrits en araméen (4.8-6.18) dans un livre autrement rédigé en hébreu montre leur fonction politico-religieuse. L'auteur montre que la représentation du Second Temple variait entre les trois acteurs : alors que le Temple était le lieu du rite sacrificiel pour les Juifs, pour les Samaritains il représentait le centre d'unité et de réconciliation. En revanche, pour l'administration perse, la reconstruction du Temple juif faisait simplement partie de leur politique de tolérance religieuse. Bien que le sujet de l'ouvrage soit très spécialisé, le texte est compréhensible pour tout lecteur et permet d'approfondir la compréhension de la période perse.

Hannes Wiher
Professeur de missiologie en Afrique et en Europe

www.ingramcontent.com/pod-product-compliance
Lightning Source LLC
Chambersburg PA
CBHW051539230426
43669CB00015B/2657